比喩の理解

シリーズ 言語学と言語教育

第11巻　コミュニケーション能力育成再考
　　　　　－ヘンリー・ウィドウソンと日本の応用言語学・言語教育
　　　　　村田久美子，原田哲男編著

第12巻　異文化間コミュニケーションからみた韓国高等学校の日本語教育
　　　　　金賢信著

第13巻　日本語eラーニング教材設計モデルの基礎的研究
　　　　　加藤由香里著

第14巻　第二言語としての日本語教室における「ピア内省」活動の研究
　　　　　金孝卿著

第15巻　非母語話者日本語教師再教育における聴解指導に関する実証的研究
　　　　　横山紀子著

第16巻　認知言語学から見た日本語格助詞の意味構造と習得
　　　　　－日本語教育に生かすために　森山新著

第17巻　第二言語の音韻習得と音声言語理解に関与する言語的・社会的要因
　　　　　山本富美子著

第18巻　日本語学習者の「から」にみる伝達能力の発達　木山三佳著

第19巻　日本語教育学研究への展望－柏崎雅世教授退職記念論集
　　　　　藤森弘子，花薗悟，楠本徹也，宮城徹，鈴木智美編

第20巻　日本語教育からの音声研究　土岐哲著

第21巻　海外短期英語研修と第2言語習得　吉村紀子，中山峰治著

第22巻　児童の英語音声知覚メカニズム－L2学習過程において　西尾由里著

第23巻　学習者オートノミー－日本語教育と外国語教育の未来のために
　　　　　青木直子，中田賀之編

第24巻　日本語教育のためのプログラム評価　札野寛子著

第25巻　インターアクション能力を育てる日本語の会話教育
　　　　　中井陽子著

第26巻　第二言語習得における心理的不安の研究　王玲静著

第27巻　接触場面における三者会話の研究　大場美和子著

第28巻　現代日本語のとりたて助詞と習得　中西久実子著

第29巻　学習者の自律をめざす協働学習－中学校英語授業における実践と分析
　　　　　津田ひろみ著

第30巻　日本語教育の新しい地平を開く－牧野成一教授退官記念論集
　　　　　筒井通雄，鎌田修，ウェスリー・M・ヤコブセン編

第31巻　国際英語としての「日本英語」のコーパス研究
　　　　　－日本の英語教育の目標　藤原康弘著

第32巻　比喩の理解　東眞須美著

シリーズ 言語学と言語教育 32

比喩の理解

東眞須美 著

ひつじ書房

はじめに

　本書は、最近注目されているメタファーに関する研究の利点を言語教育、外国語としての英語教育 (Teaching English as a Foreign Language, TEFL) に取り入れる可能性を念頭に置いている。欧米では認知科学の発展とともに、第二言語・外国語 (Second Language・Foreign Language) 教育において、メタファーの研究を言語教育の面から応用しようという研究・業績が20世紀の終わり頃から急増した (Ortony, 1980; Cameron and Low, 1999a, 1999b など)。さらに進んで第二言語・外国語教育に資することを目的としたメタフォリカルコンピテンスの研究も行われている (Danesi, 1993; Littlemore, 2001a, 2001b; Littlemore and Low, 2006a, 2006b など)。アジアの国々の研究者・教育関係者もこの新しい分野の研究に注目しており筆者の著作への問い合わせが増えている。筆者は英語から言語距離が離れた言語を母語とする日本人英語学習者が英語による比喩的表現に対してどのような理解と運用の様相を示すかを考察した (Azuma, 2005)。拙書 *Metaphorical Competence in an EFL Context* (2005) は、おそらく日本で初めて比喩的表現(メタファー)の理解・運用力を「メタフォリカルコンピテンス」と命名し、日本人英語学習者がメタフォリカルな(比喩的)表現の理解と運用にどのような能力を発揮するかを考察した先駆的な出版物ではないかと思う。その研究の副産物として本書が生まれた。本書では、比喩的表現の理解において、比喩の特質と母語(日本語)知識や母語によって育まれた文化的な背景知識がどのように絡み合うか、それは認知にどのような差異をもたらすか、実証的に考察する。

　本書は最近のメタファー研究の動向に呼応することにもなる。英語による比喩的表現の理解・解釈において日本語を母語とする英語学習者のメタフォリカルコンピテンスと母語知識がどのように関わり合っているのか、母語知識はプラスに作用するのか、マイナスに作用するのか、などをフォーカスする。これを最近注目されている「ことば」と「認知作用」の観点からみると、

比喩・比喩的表現のもつ巧みな意味合いに「ひと」がどのように対応するかを考察する試みに通じる。そして、これを外国語としての英語教育への応用という視点から考えるとき、表現の外的・内的巧みさを認知言語学と応用言語学の観点から捉えることになり、英語教育への新たな視点が生まれ、一層興味が深まるのではないかと思われる。比喩は母語では何気なく聞き使用しているが、外国語学習の場合はどのようであろうか。どのような研究の手立てがとれるだろうか。筆者は、認知言語学が研究対象の１つとして発展させている比喩(メタファー・メトニミーなど)の言語作用の解明を言語学習・習得に応用してみるのが有力な手立てであろうと考える。究極的には、外国語である英語(English as a foreign language, EFL)を学習・習得する際に問題になることが予想される比喩的表現の理解・解釈のあり様を、認知言語学と応用言語学、関連分野の研究を取り入れて解明し、それにより言語学習とコミュニケーション方略に繋げ、言語能力向上のヒントになれば、というのが本書の狙いである。

　外国語学習において母語・母語知識の影響は避けられない。それはプラスに作用することがあるかもしれないし、マイナスに作用することがあるかもしれない。まして、比喩・比喩的表現は母語の文化を荷っており、言語学習においては学習者の言語能力、文化背景と比喩的表現の理解とを融合させて配慮する必要がある。母語以外の言語(本書の研究対象となる言語は英語)を学習言語とする日本人英語学習者の場合、英語という言語がもつ内包的・外延的文化と日本語・日本語知識(文化背景)がどのように絡み合うのか、言語習得の面から果たして、日本語・日本語知識はマイナス面だけなのか、言語・文化という面から何か普遍的で応用可能なプラス面はないのか、など考えてみたい。母語知識の適用にはメリット・デメリット(功・罪)両面が予想できるので、それを本書で多少なりとも解明することを試みる。

　外国語学習において語彙の習得、その他、言語能力向上の方略は欠かせない。さらに進んだ学習段階では学習者は語彙力の増強とともに、豊かな表現力が必要になる。言語力の向上に合わせて様々な表現の理解と運用が求められるであろう。かれらは微妙なニュアンスの表現や間接的な表現をどのようにして理解しているのであろうか。さらに一歩進んだ段階では、表現したい

ことをどのように自分の意図にぴったり添ったものとして表現できるか、に進むことであろう。そのようなとき、表現の中にイディオムや比喩も含まれることであろう。イディオムは比喩的に用いられることが多い。イディオムの理解と比喩的表現の理解には、文化的要素が絡むので、場合によっては母語知識の功・罪が影響する。どのようなことに注意すればミスコミュニケーションを防ぐことができるのか、これも興味深い研究テーマであり、本書の後半部分で触れる。

　本書は次の内容を網羅する。第 1 章は比喩・比喩的表現とは何か、言語理解と比喩の理解とはどのようなものであり、どのように関わるかを考察する。さらには、比喩の研究の歴史と発展、比喩の中で注目されているメタファーという語、メタファー研究の上で注目すべきこと、知っておくと便利な背景的知識を紹介する。第 2 章は外国語・英語教育における比喩・メタファーの研究について、認知言語学、心理言語学、応用言語学、その他、関連分野からの知見をコンパクトに考察する。比喩、あるいは、メタファーの作用を言語教育で応用する意義やそれを応用すればどのような授業が可能であり、効果があるか、また、外国語学習における母語の効用・非効用について順次簡単にみていく。これは、本書後半部分のテーマでもある母語・母語知識が比喩的表現の理解にどのように関与するかを考察するための助走部分である。外国語としての英語を学ぶ場合、母語の影響を無視できない。まして文化的要素が多く含まれるイディオムや比喩的表現の研究には欠かせないので、予め、学習言語と母語について予備知識を備えておくのである。第 3 章は第 1 章で少し触れた比喩の理解を敷衍する。比喩の理解と言語理解について、まずは言語理解、言語能力をとりあげ、次いで、比喩の理解について例を交えて考察し、比喩理解力（メタフォリカルコンピテンス）とそれに関わる要因に言及する。第 4 章は比喩・メタファーと文化的要素との関わりを言語、文化面から考察する。古くて新しい言語と文化の問題、比喩的表現と文化的要素との関わり合い、比喩の翻訳の問題などこれまでの研究に触れながら、本書のスタンスを述べる。第 5 章は、本書の研究において使用するテスト項目に関係するオーセンティックな表現（英語の発想に根ざした表現と日

本語の発想に根ざした表現)の取り扱いについて述べる。表現の特質によって理解・解釈の度合いがどのように異なるであろうか、比喩的表現の翻訳の可能性にも言及し、日本語の表現がもつ比喩性を生かして翻訳した場合の表現はどのようなものになり、理解や解釈はどのようなものになることが予測されるかなど、比喩的表現・メタファーの理解・解釈のための研究方法を述べる。第6章では、比喩的表現それ自体と比喩的表現に影響する(と思われる)母語知識との関係について考察する。つまり、実施したテスト項目の解答にあらわれた内容からどのような現象が読み取れるか、本書のテーマである比喩的表現の理解・解釈に関わる母語・母語知識の作用(「メリット」・「デメリット」、あるいは、「功」・「罪」)はどのようなものであるか、得られたデータに基づいて理解・解釈の様相を分析する。焦点として、母語・母語知識が「メリット」となるのはどのような表現であるか、「デメリット」となるのはどのような表現であるのか、それは何故なのか、そこにはどのような認知作用が働いているのか、メタフォリカルコンピテンスの高・低による差異はどのようなものであるかなどを具体的にみていく。この部分は本章のハイライトとなる箇所である。第7章ではこの分野の研究発展のための将来展望を述べる。1つは比喩的に用いられることが多いイディオム研究とメタファー研究との接点について、もう1つは認知言語学で議論されることが多いメタファーを言語教育に生かす展望、言語力育成に役立てる将来展望である。

謝辞

　本書で述べる研究の遂行には科学研究費の補助(基盤研究(C)18520469)に負う所が大きい。その援助がなければ、この膨大なる基礎資料(比喩的表現の解釈に関する紙媒体のテスト)の収集やテストの中身に関する聞き取り調査の実施、その基礎資料を収集するための国内外の研究者による援助や知的・物的サポート等々は得られなかったであろう。ここに心から感謝の意を表明したい。
　本書の出版にあたって株式会社ひつじ書房の社長・編集長松本功氏、編集

部主任森脇尊志氏、編集部スタッフの方々、特に渡邉あゆみ氏に御尽力をいただいた。ここに厚く御礼を申し上げる。

目　次

はじめに　v

第1章　比喩・比喩的表現・メタファー ――一般論、背景知識――　1

1. 比喩・比喩的表現 …………………………………………………… 1
2. 比喩的表現の研究―歴史と発展 …………………………………… 4
   - 2.1. 比喩の研究について ………………………………………… 4
   - 2.2. 学者・文豪・政治家の貢献 ………………………………… 5
   - 2.3. 「メタファー」という語の日本における出現 …………… 6
   - 2.4. 最近の「メタファー」研究 ………………………………… 8
     - 2.4.1. 1970年代以降のメタファー研究 ……………………… 8
     - 2.4.2. 普遍性と体系性 ………………………………………… 8
     - 2.4.3. カテゴリー化 …………………………………………… 11
     - 2.4.4. イメージ図式と身体性 ………………………………… 12
     - 2.4.5. 思考と言語の心理学的研究 …………………………… 14
     - 2.4.6. 日本の研究者の功績 …………………………………… 15
3. 比喩・メタファー研究で用いられる用語、常套句 …………… 16
   - 3.1. アナロジー(analogy) ………………………………………… 17
   - 3.2. アナロジー推論(analogical reasoning) …………………… 17
   - 3.3. マッピング(mapping) ……………………………………… 17
   - 3.4. メタファー研究における表記の約束事 …………………… 18
   - 3.5. 温故知新 ……………………………………………………… 19

第2章 外国語・英語教育における比喩・メタファーの研究 —比喩・メタファーと外国語教育— 23

1. 比喩・メタファー研究の現状 23
2. 比喩・メタファー研究に必要な背景的知識 24
   - 2.1. 応用言語学と関連分野における比喩・メタファーの研究 25
   - 2.2. 認知言語学から学ぶこと 26
   - 2.3. 心理言語学から学ぶこと 27
   - 2.4. 語の意味拡張とメタファー 29
   - 2.5. メンタルレキシコン 30
   - 2.6. 応用言語学におけるメタファーの研究 32
     - 2.6.1. ESL のメタファー研究 32
     - 2.6.2. EFL のメタファー研究 34
     - 2.6.3. EFL の環境でメタファー理論を生かした英語教育 35
3. 母語知識の関与 37
   - 3.1. 学習言語と母語 37
   - 3.2. 言語教育、母語教育、外国語教育における比喩的表現の取り扱いに関する日本と英語圏との比較 41
4. 比喩・メタファー研究の展望 44

第3章 比喩の理解と言語理解 —比喩の理解に関わる要素— 47

1. 言語理解 47
   - 1.1. 言語の理解、発信側の意図・受信側の認知 48
   - 1.2. 言語能力、言語の脳内処理 51
2. 比喩の理解 54
   - 2.1. 比喩の理解・解釈 55
     - 2.1.1. 目からウロコ 55
     - 2.1.2. 時は金なり 56
     - 2.1.3. 岐路に立つ 57
     - 2.1.4. 赤い糸 58
     - 2.1.5. 脇腹裂け？仲間割れ？ 60
3. 比喩の理解力、メタフォリカルコンピテンス 62

3.1. メタフォリカルコンピテンス ·· 62
　　3.2. 日本人英語学習者のメタフォリカルコンピテンス ············· 64
　　3.3. 比喩表現の使用成功例 ··· 70
　4. EFLの環境でメタフォリカルコンピテンスに関わる要因 ········· 71
　5. メタフォリカルコンピテンスの研究に役立つ知識 ···················· 74
　　5.1. アナロジー、アナロジー推論、論理的思考 ························ 74
　　5.2. マッピング、意味の拡張 ··· 75
　　5.3. スキーマ (scheme, schema) ··· 76
　6. イディオムと比喩的表現 ··· 79
　　6.1. イディオムの性質、理解・解釈 ·· 79

第4章　比喩・メタファー・文化 ―比喩、翻訳、文化― ─── 85

　1. 言語と文化 ··· 85
　2. 比喩・メタファーと文化との関わり ·· 87
　　2.1. 比喩的表現と文化的要素との関わり合いの実験 ················ 90
　　2.2. 翻訳、意訳、ナマ直訳 ··· 92
　　2.3. メタファーの翻訳 ··· 94
　　　2.3.1. 翻訳、メタファー翻訳の問題、メタファー翻訳の可能性 ········· 95
　3. 比喩・メタファー理解に関わる文化的要素 ·································· 99

第5章　比喩・メタファーの理解・解釈
　　　　　―解明のための研究方法― ───────────── 105

　1. 本研究の背景 ··· 105
　　1.1. 研究の概要・目的 ··· 106
　　1.2. 研究方法 ··· 108
　　　1.2.1. 検査の方法 ·· 109
　　　1.2.2. データ収集、分析、目指す目的 ·································· 110
　2. 研究に必要なデータの収集 ··· 111
　　2.1. 調査項目の選定、出典 ··· 111
　　2.2. Metaphor Cognition Tests (M-Cog Tests)のためのテスト項目の選定 ···· 112
　3. Metaphor Cognition Tests (M-Cog Tests) ·· 112

3.1. Metaphor Cognition Tests (M-Cog Tests) 項目の分類 ……………… 112
　　3.2. 4肢選択問題 ……………………………………………………………… 122
　　3.3. テスト形式と実施について …………………………………………… 123
　　3.4. 語彙テスト (Vocabulary Levels Test, VLT) について …………… 123
　　3.5. 被験者 (解答者) について ……………………………………………… 124
　　3.6. テスト・面接実施場所 ………………………………………………… 125
　　3.7. 採点方法・データ処理 ………………………………………………… 126
　4. データの分析：
　　　その1　日本語を母語とする解答者 (JNSs) に関する基礎資料 ……… 127
　　4.1. データの分析： …………………………………………………………… 127
　　4.2. JNSs の差異検証について …………………………………………… 129
　　4.3. JNSs 男女差 ……………………………………………………………… 129
　　4.4. M-Cog Tests における男女差 ………………………………………… 131
　　4.5. 専攻による差異 ………………………………………………………… 131
　　4.6. VLT と M-Cog Tests の総合的様相 ………………………………… 133
　5. データの分析：
　　　その2　英語を母語とする解答者 (ENSs) に関する基礎資料 ……… 135
　　5.1. ENSs の状況：男女差、年齢差 ……………………………………… 135
　　5.2. 英語圏差異の有無 ……………………………………………………… 137

第6章　比喩の理解・解釈、母語知識
　　―日本語話者が英語の比喩を理解するとき、英語話者が日本語の比喩を理解するとき― ……………………………………………………… 139

　1. 比喩的表現の理解・解釈の分析に向けて …………………………… 139
　　1.1. M-Cog Tests 項目 ……………………………………………………… 141
　　1.2. 予備分析のデータ ……………………………………………………… 143
　　1.3. 理解・解釈に用いられたストラテジー ……………………………… 149
　　1.4. 文脈効果 ………………………………………………………………… 150
　2. 比喩の理解・解釈、諸相の分析・検証 ……………………………… 152
　　2.1. 分析対象 ………………………………………………………………… 152
　　2.2. 量的・質的分析 ………………………………………………………… 152
　　　2.2.1. 4択選択問題 (MC19、テスト項目 41–59) の結果 ……………… 154

2.2.2. M-Cog Tests にあらわれた JNSs のメタフォリカルコンピテンス … 156
2.2.3. MC19 と MC33 にあらわれた JNSs のメタフォリカルコンピテンス …… 158
2.3. 言語表現、言語概念(G1- G4 グループの項目)
にあらわれた解答状況 ……………………………………………… 160
2.3.1. 言語表現・概念基盤共通・類似の項目 G1 …………………… 161
2.3.2. (部分的に共通)英語概念の項目 G2E、G3E ………………… 165
2.3.3. 日本語概念の項目 G2J, G3J ……………………………… 170
2.3.4. 言語表現類似、意味・概念異なる項目 G4 …………………… 176
2.4. 文脈効果 ……………………………………………………… 179
2.5. 理解・解釈に用いられたストラテジー ……………………………… 180
2.6. 表現の理解・解釈に影響する
母語・母語知識、母語の根底にある文化 ……………………… 184
3. 理解・解釈における母語知識の利用 …………………………………… 185
3.1. 母語知識利用のメリット・デメリット ……………………………… 186
3.2. メリット・デメリットの分岐点となる原因 ……………………… 191
4. 理解・解釈に関わる文化度・T ⇄ S の関係 …………………………… 191
4.1. M-Cog Test 項目に含まれた文化・ターゲット⇄ソース(T-S)の関係 …… 192
4.2. 母語知識の影響(メリット・デメリット) ……………………… 196

第 7 章　比喩的表現の理解・解釈
　　　　―今後に向けて― ─────────────── 199

1. データベース構築に向けて …………………………………………… 199
　1.1. データベースの資料作成 ……………………………………… 202
2. イディオムと比喩的表現の研究に関する課題 ……………………… 206
　2.1. 部分(パーツ)⇄全体(ホール)の関わり ……………………… 207
　2.2. プロダクティビティーの問題 ……………………………… 209
　2.3. 最後に ……………………………………………………… 211

付録　　213
参考文献　　221
索引　　233

第1章　比喩・比喩的表現・メタファー
―一般論、背景知識―

本章は比喩に関する一般論、最近の比喩・メタファー研究、研究に役立つ背景的知識などを述べる。

1. 比喩・比喩的表現

比喩について、『広辞苑』「比喩」(岩波書店、2008: 2391)の項に、[比喩・譬喩] と記載されており、定義として①物事の説明に、これと類似したものを借りて表現すること。たとえ。②譬喩歌(ひゆか)の略、とされている。本書で取り上げる比喩的表現(figurative expressions)は修辞学で分類される比喩(figures of speech)、すなわち、シミリー(simile)、メタファー(metaphor)、メトニミー(metonymy)、シネクドキ(synecdoche)、アレゴリー(allegory)、誇張法(hyperbole)、オノマトピア(onomatopoeia)、擬人法(personification)などと分類される項目の中に含まれるものである。

比喩的表現(figurative expressions)とは、大雑把に言えば、あることを表現するとき、直接的に(字義通りに)表現する代わりに、何か別のもの・ことがらに置き換えて述べる方法である。例えば、「リチャードは勇敢だ」と字義通りに表現する代わりに、リチャードとライオンの間に成り立つ勇敢さという類似性に基づいて、Richard is like a lion.(シミリーとして、リチャードはライオンのようだ)と言ったり、Richard is *a lion.*(メタファーとして、リチャードはライオンだ)と言ったりする表現を指す。この例は、喩えられる目標物(主題、目標、target、広くはその領域全体を指して目標領域、target domain と称される)であるリチャードを述べるのに、喩え・喩辞として何か他の領域を借りて(よく使われるのは、類似的な属性であり、その領域は起点領域、source domain と称される)表現している。この用例ではⅩ is Y(概

念メタファー)の文型が用いられているが、表現の形態としては様々な形があり、文レベル、句レベル、単語レベルで用いられ、使用される品詞として、名詞、動詞、形容詞、副詞などが代表的である。例えば、an icy smile では、形容詞 icy が比喩的に用いられている。これはどのような微笑みかというと、「氷のように冷たい」微笑みであり、icy は我々の視覚、聴覚、触覚を刺激して想像を掻き立てる。

　比喩(figures of speech)のうち、本書では主にメタファー・メタフォリカルな表現(metaphor, metaphorical expressions)を取り扱うが、本書の後半部分で実施する検査項目にメトニミー的要素が含まれる項目があるので、幅広く比喩的表現(figurative expressions)という名称を用いた。メタファーは日本語で大雑把に「比喩」「隠喩」と捉えられることが多い。
　『現代英語学辞典』(成美堂、1981: 314)の Figure (of speech) の項によれば、比喩、詞姿、文彩、言葉のあや(修)とされており、『現代言語学辞典』(成美堂、1988: 215)では、ことばのあや(修)となっている。
　「ことばのあや」(言葉の綾、文彩)には次の要素が含まれると考えられる。(1)構成のあや(統語法、word order 等でのあや、倒置法等)、(2)語のあや(転義法、trope：隠喩、換喩、提喩など)、(3)思考のあや(緩叙法、誇張法、擬人法など)である。
　「比」と「喩」についてであるが、『広辞苑』第六版(2008)によれば、「比」の第一義はともがら、たぐい(同: 2330)、「喩」はたとえること、たとえ(同: 2850)とあるので、両方併せて考えると、「比べる・比較する＋喩える」ということになろう。
　日常での頻度はシミリー(simile)、メタファー(metaphor)、メトニミー(metonymy、分類上メトニミーにシネクドキを含むことがある)が多い。高等学校の英語の教科書にも like 〜、as 〜 as などのシミリーがかなり頻出している。身近な例を挙げると、「〜のような、みたいな」(like 〜, as 〜, as if 〜)を用いて、子供じみた仕草を「子供みたい(な／に)」(シミリー)などと言ったり、小泉はライオンだ(メタファー)、シェイクスピアを読む(シェイクスピアという作家で「作品」を表すのでメトニミー)などと言ったりする。

比喩的表現 (figurative/metaphorical expressions) は日常生活の中に溢れている。新聞でもよく見かけるので、2008 年初頭の新聞の記事 (ダボス世界経済フォーラムの報道) から例を拾ってみる。記事のタイトルは Business leaders call for firm hand to take crisis control (ビジネスリーダー達は強固な危機管理を求めている) (*The Japan Times*、2008.1.25. 11 面) であり、タイトルからしてそうだが、記事のボディーにも比喩的表現が多く使われている。日本語でも「経済は生き物だ」という表現があるように、このコラムに経済を人体に喩える表現が頻出している。"The U.S. economy is resilient, its structure is *sound*, and its long-term economic fundamentals are *healthy*," Rice said. (アメリカ経済は回復力に富み、その構造は堅調であり、長期的経済ファンダメンタルは健康そのものである) (Reuters、イタリックは筆者、以下同じ。ライスはブッシュ政権時のライス長官)。この表現の概念基盤に ECONOMY IS A HUMAN BODY. という理想認知モデル (Idealized Cognitive Model, ICM、2.4.3. 参照) があり、下敷きに格言の a sound mind is in a sound body が垣間見え、言語的には sound の同義語としての healthy に互いに繋がり合っている。同頁、世界経済に関する記事の中に、ヌリエル・ルービニ (Nouriel Roubini) のことば "In this case the U.S. is going to have a protracted case of *pneumonia*," が載っており、常套表現の if the U.S. economy *sneezes*, the rest of the world *catches a cold* を用いている。この表現はかつてよく耳にした。アメリカがクシャミすると世界が風邪を引く (日本では日本が風邪を引く、となる)。語の繋がりはコービルドのコーパス (Cobuild corpus) でも sound+economy, healthy+economy で検索結果が出るので、その使用が確認できる。

　メタファーとは何かを要約すると、あること (がら) を言うのに他のこと (がら) を通して言うこと (to say one thing in terms of another) であり、敷衍するとレイコフとジョンソンが言うように、メタファーの本質はある 1 つのことがらを理解し経験するのに他のことがらを通して理解し、経験することである (The essence of metaphor is understanding and experiencing one kind of thing in terms of another. (Lakoff and Johnson, 1980: 5))。これは何もことばだけを指すのではなく、メタファーによって成り立っている概念にも通じる。メタファーとは類似性に基づく意味の拡張である。「類似性に基づく」

という特徴を、町田・籾山（2005）は2つの事物・概念に類似性が内在しているというよりも、人が2つの対象の間に主体的に類似性を見いだすのだ、と言う。メタファーの認知的基盤は「比較する」という認知能力であり、共通性、相違点を探る知的活動である。例えば、次の英文 they were holding a summit meeting which promised to *bear fruit* in disarmament.（BNC）（かれらは軍縮に成果が上がるようなサミットを開いた）（ブリティッシュナショナルコーパス）における「成果が上がる」つまり「実を結ぶ」の意味は、植物が成長して果実を実らせる（字義通りの）意味を拡張して人が相当期間努力してよい結果を生み出す比喩的な意味に用いられている。

2. 比喩的表現の研究—歴史と発展

2.1. 比喩の研究について

　日本における比喩の研究を概観してみよう。日本で本格的に比喩の研究が盛んになったのは、明治時代であり、明治20-30年代に、坪内雄蔵（のち、逍遥）、島村（のち、島村）抱月など文豪が修辞学において、figures of speech（メタファーを含む比喩）を研究、普及させ、隠喩（メタファー）、換喩（メトニミー）、その他に分類し、体系化した。坪内の残した「文のすがた」は言い得て妙である。入手可能な1927/1977版から引用する。

　　文の修飾法にあまたあり。譬喩はその中の一類のみなり。修辭書に挙ぐるは左の三類なり。
　　第一　類喩　（Resemblance）を本としたる修飾法
　　第二　聯念　（Association）を本としたる修飾法
　　第三　照繳　（Contrast）を本としたる修飾法

　　類似を本とするとは、事物の彼是れ相似たるを認めて、甲の事物を叙説状寫するに乙の事物を以てするの法なり。例へば、美人を花の如し、といふは、美人の花とうつくしさを同じうするを認むるよりいでたる比喩なり。この類は都べて譬喩に屬す、通例分ちて四種とす。

(甲) 直喩(Simile)（注：シミリーとルビがある）
(乙) 隠喩(Metaphor)（注：メタフォアとルビがある）
(丙) 活喩(Personification)（注：パーソニフィケーションとルビがある）
(丁) 諷喩(Allegory)（注：アレゴリーとルビがある）

直喩は「楷書は立つが如く、行書は歩むが如く、草書は走るが如し」といへるの類、明らかにその喩たるを示すもの。『文則』直喩の條に曰はく「或ひは猶といひ、或は若といひ、或は如といひ、(中略)隠喩は隠然と隠喩するの法なり。　　　　　（「文のすがた」1927/1977: 527–528）

以上の引用は今日使用されている直喩、隠喩などの用語の源を示している。

2.2.　学者・文豪・政治家の貢献

　明治時代、坪内逍遥はじめ、多くの文豪や学者がことばの使用・表現法に注目し、当時は修辞学の名の下に研究された。かれらの活躍を少しみてみよう。

　西洋のレトリック理論を日本に紹介した最初の人物とされているのが、ジャーナリストとしてスタートし、憲政の神様と称せられた政治家尾崎行雄である。彼はアメリカで出版された複数冊の書物（例えば、M. Caldwell, 1845）を基に演説法（『公會演説法』、明治 10, 1877）を出版し、レトリックの発展に繋がる華文学（Polite Literature）という名の下に聴衆を説得できるようなスピーチの仕方について文体論を展開した。次いで、学者であった菊池大麓は *L'Encyclopedie*（Du Marsais 著）を翻訳して『修辞及華文』(明治 13, 1880) としたが、尾崎に比べ、美文に強調を置いた。黒岩周六は *Advanced Course of Composition and Rhetoric*（G. P. Quackenbos 著, 1855, 1875）を翻訳して『雄辯美辞法』(明治 15, 1882) とした。彼もジャーナリストとしてスタートし、のち、翻訳家となった人でアレクサンドルデュマの『モンテクリスト伯』やビクトルユーゴーの『レ・ミゼラブル』の翻訳で名を馳せた。当時は西欧から科学技術・文化が盛んに輸入された時代であった。

　修辞学の理論を体系化した文豪・学者として、高田早苗、坪内逍遥、饗庭

皇村(こうそん)が挙げられる。かれらは東洋にも修辞理論は存在していたと注意を喚起し、西洋の文献にも学び、美辭學という名称を用いた。修辞学から美辭學へ、という名称の変化である。高田早苗の『美辭學』後編「修辞論ず」に比喩の言及がある。そこでは古今東西の様々の文学作品を用いて美辭學を論じている。先ほど述べた坪内はシェイクスピア学者であり、比喩の分類を行った。それが本項冒頭 2.1. に掲げた分類である。これらの文豪を引き継いだ島村瀧太郎（のち、抱月）は『新美辭学』（明治 35, 1902）を著わし、五十嵐力は『常識修辭学』（明治 42, 1909）を著わした。

　坪内、島村らは著作の中で、修辞学、美辞学は源を遡ると 12 世紀に中国の陳騤(チンキ)が著した『文則』に在る、と述べている。現代の我々は、坪内らの研究を辿ると、アジアでは陳騤(チンキ)の『文則』に、さらに遡れば、聴衆を説得する修辞のあり方を説いた紀元前 10 世紀頃のホメロス（Homer）や紀元前 4 世紀頃のアリストテレス（Aristotle）の『詩学』（*Poetics*）と『修辞学』（*The Art of Rhetoric*）へと行き着く。

　アリストテレスの *Poetics* も *The Art of Rhetoric* も後世の我々はそれぞれ、ヒース（M. Heath, 1996）とローソン・タンクレッド（H.C. Lawson-Tancred, 1991）の翻訳でみることになる。翻訳によれば、アリストテレスはメタファーを修辞技法の 1 つ（techne、テクネ）として扱い、アナロジーの果たす役割が大きいと述べている（*The Art of Rhetoric*: 236）。

2.3. 「メタファー」という語の日本における出現

　メタファーという語は日本でいつ頃使われ始めたのであろうか。「メタファー」という用語（metaphor、そして、metonymy も）の初めての出現は、調べてみると、佐藤（1992; 1997）が指摘するように、菊池大麓の翻訳『百科全書』（Du Marsais 著 *L'Encyclopedie*）の中の *Rhetoric and Belle Lettres*『修辭及華文』（明治 13, 1880）に在る、あるいは、シャンプル（Chample）の *Information for the People* に在る、ともされる。この菊池大麓の『百科全書』の翻訳は当時の文部省から出版された。以下、その菊池大麓の翻訳（古文書）からみてみると、メタファーの翻訳は明治 13 年（1880）に当時、ルビ付きで「象喩(メタフォル)」であった。これは発音から取り入れたものであろう。「象」という

語は「形」あるいは、「状態」を意味する。メトニミーは同じくルビ付きで「換語」とされ、「換」という語は「入れ換え、換える」を意味する。この語は長続きせず、すぐに「直喩」に取って代わられた。菊池の翻訳ではメタフォルのほうも「比喩」という語が当てられた。「直喩」は「情況」「着色」とされた。どのように翻訳すればぴったりくるのか、逡巡の跡がうかがえる。この翻訳にあらわれたメタファーの例として動物の息づかいを "the blow of the wind"（風の唸り）に喩え、メトニミーの例として "Cromwell summoned members of the Parliament with one touch of his pen and dissolved it with one breadth of his."（クロムウエルは招集状に表した彼の一筆で議員を招集し、彼の息吹一吹で解散した）に喩えた例を挙げている。同じ息でありながら、前者は風の舞う轟々とした様子を用いて表現し、後者はクロムウエルの筆致と彼の息づかいで議会を解散させたその様子に重ね合わせていることが興味深く感じられる。

　経過は上のような次第であるが、今日普及しているような意味合いの用語として、島村柯月の『新美辞学』（明治 35, 1902: 312）に出ているように、メタファーを「象喩」から「隠喩」としたことに注目したい。「直喩」に対することの「隠喩」ということである。彼は併せて、メタファーの質と効果に言及し、過剰使用を避けることにも忠告を発している。この時代に用いられた「直喩」「隠喩」という用語が現在もなお使われているのは興味深い。

　以上みてきたように、明治の文豪が活躍した時期に日本では「メタファー」という用語が定着したようである。例えば、明治 26 年（1893）初版坪内逍遥著「文のすがた」では、隠喩（Metaphor）が直喩（Simile）の次に掲げられ、「隠喩は隠然と隠喩するの法なり」と説明し、「鐵心石腸」「花顔柳腰」を例に挙げている。五十嵐力著『常識修辭学』（副題に「作文應用」）（1909）では譬喩三式の１つに隠喩法を挙げ、「艱難汝を玉にす」「水緑にして詩を釣るべし」を例にしている。「英語ではメタフォル（Metaphor）といふ」、隠喩は直喩から「如し」「似たり」「譬へば」というような譬喩的形式を取り去ったものである（同: 82-92）と述べている。これ以降、早稲田大学、その他で、修辞学として、あるいは、ことばの研究において、西洋東洋とも浮き沈みしながら、修辞学そのものとして、あるいは、その中の興味ある点に焦点を当

てて、さらなる研究・使用が続けられ、今日に至っている。認知科学がそれほど盛んでなかった2–30年前に比べると最近はこのメタファーということばが身近なものになった。『広辞苑』第六版にもエントリーされているし、インターネットでも検索するとかなりヒットする。

2.4. 最近の「メタファー」研究

1970年代以降、認知科学の発達とともに、メタファーなど比喩（figures of speech）は注目されているので、研究者の業績を中心にその主だったところをみていこう。

2.4.1. 1970年代以降のメタファー研究

認知言語学、認知文法、認知心理学など「ひと」と認知の関連分野において様々な研究が行われている。欧米では、ジョージ・レイコフとマーク・ジョンソン、ロナルド・ラネカー、レイモンド・ギブズ、マーク・ターナー（G. Lakoff and M. Johnson, R.W. Langacker, R. Gibbs, M. Turner）など枚挙にいとまがない。かれらの研究は日本の研究に恩恵、あるいは、影響を与えている。日本では佐藤信夫、瀬戸賢一、山梨正明、辻幸夫、河上誓作、楠見孝など多くの研究者が挙げられる。以降で順次、かれらの研究と功績をみてみよう。まずは、欧米における研究から始め、次いで日本の研究に進む。

2.4.2. 普遍性と体系性

メタファー研究のバイブルとも言えるレイコフとジョンソン（Lakoff and Johnson）の著書 *Metaphors We Live By*（1980）『メタファーと人生』を基に、メタファーに関する基礎的知識を得るのに最適な注目すべき3点に絞ってみていくが、かれらの最大の功績は、概念メタファー論（Conceptual Metaphor Theory, CMT）を展開し、それが十全ではないとしても、概念メタファーを大枠で整理したことである。

1点目はメタファーの普遍性（pervasiveness of metaphor）が強調されている点である。レイコフとジョンソンは、言語活動、思考、行動全てにおいて日常の営みの中にメタファーは浸透しており、普段の生活において、ものを考

えたり、行動したりするときに、我々が基盤にする概念基盤は根源的にメタフォリカルなものである (our ordinary conceptual system ... is metaphorical in nature / our conceptual system ... plays a central role in defining our daily realities (同：3) と説く。言語的にも思考においてもメタファー的要素がある、と言うのである。例として、同書の冒頭に、「議論は戦争である (ARGUMENT IS WAR、概念メタファーは大文字で表記)」を挙げて説明している。つまり、「議論 (argument)」という概念とその概念に構造を与えている「議論は戦争である (ARGUMENT IS WAR.)」というメタファーを取り上げて、議論には勝ち負けがあり、議論の相手を敵とみなし、相手の議論を攻撃し、自分の立場を守る。戦略を立て、実行に移す戦争の構造を、実際には武力で攻撃・防御しないけれども言葉を使って同じようなことをする、などと説く。この ARGUMENT IS WAR. という概念メタファーは日常の中で言語的に様々な表現となってあらわれる。例えば、Your claims *are indefensible.* (同：4、あなたの主張は防ぎようがない) とか、He *attacked every weak point* in my argument. (同、彼は私の議論の弱点を攻撃した) とか、いう風に。議論を戦争とみなさない文化では違った観点になる。議論をする人は踊り手、議論の目的は美しくダンスすることを論じ合うことになるかもしれない。要するに、メタファーの本質というのはある事柄を別の事柄を通して理解し、経験することである。

　2点目はメタファーの概念と体系性 (システマティシティー、the systematicity of metaphorical concepts) についてである。上で挙げた「議論」(argument) にはある一定のパターンがある (Arguments usually follow patterns. 同：7)。議論するときにすることとしないことがある。(部分的にしろ) 議論を戦争・戦闘によって概念化することが議論に関する表現に影響を及ぼして、体系化する。メタフォリカルな概念がシステマティックであるので、我々が使うことば (表現) もシステマティックなのである。それを知るために、日常使われているメタファー表現を調べてみると、そのことが分かる、という。それを TIME IS MONEY. によって、何故そうなのか、具体的表現を挙げて説明している。最初の2例は You're *wasting my time.* (あなたは私の時間を浪費している)、This gadget will *save you hours.* (この機械

装置によってあなたは時間を節約できる）である。時間は貴重な品物であり（TIME IS A VALUABLE COMODITY.）、限りある資源である（TIME IS A LIMITED RESOURCE, TIME IS A RESOURCE.）。これらはメタファーによって成り立っている概念である。日本語の「時は金なり」というこの表現は本書の後半部分で調査項目に用いたが、解答者の全員が知っていた。それほど現在では人口に膾炙されている。我々の西洋化した社会では、時間はお金・賃金（時給、日給、月給など）、物の価値（値段の高低による差別化）に結びついている。メタファーによる概念は下位範疇に分かれて（subcategorization）いくが、体系化されており、下位範疇化の関係が、メタファー相互間の含意関係を特徴づける（These subcategorization relationships characterize entailment relationships between the metaphors. 同: 9）。かれらの挙げる TIME IS MONEY のメタファー概念に基づく表現の中に、明らかに金銭に言及したもの（spend, invest, budget, profitably, cost）、限られた資源に言及したもの（use, use up, have enough of, run out of）、貴重な品物に言及したもの（have, give, lose, thank you for）が含まれている。

　メタファーがもつある概念を他の概念を通じて我々に理解（例：先ほどの議論という概念を戦争という概念を通じて理解）させる特徴は、ある概念を浮かび上がらせ（highlighting）、他の概念を沈ませる（hiding）特徴でもある。それは、丁度、ルービンの壺を見たとき、白地、黒地のどちらに視点を合わせるかによって何に見えるかが変わるという地と図の関係に似ている。

　3点目として、概念メタファーを整理・統合した功績を挙げたい。ある概念が他の概念によってメタフォリカルに構造づけられているメタファー、つまり、上述の TIME IS MONEY. ARGUMENT IS WAR. などを「構造メタファー」と名付けているが、メタファーによって成り立っている概念には別の種類のものもある、という。それは概念同士が互いに関係し合って概念全体を組織づけているメタファーである。例えば、「方向付けのメタファー」と「存在のメタファー」である。「方向付けのメタファー」（Orientational metaphors）の大部分は上―下（up-down）、内―外（in-out）、前―後（front-back）、着―離（on-off）、深―浅（deep-shallow）、中心―周辺（central-peripheral）等空間の方向性に関係するものであり、我々の肉体がそ

のような方向性をもっていることに起因する。例えば、気分が浮き浮き、落ち込んだ気分 (HAPPY IS UP と SAD IS DOWN) など。下位範疇の表現として、I'm feeling *up* (上々の気分、同: 15) が挙げられている。ここでは我々の肉体的経験と文化的経験に基づいており、特に文化的経験を表した表現には文化差に注意すべき表現もある。これらを含んだ考察は本書の第 3、4、5 章で行う。

　空間に方向付けをするという基本的な経験が、方向付けのメタファーを指向したように、ものに対する我々の経験 (肉体) は「存在のメタファー」、つまり、出来事の見方、活動、感情、考えなどを、存在物や内容物として認識する見方である、とも言える。「存在のメタファー」(Ontological metaphors) では、例えば、インフレーションを 1 つの存在物 (INFLATION IS AN ENTITY.) として捉えるので、*Inflation is lowering* our standard of living (インフレは我々の生活水準を低下させている、同: 26)、If there's much *more inflation*, we'll never survive (インフレが増大すれば、我々は生き残れない、同) という表現が生まれる。内容物のほうでは、「容器のメタファー」(Container metaphors) として次のように説明する。Each of us is a container, with a bounding surface and an in-out orientation: *out of* one room *into* another. (我々一人一人は肉体という容器をもつ存在であり、外界と接する表面と内―外という方向性をもつ、1 つの容器である。だから、ある部屋から出て別の部屋へ移動する (同: 29)) という表現が生まれる。同書は続けて Personification (同: 33)、および、Metonymy (同: 35) を説明しているが、ここではメタファーのところで止めておき、もう 1 つの話題、カテゴリー化に移る。イメージスキーマを考えるときにカテゴリー化が関係するので、それを話題にする文献をみてみよう。レイコフ (Lakoff) の『認知意味論』(*Women, Fire, and Dangerous Things*, 1987) である。

2.4.3. カテゴリー化

　ここでは、レイコフ (Lakoff) の *Women, Fire and Dangerous Things* (1987) を基に、カテゴリー化、Idealized Cognitive Models (ICMs) について述べる。この書物の原題 *Women, Fire and Dangerous Things* (邦訳『認知意味論』)

は一見、不思議な題名であるが、カテゴリー化を象徴している。それは、オーストラリア原住民の言語（Australian aboriginal language）のディルバル（Dyirbal）語では、バラン（*balan*）というカテゴリーに「女、火、危険物」（women, fire, and dangerous things）が含まれる（同: 5）のだそうである。題名はそれに由来する。彼はカテゴリー化（categorization）について、言語によるカテゴリーは、概念カテゴリー同様、プロトタイプ効果を示し（linguistic categories, like conceptual categories, show prototype effects（同: 67)、我々の知識は「理想認知モデル」（Idealized Cognitive Models, ICM、同: 68）と呼ぶ構造によって組織化されており、カテゴリー構造とプロトタイプ効果はその組織化されたものの副産物である（we organize our knowledge by means of structures called *Idealized Cognitive Models*, or ICMs, and category structure and prototype effects are by-products of that organization（同: 68））と言う。彼が参考にする認知モデルの考えは認知言語学の中で発展したものであり、発想の源として4つの源に言及している。それは、フィルモアのフレーム意味論（Fillmore's frame semantics, 1982; 前提構造 propositional structure）、レイコフとジョンソンのメタファーとメトニミー論（Lakoff and Johnson's theory of metaphor and metonymy, 1980）、ラネカーの認知文法論（Langacker's cognitive grammar, 1987, image-schematic structure）、フォコニエのメンタルスペース論（Fauconnier's theory of mental spaces[1], 1985）である。フィルモア（Fillmore）のフレーム意味論[2]（frame semantics）はルメルハート（Rumelhart, 1980）のスキーマ理論（schema theory）、シャンクとアベルソン（Schank and Abelson, 1977）のスクリプト（scripts）、ミンスキー（Minsky, 1975）のデフォルト付きフレーム（frames with defaults）に似ており（同: 68）、それぞれのICMはフォコニエの言うメンタルスペースを構成する、としている。次に、カテゴリー化に関係深いジョンソンのイメージ図式（イメージスキーマ）を少しみておこう。

2.4.4. イメージ図式と身体性

ジョンソン（Johnson: *The Body in the Mind*, 1987、『心のなかの身体』）は、イメージ図式（例：LINKS, PATHS, SCALES, CYCLES, CENTER-

PERIPHERY)は意味と理解に浸透している、という。イメージ図式(イメージスキーマ)とその図式の助けによって構成されているメタフォリカルな体系が我々の理解を制御し、推論パターンを生み出させるほど十分豊かな内部構造を備えている (... image schemata and the metaphorical systems they help to constitute are rich enough in internal structure to constrain our understanding and to generate definite patterns of inference (同: 137) と述べ、顕著なイメージ図式(イメージスキーマの例として LINKS, PATHS, SCALES, CYCLES, CENTER-PERIPHERY : つながり、道、はかり、周期、中心—周辺)の特徴とその作用を説明した。そのうちからここでは「道」(paths)を例にみてみよう。我々の生活には空間的世界を結びつける「道」(経路)で溢れている。例えば、ベッド→風呂場、サンフランシスコ→ロスアンジェルス、地球→月へ、などと。

具体的な「道」(経路)と抽象的なイマジネーション内の「道」(経路)、どの場合にも一定の内的構造をもった単一のイメージ図式がみられる (... a source, or starting point; a goal, or end-point; a sequence of contiguous locations connecting the source with the goal. Paths are thus routes from one point to another (同: 113) (起点、あるいは、出発点・目標、あるいは、到達点・その両者を結ぶ連続する経路。道、経路というのはある地点から他の地点に至るルートである)という。次の図式で A → B がそれを示す。

A (出発点) ─────▶ B (到達点)
　　　　道(経路)

イメージ図式は我々の意味と理解に浸透しており、イメージ図式が意味と理解を制約("constrain")し、隠喩体系が推理を制約する(metaphorical systems "constrain" our reasoning)。つまり、図式や隠喩体系が理解と推理に関してある一定の理解と推理の可能なパターンを確立する。それは身体性を伴っている、と言う。人間の理解というのは世界における人間のあり方、世界の認識の仕方である。これは人間が身体をもっているという問題でもある。つまり、知覚機構、識別パターン、運動プログラム、様々の身体的技能の問

題である (... one's understanding is one's way of being in, or having, a world. This is very much a matter of one's embodiment, that is, of perceptual mechanisms, patterns of discrimination, motor programs, and various bodily skills (同)) とする。

　上に出てきたいくつかの用語であるが、詳しくは後ほど述べることにして、メンタルスペース、ICM について、もう少しみておこう。
　メンタルスペースについて野村 (2001) によれば、意味構築は、談話の進行とともに言語形式の指令や文脈、百科事典的知識を基にして領域を次々と構築し、領域内に要素を導入し、領域間の要素を関係づけるなどして領域を結合していくことによってなされる。この「内部構造を持つ互いに結合された領域」をメンタルスペースと呼ぶ、とある。
　ICM (理想認知モデル) とは、吉村 (2002) によれば、ある特定のものや状況についての理想化された (本質的なものだけを残し、単純化した) 知識の集合、フレームの類似概念、あるものを理解するための単純化された経験の鋳型、意味付けを支える知識的枠組み、ものごとの捉え方である。例えば、「相撲取り」には相撲取りらしい相撲取りとそれらしくない相撲取りがいるが、それを決定するのは肥満か痩せかといった固有の特徴だけではなく、国技としての伝統美、技の切れ味、四股の踏み方などから生じてくる理想認知モデルに照らして決定される。

2.4.5. 思考と言語の心理学的研究

　心理言語学と認知言語学の接点からみると、ギブズ (Gibbs の *The Poetics of Mind*, 1994、邦訳『比喩の認知』、その他の論文) の功績は大きく、応用言語学の観点からみると、言語習得という意味で参考にできることが多い。中でも比喩的言語の理解過程は字義的言語と比べて特別な過程 (special cognitive processes) であるのかどうかに関する議論と実証は興味深い。字義的意味と比喩的意味の理解について、伝統的見解では特別な認知プロセスが必要だとされてきたが、ギブズは調査・実験から次のように言う。心の詩的な構造 (the poetic structure of mind) が、メタファー、メトニミー、アイロニー等を通じて「ひと」が思考することによって比喩的な発話の意味の把握を押

し進める (how people think via metaphor, metonymy, irony, and so on, facilitates the comprehension of figurative speech (同: 80)。比喩的表現の発話 (figurative utterances) へのリアクションタイムを測った心理言語学者の実験では時間が少し長くかかる、としているが、日常生活ではさして困難を感じない、何故なら、話の文脈の中で比喩的表現に遭遇するので理解の困難さは少ないと言う。ギブズはこれ以外にも言語教育に関係が深い研究と発言が多いので第2章でも触れる。次項で日本の研究者、佐藤信夫、瀬戸賢一、山梨正明、辻幸夫、河上誓作、楠見孝などを概観してみよう。

2.4.6. 日本の研究者の功績

　ここに挙げる研究者も、上で述べた研究者同様研究や業績が多くあり、そのうちからほんの 1-2 冊を取り上げて紹介すると舌足らずになるかもしれないし、不十分な紹介になるかもしれない。それを断った上で、ごく手短にみていこう。また、日本の外国語教育に関連するものは、第2章で取り上げる。

　佐藤にはレトリックを記号論 (1998)、意味論 (1992/1996) から論じたもの、比喩の説明や存在理由に論を進めたもの (1992/1996; 1997) など多数にのぼる。中でも、本書2.3. の日本のレトリック研究におけるメタファーという語の起源について、佐藤 (1997) の言及に負うところが大きい。

　瀬戸は1980年前後から先述のレイコフとジョンソンの *Metaphors We Live By* (1980) がきっかけとなってメタファーの研究に変化が生じ、メタファー時代の始まりとも言え、言語学の主要テーマの1つとなった (1997: 95–104)、という。瀬戸 (同) によれば、意味が特定の領域 (domain) を超えて別な領域に「飛ぶ」のがメタファー (metaphor、隠喩)、指示対象が「横すべりする」のがメトニミー (metonymy、換喩)、カテゴリーの範囲が「伸縮する」のがシネクドキ (synecdoche、提喩) であり、これらは意味変化の代表的な型である。最近、メタファーが「ことばのあや」から抜け出たが、その理由として、メタファーの日常性、普遍性、根源性、体系性を挙げている。このようなメタファーの性質は本章の2.4. でみたとおりである。瀬戸の同章はメタファーの日英比較にも触れている。

山梨は認知言語学の見地から、「ひと」の心と言葉の関係を理論と実例を交えて議論する。彼の考えの根底には、言葉は心のあらわれ、脳の機能のあらわれ、とする考えがあるので、心や脳は環境との相互作用をしていく身体機能とどのように関わっているか、外界をどのように意味付けしているかという広い意味での身体性を考慮に入れるという観点である。山梨は「言語能力と言語運用を問いなおす」(1991)において、知識の領域や拡張のプロセスは、メタファーやイメージスキーマ変換などによる意味や構文の派生と拡張にかかわる現象であり、知識の領域の拡張は認知モデル(イメージスキーマやメタファーのモデル)によって特徴づけられる、と述べる。これは、言語教育においても考慮すべき点であるので、次章とも関連する。

　辻(編、2003)は認知科学という総合的視点から認知言語学を捉え、認知言語学における言語観、文法観、意味観、認知言語学の構成概念、比喩研究、言語の認知主体と環境との相互作用、言語と思考・文化・社会との関わりなどを詳しく述べている。また、辻(編、2002)の『認知言語学キーワード事典』は簡便に認知言語学に関する用語が検索できるので研究者に情報を提供してくれる貴重な情報源である。

　河上(編、1996)にはレイコフらの認知意味論、ラネカーの認知文法論をベースにして、知覚の理論とカテゴリー論、語彙、構文、文法化、意味変化などが論じられており、中でも、メタファー的文法論は言語教育にとって示唆となる。

　認知心理学、認知科学研究に詳しい楠見(1994)はその知見を学習、言語、思考(推論も含む)に応用する。言語学習の面から比喩の仕組みを解説し、アナロジーはメタファー(隠喩)の理解や生成を支えていると説く。

　以上、ごく簡単に主な日本の研究をみてきた。言語教育に関連する研究は再度、第2章でもとりあげる。次項で、メタファー研究で用いられる用語と表記上の約束ごとを解説して本章を閉じる。

3. 比喩・メタファー研究で用いられる用語、常套句

　アナロジー、アナロジー推論、マッピング、ネットワーク／ネットワーキ

ング (analogy, analogical reasoning, mapping, networks/networking) を簡単にみていく。

3.1. アナロジー（analogy）

　ギリシア語 *ana logon* に由来し、比率に従って (according to a ratio) を意味し、あるもの・ことがらを何等かの意味合いで類似した他のもの／ことがらと比べること、である。例えば、光 (light) を理解するのに水 (water) が波を切って進む様をイメージしたアナロジーを用いることによってなされるように。

3.2. アナロジー推論（analogical reasoning）

　認知言語学では、異なる知識領域間の類似性と、そうした類似性を見いだし推論することを指す。例えば、水流システムと電流システムの2事象の理解において、
　　A =［水源、貯水池、水流、水圧、水力、漏水］という知識を
　　B =［電流、蓄電池、電流、電圧、電力、漏電］に対比。
　Bに関する知識を理解するのにAに関する知識が利用される場合、要素間の類似性やシステムレベルでの関係や構造に類似点が見いだされている、と考える。ここでは、Aの知識：基底・根源・ベース領域、base domain、Bの知識：目標領域、target domain として認識される。

3.3. マッピング（mapping）

　上の説明にあるようなAの知識がBに転用されること、である。元々数学で使われる用語で、セットになったある1つの項目が他のセットの項目に重ね合わされる行為 (an act of fitting one member of a set exactly onto a member of another set, Summers (Ed.), 1992: 910)、つまり、対応づけである。メタファーの理解に当てはめると、レイコフとジョンソン (Lakoff and Johnson, 1980)、レイコフ (Lakoff, 1987; 1994) において解説されているように、メタファーとはあるドメインにおける（例えば、1つの）ICM から別のドメインの ICM へのマッピング（対応づけ）である。要するに起点・

目標ドメイン間のマッピングである (metaphor is mapping from an ICM in one domain to an ICM in another domain; mapping between the source and the target domains)。LOVE IS A JOURNEY. を例にすると、love と journey 間の共通性を重ねあわせることである。マッピング以外に多重構造になったブレンディング (blending) (Conceptual integration: Turner, 1998: 65[3]) の考えもあるが、ここでは単純なマッピング(図)のほうを用いる。

図

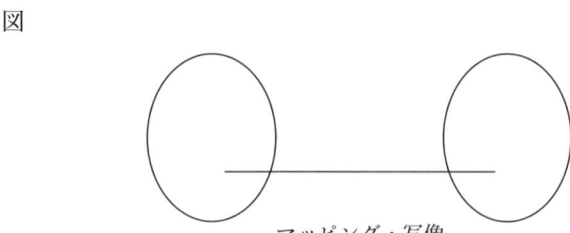

マッピング・写像

ARGUMENT IS WAR. では次のマッピング(対応づけ)が行われる。

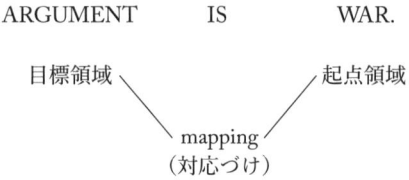

3.4. メタファー研究における表記の約束事

本章の最後にメタファー研究における約束事のいくつかに触れる。概念メタファーは大文字で表記される。これは概念メタファーの中に含まれる下位範疇での言語表現と区別するためである。例えば、TIME IS MONEY. LIFE IS A JOURNEY. LOVE IS A JOURNEY. など。

それぞれ個々の言語表現 (linguistic realizations) を小文字で書き、比喩の部分をイタリックで表記する。例えば、You are *wasting* my time. I don't have time to *give* you.（前出）

次に、メタファーの仕組みの図についてであるが、様々な描き方があるので、一概にはまとめにくい。メタファー、隠喩におけるマッピング（写像）の図として、瀬戸（1986, 1997）の隠喩の仕組みを借りて、ARGUMENT IS WAR. / Theories are Buildings. を図式化すると次のようになる。

```
ARGUMENT      IS        WAR.
(Theories)   (are)    (Buildings)
    ↓                      ↓
target domain         source domain
         \             /
          \ mapping  /
```

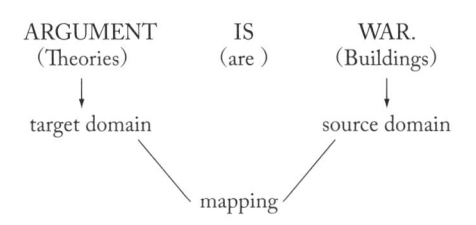

図の中の domain（あるいは、conceptual domain）についてであるが、source domain は起点領域のことであり、「議論は闘い」という概念メタファーの下位範疇である言語表現の Theories Are Buildings. の表現であれば、起点領域に喩えとして Buildings（建物）を使っている。Target domain は目標領域のことであり、これが主題・主要トピック、つまり、喩えたいこと、上記の Theories（理論）である。つまり、理論とは何かというと建物のようなものである。素材を積み重ねて構築していく建物に喩えられる。ただし、領域（domain）とは何か、ということについて、レイコフとジョンソン（Lakoff and Johnson, 1980）ではいまひとつはっきりしない。鍋島（2003: 676）によれば、領域とはラネカー（Langacker, 1987）で認知領域、フィルモア（Fillmore, 1985）でフレーム（frame）、レイコフ（Lakoff, 1987）で理想認知モデル（ICM）という名称が用いられており、ゲシュタルト的な知識構造の明確化を図っている、とする。

3.5. 温故知新

本章ではまずメタファーとは何か、どのような作用があるかをみた。メタファーの作用はことばと思考の両方に関係するので、言語学習において大いに参考にすべき作用である。そして、比喩、メタファーの研究の歴史を辿った。日本ではやはり明治時代が科学技術・文化、生活の近代化という面にお

いて重要な時期であり、メタファーということばの翻訳も文豪達の努力により定着した。呼び名は明治時代に定着したと言えるが、日本でもその表現や概念自体は古来から存在していた。例えば、我が国最古の正史とされる『日本書紀』(1994版)の巻第一に

<ruby>古<rt>いにしえ</rt></ruby>に<ruby>天地<rt>あめつちいま</rt></ruby>未だ<ruby>剖<rt>わか</rt></ruby>れず、<ruby>陰陽<rt>めをわか</rt></ruby>分かれざりしとき、<ruby>渾沌<rt>まろか</rt></ruby>れたること<ruby>鶏子<rt>とりのこ</rt></ruby>の<ruby>如<rt>ごと</rt></ruby>くして、<ruby>溟涬<rt>ほのか</rt></ruby>にして<ruby>牙<rt>きざし</rt></ruby>を<ruby>含<rt>ふふ</rt></ruby>めり。(『日本書紀』第1巻:16)

とある。神代の時代、天地混沌として陰陽の対立も生じていないころ、卵の中身のように形状不定な、ほの暗い中に、まず、もののきざしがあらわれた、という意味であろうが、「渾沌れたること鶏子の如くして」は明らかに比喩であることが分かるし、引用全体が比喩的であることも読み取れる。他に、古事記、萬葉集など数えれば切りがない。

　1970年代以降のメタファーの研究には言語の研究に新風を吹き込む局面があり、脳科学の発達も交えて今後も興味津々な研究領域である。
　第2章では、言語教育、外国語教育における比喩的表現の研究について考える。

注
1)2)　メンタル・スペース、フレームとは何かについて、『ことばの認知科学事典』: 316-317)から以下引用し、説明する。
　　　メンタル・スペースとは、推論や世界とのインターフェースに認知的基盤を与えるために、談話が作り出す部分的、局所的認知領域である。メンタル・スペースは内的構造(人やものなどに対応する要素、要素に対して成り立つ関係)をもつ。要素は、同じスペース内の要素や、他のスペースの要素とさまざまな関係をもつ。メンタル・スペースどうしも、さまざまな従属関係で結ばれる。
　　　言語表現は、メンタル・スペースを作り、そこに要素を導入し、要素に情報を付け加え、要素どうしを関係づける。複数のスペースは基底メンタル・スペース(base mental space)を出発点に、さまざまな従属関係で結ばれるメンタル・スペース構成(mental space configuration)と呼ばれるネットワークを作る。談話

全体の解釈は、メンタル・スペースの内容（要素、関係）とスペース間結合（要素どうしのマッピング、スペースどうしの従属関係）からなる、メンタル・スペース構成により表現される。

　　フレームとは、人工知能での知識表現の方法で、特定のもの（例えば、イヌ）や状況（例えば、レストランで行う一連の行動）についての有機的関連のある知識の集合。フィルモア（Fillmore）は、こうした知識集合が、言語が正常に機能するための背景的情報としてきわめて重要な働きをしていると考え、フレーム意味論を提唱した。

　フレーム意味論でさらに注意したいのは、『認知言語学キーワード事典』に述べられている次の点である（以下要約）。フィルモア（Fillmore）により提唱された理論であるが、フレームという概念を軸にして提案された意味論のことであり、特に格文法において動詞がとる意味役割を格フレームと呼び、この格フレームは抽象的な場面をあらわし、動詞の意味を理解するには抽象的な場面の特徴を理解することが必要である、と説く。例えば、商業取引の場面は「買い手」、［売り手］、［商品］、［金銭］を要素として含み、buy, sell, pay, spend, cost, charge などの動詞の意味はこのような場面の知識を背景にして理解される。このような言語表現が喚起し、それを理解するのに必要となる知識体系のことを［フレーム］と呼び、類義語、語彙体系、前提（presupposition）等を中心として扱うフレーム意味論、のち、構文文法へと発展させた。

　フレーム意味論は言語体系外の知識、信念、ものの見方等を取り入れている点が他の意味論などと異なる点である。フレーム意味論では、辞書的意味と百科事典的意味の峻別を拒否する百科事典的意味論に立ち、フレームが習慣化した概念化の枠組みのことを指すという点において意味を概念化と捉える認知意味論に属する、と言える（同: 222 頁）。

　EFL 教育サイドの者としては、英語を学習する際には単に語彙の辞書的意味だけではなく、上で述べられているような百科事典的意味の知識も必要である。リーディングにおいてルメルハート（Rumelhart）等が提唱したスキーマ理論が注目された頃を想起したい。語や文、その他、ディスコースの理解に百科事典的知識が必要であるとして、引き合いに出された例にレストランでの一連の作法の説明があることを思い出しておこう。

　要するに、スキーマ理論はプロトタイプ理論から発したものである。スキーマとは構造化された知識の集まりのことであり、具体的、抽象的に表示されることがあり、状況や人間に関する体系化された知識から成る認知構造と捉えておきたい。

3) Turner's (1998) "conceptual integration" with Fauconnier
　Vanity is the quicksand of reason network models: conceptual integration... is a basic cognitive operation that operates on two input mental spaces to yield a third space, the blend. For example, in *Vanity is the quicksand of reason*, one input space has *quicksand*

while the other has *vanity* and *reason*; the blend has traps for *reason*. In blending, there is a partial cross-space mapping between the input spaces. In the *quicksand* example, the *traveler* in one input is the counterpart of *reason* in the other input. (ibid.: 64)

第2章　外国語・英語教育における比喩・メタファーの研究
―比喩・メタファーと外国語教育―

本章では比喩・メタファー研究と外国語・英語教育、広義に言語教育との関係を応用言語学と関連分野(認知言語学、心理言語学など)から考察する。

1. 比喩・メタファー研究の現状

20世紀中頃以降の科学技術の進歩は比喩の研究にも影響している。比喩的表現の中で、1970年代以降認知科学の発展とともに、認知言語学で注目されている研究の1つにメタファーの研究があり、言語と思考の面から捉える方向性が注目を集めている(レイコフとジョンソン Lakoff and Johnson, 1980, 2003, 1999; レイコフとターナー Lakoff and Turner, 1989; ギブズ Gibbs, 1994; 山梨, 2000/2003 など)、また、(認知)言語学、心理言語学、文化人類学など学際的な広がりに発展している(キブズ Gibbs, 2001; ケベチェス Kövecses, 2007; 谷口, 2003 など)。メタファーとメトニミー、その他の比喩(figures of speech)との区別の研究も盛んになっている(グーセンズ Goossens, 1990; 瀬戸, 1999; 鍋島, 2003 など)。

さらに、言語教育に携わる者にとって見逃せないのは、メタファーのメカニズムを言語教育の面から考察する研究が行われている例(カメロンとロウ Cameron and Low, 1999a, 1999b; リトルモアとロウ Littlemore and Low, 2006a, 2006b; Azuma, 2005 など)である。この分野で注目すべきことは言語能力の1つとしてメタファーを捉えている点である。それは何故か。

言語学習の面からいうと、メタファーの理解は語の多義性と意味の拡張が絡み合う心的作用であり、そこに類推(アナロジー)など認知作用が加わる(Azuma, 2005)。メタファーが注目される理由はその解明が人間の認知作

用・文化理解の研究（言語・イメージ・意味拡張、スキーマ・文化的側面）に関連するからである。ことば、イメージ、音などによる比喩的表現が「ひと」の認知を刺激し、想像を膨らませ、意味を拡張させたりして、浅い・深い意味解釈に至ったり、場合によっては、スキーマ・文化的要素の助けを借りて意味を解釈する。解釈には正解・誤解、両面があろう。ナマの比喩表現にはその当該言語や文化の特色が諸にあらわれる。母語話者はそのニュアンスを享受し、母語では無理なく理解できる表現でも他言語の表現ではそうはいかないことがある。どのような表現に注意すればよいか、具体的には後ほど実験結果を交えて第5、6章で解明することになるので、本章では外国語・英語教育と比喩研究について概略を述べる。

2. 比喩・メタファー研究に必要な背景的知識

　本書は、英語の理解と運用能力の向上に一助となるべく、英語の多様な表現の理解と運用に資する可能性を探るという観点から比喩的表現の理解（解釈）を考える。そこでは、筆者が過去の研究で行った言語能力（linguistic competence）と比喩的表現の理解・運用力（メタフォリカルコンピテンス、metaphorical competence）の研究を踏まえ、比喩的表現の理解に関わる「ひと」の認知、言語・文化との関係を探ることにする。

　「比喩」、「比喩的表現」と大雑把に括っているが、本来、この名称の中に多種な比喩（figures of speech）が含まれている。例えば、シミリー（simile）、メタファー（metaphor）、メトニミー（metonymy、メトニミーにシネクドキ（synecdoche）を含める場合もある）、アレゴリー（allegory）、その他がある。本書の焦点はメタファー、メタファフォリカルな表現であるが、本書で用いる検査項目の中にメトニミー（metonymy）も含んでいるので、日本語では包括的な「比喩的表現」（figurative expressions）と大きく括ることにした。

　日本における比喩研究の歴史は第1章で紹介したので、本章冒頭2.1.で要約する程度にとどめ、比喩研究を言語教育に生かすという面から議論する。2.2.以降で比喩の研究に役立つ理論・提言を述べる。

2.1. 応用言語学と関連分野における比喩・メタファーの研究

　1970年代以降、認知科学の発達とともに、メタファーなど比喩（figures of speech）は注目を集め、認知言語学、認知文法、応用言語学、心理言語学、文化人類学など学際的に研究されている。認知言語学の分野で、欧米では、レイコフ（George Lakoff）、ジョンソン（Mark Johnson）、その他数々の研究者が、日本では、瀬戸賢一、山梨正明、河上誓作、辻幸夫などが代表者である。彼らはメタファーの仕組み、また、その応用を研究している。例えば、英文法への応用として意味の広がりと深さに注目している。『認知言語学の基礎』（河上編著，1996）より意味の拡張について早瀬の例を引く。我々の身体の構造に基づく経験を構造化したイメージスキーマから、前置詞 in の意味を早瀬（同: 47）は次のように説明する。

　　a.　The present is in the box.（物理的空間ドメイン）
　　b.　My friend is in the classroom.（物理的空間ドメイン）

　上の例では箱、教室という空間の中にそれぞれ贈り物、友人が存在する。何かの中に何かが入っているイメージである。この抽象的な規定を容器のスキーマ（container schema）と呼ぶ（同）。この何かが何かの中にあるという抽象的なイメージスキーマは他にも適用される。続けて早瀬（同）から引く。

　　c.　My brother is in high school.（社会的ドメイン）
　　d.　My brother is in love.（感情的ドメイン）
　　e.　My brother is in trouble.（抽象的ドメイン）

　上でみるように、イメージスキーマという抽象的規定は語彙の多義性を説明するのに有効である、と早瀬は言う。前置詞、動詞、名詞などメタファーの作用を用いて語の意味の拡張、ネットワークの拡大に繋げられるので、言語教育で注目される。次に、国外の研究に移り、再び EFL 環境、および、国内の研究に戻る。

　欧米の研究の中では、レイコフとジョンソンが著したメタファーの研究書

『メタファーと人生』Metaphors We Live By はバイブル的存在であることを第1章で紹介した。応用言語学では、欧米の研究者が日本に比べて多く（ロウ Low、カメロン Cameron、デイグナン Deignan、リトルモア Littlemore、チャータリス・ブラック Charteris-Black、ボーズ Boers など）子どもの母語によるメタファーや ESL 分野において言語能力の面から、また、言語心理学（ウィナー Winner、ギブズ Gibbs など）、さらには、文化人類学的見地（ケベチェス Kövecses）からメタファーと文化との関わり等々の研究が挙げられる。メタファーと文化との関わりは第4章に譲ることにして、上に挙げた研究のうち、言語関係の主要な研究を以下で簡単に辿ってみる。まず、認知言語学、心理言語学の分野から始める。言語教育以外の場でメタファーを利用した教育、例えば、理科の授業において、電流を説明するのに「水の流れ」を用いて説明した例などがあるが、ここでは言語教育に焦点を絞る。

2.2. 認知言語学から学ぶこと

本節ではまずレイコフとジョンソン（Lakoff and Johnson）から比喩研究について学ぶべきことをみていく。

レイコフとジョンソン（Lakoff and Johnson）は『メタファーと人生』(*Metaphors We Live By*, 1980) において、メタファーの普遍性 (pervasiveness of metaphors, ubiquity) と体系性 (the systematicity of metaphorical concepts) を主張した。導管メタファー (Conduit metaphor)[1] の考えを取り入れたり、概念メタファー (conceptual metaphors) を整理したりした。概念メタファーの例として、構造メタファー (Structural metaphors: TIME IS MONEY; ARGUMENT IS WAR)、方向付けのメタファー (Orientational metaphors: HAPPY IS UP; SAD IS DOWN: I'm feeling *up*)（同: 15）、存在のメタファー (Ontological metaphors: INFLATION IS AN ENTITY: *Inflation is lowering our standard of living*)（同: 26）、容器のメタファー (Container metaphors: Each of us is a container, with a bounding surface and an in-out orientation: *out of* one room *into* another)（同: 29）がある。

レイコフは『認知意味論』（原題 *Women, Fire and Dangerous Things*, 1987) においてメタファーに基づく概念のカテゴリー化を行い、理想認知モデル

(Idealized Cognitive Models, ICMs) と命名し、次のように述べる。我々は理想認知モデルと呼ぶ構造により知識を組織化する。カテゴリーの構造やプロトタイプ効果はその組織化されたものの副産物である (we organize our knowledge by means of structures called *Idealized Cognitive Models*, or ICMs, and category structure and prototype effects are by-products of that organization (同: 68)。また、この考えの源はフィルモア (Fillmore) のフレーム意味論[2] (frame semantics, 1982) に書かれている前提構造 (propositional structure) に、また、ラネカーの認知文法 (Langacker's cognitive grammar, 1987) のイメージスキーマ構造 (image-schematic structure) に、フォコニエ (Fauconnier) のメンタルスペース論 (theory of mental spaces, 1985) にあり、フィルモアのフレーム意味論はスキーマ理論 (schema theory) に似る、とも述べている (同: 68)。要するに、我々の知識は理想認知モデル (ICMs) によってカテゴリー化、プロトタイプ化され、呼び名は何であれ、スキーマ化される、ということである。

理想認知モデル (ICM) とは、ある特定のものや状況についての理想化された知識の集合のことであり、フレームの類似概念のことである。そこでは本質的なものだけを残し、単純化された知識の集合となっている。それはあるものを理解するための単純化された経験の鋳型、意味づけを支える知識的枠組み、ものごとの捉え方といえる。大雑把にスキーマと考えてもよい。

2.3. 心理言語学から学ぶこと

本節では、思考と言語の心理学的研究の面から、まず、ギブズ (Gibbs の *The Poetics of Mind*, 1994) の示唆をみておく。彼は字義通りの意味の「ことば」(literal language) と比喩による「ことば」(figurative language) の理解について、字義通りの意味を表す「ことば」(literal language) は通常の認知メカニズム (normal cognitive mechanisms) で処理されるという。比喩による「ことば」(figurative language) は何か特別な認知プロセス (special cognitive processes) をとるのかについて、伝統的な考え (traditional views) では特別な認知プロセスが必要とされているが、ギブズは母語話者への実験・調査を行い、データを使ってそれを否定する。ギオラ (Giora, 1977) も同様である。ギブズ (同) は心理言語学での実験 (figurative utterances へのリアクションタ

イム）では時間が少し長くかかる、としているが、日常生活では比喩的表現（figurative language）にさして困難を感じない、話の文脈の中で遭遇するので理解の困難さは少ない、という。ただし、この調査・実験は英語を母語とする被験者に対する英語での表現が用いられていることに注意しておきたい。本書の調査・実験の主な対象では英語非母語話者も含めている点と調査目的とがギブズ（Gibbs）とは多少異なることを断っておく。

次に、子どもの言語発達と脳の関係からエレン・ウイナー（Ellen Winner）をみておこう。ウイナーの多数の業績は子どもの言語習得に関心を寄せていることを示す。子どものメタファーの理解に関する研究も多い。彼女は字義通りでない「ことば」として使用されるメタファーとアイロニーに関する子どもの理解の研究から、メタファーはアイロニーより早期に理解されるがアイロニーでは難しい、という。理由はメタファーが話し手の意図する意味に気付く必要があるのに対して、アイロニーでは状況判断などを交えて話し手の信念を推測する必要があるので難しい、という。

ウイナー（Winner, 1988）によれば、心理学者がメタファーに興味をもつのは、メタファーは「ひと」がものごとの理解において行うカテゴリー化を映し出すからであり、認知の本質的な面を捉えるからである、という。

> ... metaphors reflect and reshape our basic modes of categorization. Hence, metaphor came to be seen as an essential aspect of cognition. (Winner, 1988: 17)
> （要約）メタファーは基本的なカテゴリー化の類型を映し出し、それを形成し直す。このことにより、メタファーは認知の本質的様相として理解されるようになる。

ウイナーは同書でメタファーは概念の発達を待って理解される、メタファーの理解には類似性の理解が大いに関係し、起点領域と目標領域に関する知識の欠如が理解に制約をもたらす、という。ウイナーとガードナー（Winner and Gardner）は字義通りの意味・字義通りでない表現の意味を子どもが何歳頃から発達させるか（4歳児でも理解するメタファーがあり、6歳児ではか

なりに発達する)、そして、どのような理解を示すかも実証している(Winner and Gardner, 1977, Winner et al., 2006)。

「ことば」に関する研究には幅広い分野が関わる。それを調べるには脳内活動や精神面も調べる必要があり、脳研究、神経言語学、心理言語学、さらには、「ことば」をとりまく周辺事項の研究、例えば、社会心理学からも検討する必要があるので、本書では正面切ってではなく、問わず語りの格好で関連個所で触れている。序でながら、関心が高いと思われる比喩的表現の理解と脳との関係(脳内処理)に関しては第3章で敷衍する。

2.4. 語の意味拡張とメタファー

エイチソン(Aitchison, 1987)は後続 2.5. のメンタルレキシコンでもとりあげるが、彼女の言うメタファー論は参考になる。'*Her breasts are cabbages.*'(彼女の胸はキャベツだ)と言った場合、実際に胸はキャベツではないので、いろんな解釈ができる。その理由は、語はファジーな境界線をもっているからである。人は語を理解するのに、それをまず模範となる使用(a prototypical usage)に当てはめてみる、そして、その模範例(prototype)の特徴に新しい例を当てはめて(matching)みる。虎(tiger)はたとえ3本足になっても、縞模様がなくても虎は虎であるが、模範例としての虎ではない。見る(seeing)は心がそれに集中していなくても見るということではあるが、模範例としての見る(seeing)ではない。彼女はこれを模範例の破れ(broken typicality)と呼び、模範例の破れ現象(a typicality condition broken)は日常茶飯事に起こっているが、あまりによく起こるので人は気にかけないほどである、という。例えば、マンゴーの値段が上がった(The price of mangos *went up*.)という文でwent up という語がメタフォリカルに使用されているかどうかについて、値段は字義通りに解釈して丘を昇ったりはしないので、メタファーなのか、破れた模範例なのか、と問う。Marigold is *coming out* of a coma. や Felix is *under age*. にも同じような問いかけができる。どちらとも言いがたく、破れかもしれないしメタファーかもしれない。何故メタファーかもしれないと思うことができるか、という見地に立つことができるかというと、レイコフとジョンソンのいうように「我々が普段考えたり行動したりする観点からみる

と、我々の概念体系の本質は、そもそもメタファーによって成り立っている」(Our ordinary conceptual system ... is fundamentally metaphorical in nature, Lakoff and Johnson, 1980: 3) からである、と。エイチソンのいう模範となるメタファー (a prototypical metaphor) とは、第1章で述べた項目（目標ドメインと起点ドメイン）のそれぞれで異なった意味領域に属するもので、小さいけれどもはっきりした特徴を分かち合える類似性を保って互いに項目同士になった表現 (In a prototypical metaphor, then, the items compared are likely to be dissimilar, in that they come from different semantic fields, and similar in that they share obvious, minor characteristics. 同: 146) をいう。メタファーはそもそも普通の語を「破れ現象の状態」(a broken typicality condition) として使ったものであり、模範例でない方法 (a non-prototypical way) で使われたものとメタファーの間には違いはない。しかし、メタファーを意識的に人が使う場合にはある一定の指針に則っている。それ故、メタファーにおいては異なってはいるが、ある種のはっきりした特徴を互いに共有し合う類似のドメイン（意味領域）に由来する項目を比べ合う傾向が生じるのである。これにより、聞き手は通常でない対比が行われていることに気付き、意図されている類似性にピンポイントで迫ることができるのである。メタファーは拡張された語の使用であるが、拡張現象は決してメタファーだけに限ったことではない（同: 149)。

　メタファーを運用し理解するには、それに関わるメカニズムは根本的に通常の理解で用いられるそれと同じではあるものの、複雑なマッチングの技能が必要である (Producing and understanding metaphor, then, requires complex matching skills, even though the mechanisms involved are fundamentally the same as those used in ordinary speech comprehension. 同: 148) と述べる。

2.5.　メンタルレキシコン

　エイチソン (Aitchison, 1987: 33) の定義によれば、メンタルレキシコン (mental lexicon) とは「心的辞書」('mental dictionary' or the *mental lexicon*) を意味する。換言すれば、人がもっている語の蓄積 (the human word-store) のことである。頭の中の語の意味情報は意味の繋がりによって形成されたネッ

トワーク (network) に、音韻情報は音韻的類似性によって形成されたネットワークにある、とする。メンタルレキシコンは人に旧情報を拡張させて新情報に繋げさせる装置を備えている (The mental lexicon contains equipment which enables a person to continually expand old words and coin new ones (同: 143)) という。

エイチソンのいうメンタルレキシコン内の語とネットワークの張り方などに関する次の主張は外国語学習において参考になる点が多い。

Finding a word in the mental lexicon can be envisaged as following a path through this complex network, with some network links being stronger than others. For well-known, common words the paths are well worn, and it is easy to travel fast. But for words used only occasionally the paths are narrow and dimly lit. Meanwhile, new tunnels are perpetually being dug. Furthermore, the word itself cannot ultimately be regarded as a finite package. Since each word has links with so many others, and with general memory information, all these connections are in a sense part of the sum total of what we mean by a 'word'. (Aitchison, 1987: 196)。

(要約) メンタルレキシコン内である語を見つけるのは複雑なネットワークの中である経路を辿ることに似ている。経路の中にはネットワークの結び付きがほかより強いものがある。よく知っている語、通常の語はその道筋がよく使われたものであり、簡単に行き来し易い。一方、たまにしか使わない語の道は狭く、明かりも薄暗いので辿り着きにくい。絶えず、新しいトンネルは掘られている。その上、語そのものは有限なものとは看做されない。1つ1つの語は他の多くの語とリンクしているので、記憶という情報により、このような全ての連結が、いわば、我々が「語」と称するものを合計した総計の部分をなすのである。

メンタルレキシコンのまとめとして、門田 (編著、2001) より引用する。それによれば、メンタルレキシコンとは長期記憶の中で、特に、綴り・発音・意味情報・統語情報などが蓄えられている部分のことであり、言語処理と言

語知識が関わる、とする。

　本書ではメンタルレキシコンを「心的辞書」、「語彙知識」という意味合いで用いる。学習者の語彙に関しては語彙知識 (vocabulary knowledge、すなわち、語彙の多さ・幅、vocabulary breadth、および、語彙の深さ、vocabulary depth) が考えられるので、本書の研究では語彙力 (幅) を語彙レベルテスト (Vocabulary Levels Test, VLT) で、語彙の深さを多義語テスト (Polysemy Test) で測定した。筆者の先行研究 (Azuma, 2005) において EFL 学習者の VLT と Polysemy Test との相関関係が高いことが判明しているので、本書の第 5、6 章で述べる研究では検査項目が多いため被験者の時間的心身的負担にならぬようにという配慮から、VLT のみを用いて被験者の語彙知識のデータとした。

2.6. 応用言語学におけるメタファーの研究

　応用言語学における文献を言語の面からみてみると、ESL 分野での研究が多い。当然のことながら、言語距離が近い言語間での研究が多くなる (Cameron, 2003; Cameron and Low, 1999a, 1999b; Littlemore and Low, 2006a, 2006b; Littlemore, 2001a, 2001b; Deignan, Gabrys & Solska, 1997; Boers, 2001、その他)。言語距離の離れたものとして、チャータリス・ブラック (Charteris-Black, 2002)、東 (Azuma, 2005) が挙げられる。その他、言語教育の上で参考になるものに、カーター (Carter, 1998)、マッカーシー (McCarthy, 2001) のメタファー作用の応用、エイチソン (Aitchison, 1987) のメンタルレキシコンへの言及が挙げられる。本書では、主に言語距離が離れた場合の研究に深く関連するので、最終的にはそれをみていくことになる。本節では応用言語学におけるメタファーの研究をまとめることになるが、第 3 章で述べるメタフォリカルコンピテンスについても少々触れる。

2.6.1. ESL のメタファー研究

　チャータリス・ブラック (Charteris-Black, 2002) は母語がマレー語で英語を L2 (学習言語) として学んでいる学生を被験者にして、比喩として用いられている表現の理解を調べた。その結果、最も理解され易かった表現は言語

表現も概念基盤も両言語で類似するものであり、最も難しいのは両言語間で言語表現は類似するが概念基盤が異なる表現であることを突き止めた。この研究は筆者の研究にとって重要な意味をもつ。彼の研究の中からマレー語と英語で同じ概念基盤で同じ言語表現をもつテスト項目の一例を挙げると、英語で in hand、マレー語で *di tangan*、異なった概念基盤で異なった言語表現のテスト項目の例では、英語でいう scratch one's head（頭を掻く）、マレー語の意味は feel relieved（ほっとした感じになる）である。これはマレー文化特有のジェスチャー（culture specific gesture）だそうである。

　他に、デイグナン、ガブリス、ソルスカ（Deignan, Gabrys & Solska, 1997）の比喩的表現をどのように認識するか、という「気付き」（比喩を比喩として認識するかどうかの「気付き」awareness）の研究がある。これはチャータリス・ブラック（Charteris-Black, 2002）に似た研究で、両者の研究結果は同じようなものであった。

　次に、言語教育の面から、マッカーシー（McCarthy）とカーター（Carter）をみてみよう。マッカーシー（McCarthy, 2001）は語彙学習における語のメタファー拡張（metaphorical extensions of words, 同: 27-30）の重要性を強調する。つまり、メタファー（metaphor）が意味をつくりだし、拡張させる仕掛け（device）になるからである。意味の中心・核（the central or focal meaning）は語のメタファー的拡張の基盤（the basis of metaphorical extensions of a word, 同: 25）となる。例えば、「頭」head はプロトタイプとして、人の体の一番上の部分（prototypically the topmost part of a human body）。それが、'head' のプロトタイプ的意味合いを保って、委員会のトップ、すなわち、委員長 'head of the committee' などに拡張される。

　彼はメタファーの定義として、「メタファーとは、それによってあることがらを言うのに何か他のものとの関連において言うことを可能にする手立てである（Metaphor is a way of enabling us to talk of one thing in terms of another, 同）」と定義する。さらに「顔」'face' という語の多義性を例にとって人の顔の意味合いの拡張として、時計の顔、つまり、文字版、採炭切羽の労働者（the 'face of a clock' or miners working at the 'coal-face'）などと使う、と。こういう風に多義性をみると、多義性は創造的であり、語の中心的意味からの拡張が

生み出される、ともいう。さらに、マッカーシー（同）はロウ（Low, 1988）を引用しながら、我々はなぜメタファーを使うのか、そして、なぜそれを議論するのかについて、次のように言う。

　メタファーは
（1）　我々の考えを概念化し、そこに含まれるものを示してくれる、
（2）　現実世界で即、分からないものの関係を明確化しシステマティックにする、
（3）　今もっている概念を用いて新しい概念を作りだしたり、理解したりできる、
（4）　慣用的メタファーの重要性と同時に、応用力も大切である、と。

続けて、メタファーの意味はその語に関する知識（意味の特徴、連想）やプラグマティックな手掛かりから、アナロジーによって、作り出される（同: 29）と言う。同様の考えはカーター（Carter, 1998）にもある。カーターも語彙は連想の（あるいは、関連する、と言ってもよい）結び付き（associative bonding）として教えるべき（同: 219）だという。例えば、第1章で挙げた「議論は戦闘である」（ARGUMENT IS WAR.）を、「彼の批判は的を射ていた」（'His criticisms were on target.'）、「彼は巧妙な戦略を用いて議論を攻撃した」（'He attacked his argument using a subtle strategy.'）などという関連する言語表現に連結させ、その関連性として教えるとよい、とする。両者ともメタファーを語の意味の拡張という点から、言語能力向上に応用することを提唱している。

2.6.2.　EFL のメタファー研究

　外国語習得において語彙は重要な役割を果たす。メタファーとの関係ではどうであるか、筆者はメタフォリカルコンピテンス、あるいは、それに類似した研究が過去に行われていたかどうか、を調べた。論文のタイトルから本書の研究に近いように外見上は見える文献にマルガディーとジョンソン（Malgady & M.G. Johnson, 1980）の「比喩的表現の測定」（Measurement of Figurative Language: Semantic Models of Comprehension and Appreciation）がある。タイトルに測定（measurement）と付いているので、それに惹かれて内容を当ってみたが、厳密に言って、本書に直結するものではない。この論文で調べられたのは、被験者が字義通りの表現と比喩的表現の区別ができるかどうかの計測であった。欧米の研究にはこのような比喩の「気付き」（awareness）（Gibbs, 1999; Deignan, Gabrys and Solska, 1997; Boers, 2000; Low, 1988; J. Johnson and Rosano, 1993; Littlemore, 2001a, 2001b; Charteris-Black, 2002）に関する研究が多い。これらの研究では、調査・データに基づいて「気付き」と言語力は切り離せないことを証明している。

広義の「気付き」に関して、日本人側からは田中（2007: 552, 562）の主張がある。彼の主張は認知的スタンスをとる認知言語学の言語研究の立場・視点を英語教育に取り入れようという主張であり、身体（body）、知覚（perception）、概念形成（concept formation）と言語とのかかわりにおいて、英語教育のコンテンツ（例：語彙と文法）を考えれば人間の意味付けの仕方に近い形で英語の指導が可能になる、とする。そこでは、学習者に「なぜそうなのか」という注意（attention）を学習内容（例：言語表現など）に向けさせ、「なるほどそうなのか」という気付きの向上（awareness-raising）を高めさせる。そうすれば、「そういえばあれも同じだ」というネットワーク拡張（networking）を促す流れに繋がる、とする。

次に、比喩的表現の理解と運用力（メタフォリカルコンピテンス）という観点から、かなり進んだ大学生レベルでどのような授業が可能であるか、簡単にみてみよう。

2.6.3. EFL の環境でメタファー理論を生かした英語教育

様々な表現という観点から、比喩的表現であるかどうかの区別（字義通りの表現と比喩的表現の区別）、つまり、「比喩の気付き」（awareness）についての研究が（欧米で）多いことを述べた。勿論、それも重要である。まずはどういう表現が比喩的表現であるのか認識できることである。その場合、比喩の構造を学ぶことができる。Azuma（2005）では、提示した 2 タイプの表現のうち、どちらが比喩的表現であるかを解釈して解答させた。これは理解

(recognition)に関わる実験である[3]。筆者はさらに進めて、豊かな表現を指向する教育も重要だと考える。同じAzuma (2005)には運用(production)に関わる実験もある[4]。それによく似た実験が行われた例が大森 (2003)にあるので、ここに紹介する。概念メタファー(conceptual metaphor)を英文作成に生かす指導例で、某大学3年次生が被験者になったものである。この授業ではコロケーションも指導されたのであるが、本節での引用は比喩的な表現の指導に絞る。この授業では初めの30分は学生に自分の使い慣れた辞書を使用して「最近あなたが経験し、印象に残ったできごとについて」自由英作文させた。テーマがテーマだけに感情表現を予想していたということであるが、英作文の内容は指導前には画一的、例えば、I was happy, I was sad, I was angry ... などであった、という。次の30−40分(指導)は『マクミラン英英辞典』(*Macmillan English Dictionary*, 2002)のメタファーのコラムを利用して学生にリバイズさせた。大森は参考資料として『マクミラン英英辞典』から関係のありそうな概念メタファーの感情表現を抜き出し、学生に配布した。授業の成果として、被験者Aの「就職活動」に関する指導[前]、指導[後]の英作文(大森：68)を引用する。

［前］On July 5th, I joined a briefing for job applications at X University. I listened to three seniors who had finished job hunting. One of them made a nice speech for me. Her speech was interesting and inspired me with courage. Before I listened to her, I thought job hunting was just busy and hard. But I changed my mind.

［後］On July 5th, I joined a briefing for job applications at X University. I listened to three seniors who had finished job hunting. As I didn't know what to do for job hunting, my heart was **filled with anxiety** $_1$. But one of them made a nice speech for me. Her speech was interesting and inspired me with courage. Before I listened to her, I thought job hunting was just busy and hard. However, my mind was **moved** $_2$. The speech **lifted** my spirits $_3$. I will try to do my best though I may have some troubles from now on. (下線

部、太字は大森、番号は筆者）

リバイズすると一般的に改良が予想される。上に示されている改良について、大森が指摘するところによれば、『マクミラン英英辞典』では filled with useless facts and figures であるが、それをこの学生は ... filled with anxiety（下線部 1）に、先輩のスピーチに感動した（**moved**）（下線部 2）、気分が高揚した（**lifted** my spirits）（下線部 3）などと概念メタファーから自分のイメージをあらわす適切な表現を選んで用いており、太字の表現の箇所も生き生きしたイメージで描かれ、全体的に豊かな表現に改良されている。このような試みは単に比喩的表現の使用を促すだけでなく、比喩的表現により刺激される認知作用により、書き手の叙述的、情緒的表現の幅を広げることになる。言語教育に携わるものとして、（比喩的表現を含めた）様々な表現の理解と運用力向上を目指したいものである。

3. 母語知識の関与

　外国語としての英語（EFL）を学習・習得する状況では母語の関与、あるいは、影響は避けられないので、この問題を考える必要がある。通常の英語学習でもそうであるが、比喩的表現という文化的要素の大きい場合はどのように考えるのがよいのであろうか。母語と学習言語に関するこれまでの文献から一般的に何か学ぶべきことをまず検討し、続いて本書に関係する比喩の理解と母語との関係を考察することにする。実際に比喩的表現の理解に母語・母語知識がどのように関与するかについて、新規の交差検証を第 5、6 章で行う。そこでは、異なった母語話者（日本語母語話者と英語母語話者）を対象に、具体的な比喩を材料にして交差検証を行い、理解・解釈の様相を分析する。本章はその前段階の一般論である。

3.1. 学習言語と母語
　アメリカ構造主義言語学と行動主義心理学の影響が大きかった 1940–60 年代は対照分析（Contrastive Analysis, CA）の手法で母語が第二言語（L2）習得

に及ぼす影響（母語転移、母語干渉）、誤答分析が注目されていた。1970年代になると人間の認知活動の研究が注目されるようになり、欧米では第二言語習得において母語は何らかの役割を果たす（プラス、マイナス、中立）と考えられるようになった。最近は単に対照分析だけでなく、様々の観点から様々の手法で研究されるようになった。

　画期的なのは、1970年代のガス（Gass）とセリンカー、デュレイ、バートとクラッシェン（Selinker, 1972, 1992; Dulay, Burt and Krashen, 1982）やコーダー（Corder, 1983）であろう。この研究者達の主張を大雑把に言えば、間違いは学習者のコミュニケーションストラテジーに起因するのであって、L1から構造的に間違って選択された転移によるのではない、ある種のL2の間違いは母語が何語であれ共通する、と。コーダー（Corder, 1983）は、母語は発音など限定的な転移しか起こさない、という。

　言語転移（language transfer）、第一言語転移（L1 transfer）、あるいは、中間言語（interlanguage）などと呼ばれることが多いこの現象を、母語による干渉と捉えるか、過渡期的段階の発達途上の現象と捉えるか、見方は様々であろう。転移は第一言語と第二言語の距離が狭い場合でも問題になろうが、日本人英語学習者のように、母語である日本語と言語距離の離れた英語との間では母語の学習言語への影響には別の面からの考察が必要であろう。

　第二言語（L2）の習得についての考え方もより柔軟になってきた、と大喜多（2000）はいう。従来、誤りはL1からの転移によるものであり、新たに言葉を習得しようとするならば誤りを乗り越える必要がある、とされてきたが、L2習得においては、誤りは言語習得の過程で不可欠な要素であり、学習者は誤りによってL2の仮説を検証し、検証を繰り返すことで目標となる言語の言語システムを習得する、と考えられるようになった（同: 23）。その発達途上にある段階の言語を中間言語（interlanguage: Selinker, 1972; 1992）と呼ぶ、とするところに注目したい。否定的に捉えるのでなく、次のような発展的に捉えるポジティブな発想に立脚したい。

　セリンカー（Selinker, 1972; 1992）の命名による中間言語（interlanguage）は、学習者が学習言語（目標言語、TL）を習得する過程で内在的に構造化される言語体系のことであり、目標とする言語に向かって発達していく動的な

言語体系である。

『ロングマン応用言語学用語辞典』(1988: 187)の中間言語(interlanguage)の説明は次のとおりである。

> 第二言語および外国語の学習者が、言語を習得する過程で産み出す言語の型、言語習得において、学習者の誤りはいくつかの異なった過程で引き起こされる。その中には以下のようなものがある。
> (a) 母語の型を借用する (language transfer)
> (b) たとえば、類推によって目標言語の型を拡張する
>   (over-generalization)
> (c) すでに知っている語や文法を使って意味を表現する
>   (communication strategy)

大喜多 (2000: 25) は、中間言語には連続性があり、限りなく L2 に移行するとして次のような推移の例を挙げている。"Where did you go yesterday?" に対して、"I yesterday go park." と答えた人が、どうもおかしいと気付き、"I go park Yesterday." としたとすると、この時点ではまだ時制は元のままであるが、語順は L2 のシステムに近づいたことになる、と。

次にガス (Gass, 1988: 387) をみてみよう。その言語転移に関する短い論文の中にある小見出し「振り子の調節」the settling of the pendulum は言い得て妙である。転移については様々な研究において議論がなされてきた。授業における母語の使用についてラドー (Lado, 1957) が述べた母語の役割、デュレイとバート (Dulay and Burt, 1974) の述べた L2 習得における母語の役割の減少、そして 1980 年代の母語の影響に関する研究の増大などというふうに振り子現象がある。つまり、言語転移を単に第一言語 (L1) の構造の機械的移転ではなく L2 習得に向かう認知的メカニズムとして考えられるようになった、いろんな側面から議論されるようになった、という意味である。第一言語 (L1) の影響は単に直接的な言語反映として生じるというだけではなく、言語の根底に横たわっている原則をも反映している (... first language influences occur not only as direct linguistic reflexes, but they also indirectly reflect underlying organizational principles of language. Gass, 1988: 387）と述べる。

　最近はさらに新たな捉え方がなされている傾向について、高橋（Takahashi, 1999, 2000）と伊藤（2003）は中間言語を語用論から論じられることが多くなった、と述べる。L2にみられる言語運用、つまり、母語からの転移の研究が依然として多い傾向があるにはあるが、注目に値することとして、L2を運用する際に母語の社会文化的規範（socio-cultural norm）がL2へ移転することを研究するプラグマティックトランスファー（pragmatic transfer）について研究している例（高橋とビービ、Takahashi & L. Beebe, 1987）を挙げる。これはL1の社会文化的規範をL2に当てはめる現象であり、英語能力の高い学習者にプラグマティックトランスファーが多くみられる、それは、上級の学習者は日本語の典型的な概念を英語で表現することが容易であるために現象として多く生じる、と伊藤は高橋とビービ（Takahashi & Beebe, 同）を引いて説明している（伊藤 2003: 92）。やはり、異言語間で交流する際には、言語的、文化的側面を考慮すべきということであろう。

　この節を締めくくるにあたり、筆者は学習言語に及ぼす母語の影響には次の要素があることを述べておく。第1は言語的要素、すなわち、母語が何語であるか、学習言語との言語距離はどうか、という点。一般的に考えて言語距離は言語習得に影響する。日本語母語話者は言語距離の近い言語（例えば、韓国語）の習得は言語距離の遠い言語（例えば、英語）ほど難しくないだろう。語彙、発音、文法など日本語と英語では異なる要素が多い。第2に社会言語的、文化的要素、つまり、言語の根底・背景に絡む顕在的・潜在的要素で、これは第3の要素とも一部関連するが、自分の置かれている世界への興味のあり方、知識の幅・深さなどとも関係する。第3に個人差、つまり、その人の性格やものごとへの関わり方・興味の在処など個人がもつ特性である。

　本書では、どのような比喩的表現が他言語の母語話者にとって分かり易いか、分かりにくいか、その原因は何であるか、という点に注目する。日本語と英語では言語距離が離れてはいるものの、「ひと」の認知の面からみれば言語にあらわれた概念的な面に「ひと」はどのように対応するか、をテスト

項目の解答に示された解釈から、解釈の様相をみていこうとするのである。被験者には日本語母語話者と英語母語話者の双方を含んでいるので、解釈の様相を母語の異なる被験者を対比的に考察する。上でまとめた3点のうち、第1の言語的要素と第2の文化的要素に重点を置く。筆者は、母語の影響はメリット、デメリット両方あり、母語の効用はアンビバレントであるので使い分けが必要であるという立場をとる。メリットは利用し、デメリットには注意を払う。そのために、どのようなところがメリット・デメリットであるのか、を第4、5、6章で具体的に見いだしていく。

3.2. 言語教育、母語教育、外国語教育における比喩的表現の取り扱いに関する日本と英語圏との比較

公的母語教育の基礎は小学校から始まり、中学校、高等学校へと進む。外国語教育は小学校高学年で始まる場合もあるが、本格的には中学校から高等学校へと進んでいく。そこで、本項では学校教育の指針となる学習指導要領において比喩的表現がどのように言及されているか教育関係の資料をみてみよう。検討するのは、日本の学習指導要領と英語圏（ここでは、オーストラリアとイングランド）のカリキュラムにおける言及である。日本の学習指導要領では、小学校、中学校、高等学校の「国語」、中学校、高等学校の「外国語」、英語圏では、オーストラリアビクトリア州の「国語」（English）と「第二言語としての英語」のカリキュラムと「第二言語」（オーストラリアは州によって別個のカリキュラムをもつ。アメリカも同じ。ただし最近オーストラリアもイングランドのような国家統一カリキュラムの導入を計画中）、イングランドの国家統一（ナショナル）カリキュラム「国語」（English）と「外国語」（Modern Foreign languages）を対象とする。その中で比喩的表現がどのように言及されているか、をみることによって、教育関係者の「ことば」に関する取り扱い方の相違が浮かび上がるのではないかと思うのである。

まず、日本の現行カリキュラムであるが、小学校5・6年生の「国語」で言及されているのは、「表現の効果などについて確かめたり工夫したりすること」「語感、言葉の使い方に対する感覚などについて関心をもつこと」である。中学校の「国語」でも、「言語感覚を豊かにすること」、第2・3学年

で「慣用句、(中略)多義的な意味を表す語句の意味や用法に注意すること」「抽象的な概念等を表す多様な語句に付いての理解を深め、語感を磨き語彙を豊かにすること」とされている。具体的に比喩的表現に関する言及はないが、述べられている文言を拡大解釈すれば、多義的な意味を表す語句や抽象的な概念等を表す多様な語句を学習すること、という件が本項で調べている内容に該当するのかもしれない。高等学校ではどうか。高等学校学習指導要領「現代文」その2エの箇所に「語句の意味、用法を的確に理解し、語彙を豊かにするとともに、文体や修辞などの表現上の特色をとらえること」とある。これはかなり具体的である。

　平成23年4月から小学校で、平成24年4月から中学校で、そして順次高学年へと進んでいく学習指導要領の全面実施における「国語」をみてみると、上記の取り扱いが多少変更になる。小学校の3・4年から［伝統的な言語と文化と国語の特質に関する事項］が加わり、5・6年の箇所で「比喩」の取り扱いにも触れている。中学校では「比喩や反復などの表現の技法について理解すること」と述べられており、解説書には慣用表現も含めて、「比喩や反復等の表現の技法」としては(中略)比喩や反復などの名称と結びつけて、表現の技法の意味や用法を(中略)指導する」と踏み込んだ説明をしている。高等学校においては「国語総合」で、文章の内容や形態ごとに、それぞれ固有な「表現の特色」があることに言及し、時代の違い、描写や会話などにおける擬人法をはじめとした比喩、反復、倒置などの表現の技法、感覚的な語句や表現の使用などの指導に触れている。これはイギリスやオーストラリアのナショナルカリキュラム(国語)にあらわれている豊かな表現の指導に注目する者にとって比喩等表現の豊かさを言語教育に盛り込む必要性を述べた今回の国語における改訂は歓迎すべきものである。

　ただし、「外国語」のカリキュラムのほうは(運用度の高い)慣用表現の指導という文言が載っているだけである。以上のような状況をみると、日本の外国語教育カリキュラムにおいては比喩的表現について中学レベルまでは明確に打ち出されていない、というのが筆者の印象である。

　英語を母語とする2カ国(オーストラリアとイングランド)のカリキュラムにはどのように示されているか。オーストラリアのビクトリア州の「国語」

(English)のカリキュラムをみてみると、4・5年生で「テキストに含まれているメインアイデアや言い表そうとする内容を解釈するストラテジー」の学習、例えば、比喩的表現の解釈(interpreting figurative language)やテーマと内容の情報をリンクさせるすべなどの学習、テキストの内容・構成、目的、相手との関連性、つまり、文、パラグラフ構成、文法、比喩的表現(figurative language)の学習に言及していることが注目に値する。5・6年生のライティングにおいて正確で読み易い書き方を養成する必要性に言及し、文法、言葉の特性、比喩的表現の使用に慣れさせることなどを述べている。L2としての英語に関するカリキュラムには比喩的表現の養成に関する言及はない。

　イングランドの場合は「国語」(English)のカリキュラムキーステージ2 (Key Stage 2、3–6年生)リーディングの「文学」(Literature)のところで、文学作品を理解し味わうために比喩的表現(figurative language)が理解できるように指導すること、加えて、語彙、言語パターンも効果的に使えるように指導すべきであると言及している。また、他言語として英語を学ぶ生徒や外国語を学習する生徒向けに、話し・書きことばを発達させるために、メタファーやイディオムを教えるべきである、とも言う。以上のように、英語圏では、母語教育においても外国語教育においても比喩的表現の取り扱いについて、ある一定の路線をカリキュラムで打ち出していることに注目しておきたい。英語圏はディベート・自己発信の道具としての言語能力育成を尊重しているように思える。

　日本語の漢字はイメージが描き易い。漢字の象徴性、イメージ性は授業で活用されているであろうし、大いに活用したいものだ。また、日本が誇る表現形式に和歌、短歌、俳句がある。中でも俳句はわずか17音で、言葉とイメージを駆使して見事な心象風景を醸し出す。小学校、中学校の学習指導要領に具体的には示されていないが、「文や文章にはいろいろな構成があることについて理解すること」、その教材として、古典、文語文や格言・故事成語など発達段階に応じて学習させること等々と示されているので、おそらく、慣用句、諺、俳句なども学習されることであろう。比喩的表現について、高等学校国語の「現代文」の中に「修辞」の学習について言及されているので、少なからず触れられているようである。

4. 比喩・メタファー研究の展望

　以上、比喩・メタファー、比喩・メタファーの理解、教育上の取り扱いなどについて考察してきた。次章に入る前に、この分野の研究の展望をまとめておこう。

　メタフォリカルな表現の理解と運用には語彙力、多義語能力、認知作用、例えば、スキーマ、イメージスキーマ、マッピング、論理的類推 (schema, image schema, mapping, analogical reasoning) などが関わる。メタフォリカルな表現の理解と運用の際に、学習者のもつスキーマ、イメージスキーマ、アナロジーの活性化が行われると、ある表現の「基盤」と「目標」への連携、相互交流、あるいは、「起点領域」「目標領域」間のマッピング・対応づけがスムーズになる。

　メタフォリカルな表現は母語環境ほど多くはないが、それでも英語のリーディングや会話などで出会うことが多い。外国語として英語を学習する環境ではメタフォリカルな表現やその背景にあるメカニズムを全て学ぶわけではない。後ほど第3章以降で述べるように、語彙力 (vocabulary breadth と depth) と比喩表現理解力 (メタフォリカルコンピテンス) の相関性はかなり高いので、学習者の語彙・意味の広がり (lexico-semantic ability) を活用することによって、メタフォリカルな表現も含め、様々な表現の理解・運用能力の寄与に繋がるので、この面からもメタファーを軸にした言語、認知、文化認識の関連性などの研究を発展させたい。

注
1)　導管メタファー (Conduit metaphor)
　ある側面がよく見える代わりに他の面が見えにくくなる現象が起こる。メタファーによって成り立っている概念が我々の経験のある側面を隠してしまう例として、レイコフとジョンソンはマイケル・レディの命名による「導管メタファー」(conduit metaphor) を挙げる。レディによれば、言語による我々の言い回しは大体次のような複合的なメタファー (complex metaphor) によって構造化されている、という。すなわち、IDEAS (or MEANINGS) ARE OBJECTS (考え、あるいは、意味は物で

ある)、LINGUISTIC EXPRESSIONS ARE CONTAINERS(言語表現は容器である)、COMMUNCATION IS SENDING(コミュニケーションとは送ることである)。話し手は考え(意味)を容器(ことば)に盛り、導管を通して相手(聞き手)に送る。聞き手は考え(物)を容器(ことば)から取り出す。この下位範疇の表現として、It's hard to *get* that idea *across to* him(彼にその考えを通じさせるのは難しい。通じさせる＝分からせる)、I *gave* you that idea(その考えをあなたにあげた。あげた＝教えた)等々。
2) 第1章の注1、2参照。
3) 比喩的表現の理解(recognition)のテスト(MC-RT. 実際のテストではどちらが字義通りの表現でどちらが比喩的表現であるかは示していない。解答者が判断して意味を答える問題、Azuma, 2005: 338–341)であった。初めに RT 3 グループのターゲット表現を示す。各グループの問1は共通問題で、ベンチマーク。次いで、グループ3におけるターゲットパッセージ *A little pot is soon hot.* の例を示す(Azuma, 2005: 215–216)。

MC-RT グループ 1:
  1. *Wake not a sleeping lion.* (benchmark)
  2. *Fish stinks at the head.*
  3. to *let the cat out of the bag*
  4. to *be off one's head*

MC-RT グループ 2:
  1. *Wake not a sleeping lion.* (benchmark)
  2. *The rotten apple injures its neighbours.*
  3. *a pain in the neck*
  4. to *stand in someone's way*

MC-RT グループ 3:
  1. *Wake not a sleeping lion.* (benchmark)
  2. *A little pot is soon hot.* (パッセージ下掲)
  3. *You cannot eat* your cake and have it.*
    * オリジナルの英語の諺は 'You cannot have your cake and eat it.' であるが、分かり易くするために少し変更を加えた。
  4. to *hold one's head high*

MC-RT の例：
グループ 3RT の 2. ターゲット表現：*A little pot is soon hot.*
(a) The head chef and assistant were in the kitchen with the boss's daughter. She was only five years old. She wanted to be a chef when she was older. She was about to grab a pot from the cooker, when the chef exclaimed, "*A little pot is soon hot.*"
(b) Harry hadn't seen his mate, Frank's sister Kerry in years. He had been away at

university. The last time he saw her she was a spoilt, cheeky 14 years old. She was 18 years old now. Harry thought Kerry looked gorgeous now. Frank realized this and nudged Harry and said, "*A little pot is soon hot!*"

4) 比喩的表現の運用 (production) のテスト (MC-PT. 解答者は上の理解テストに答えた後、ターゲットの表現を字義的、比喩的に文に組み込んで英作する問題を解答、Azuma: 269–270)。ターゲットにした表現は次のとおりであった (Azuma: 216)。同じグループ番号の MC-RT と MC-PT でセットになり、1 人計 7 問 (1 から 7) に解答した。

MC-PT グループ 1:

    5. *If you climb the ladder, you must begin at the bottom.* (benchmark)

    6. *The bird has flown away.*

    7. to *spill the beans*

MC-PT グループ 2:

    5. *If you climb the ladder, you must begin at the bottom.* (benchmark)

    6. to *see which way the cat jumps*

    7. to *keep one's head down*

MC-PT グループ 3:

    5. *If you climb the ladder, you must begin at the bottom.* (benchmark)

    6. to *throw out the baby with the bathwater*

    7. *Although the sun shines, leave not your coat* at home.*

*オリジナルの諺では 'cloak' が用いられていたが、分かり易くするために EFL に馴染み深い 'coat' に代えた。

尚、ベンチマークに使用した比喩的表現のサンプル解答例は次のとおりであった。

    5. *If you climb the ladder, you must begin at the bottom.* (ターゲット)

"Yesterday, I baked a cake but it tasted so bad."

"Why?"

"Maybe, I skipped the first step that I had to do. It was really troublesome."

"*If you climb the ladder, you must begin at the bottom.*

MC Tests でもう 1 つ別のタイプのテストも行った。それは、
X is Y test: X is (an) *adjective* Y. (概念メタファーのパターン X is Y. の基盤領域の名詞に形容詞を伴わせて、X と Y の名詞を比喩的に用いる問題。使用した形容詞は bright, dark, grey, high, weak, wild であった。そのうちの bright のサンプル解答 (Azuma: 248) を下に示す。

    Her smile is the *bright* sun. Your eyes are *bright* stones.

第3章　比喩の理解と言語理解
― 比喩の理解に関わる要素 ―

　本章は比喩の理解について考察するのであるが、まずはその根底になる言語理解から始め、次いで、話題とする比喩の理解に進む。本書で取り扱っている言語は、通常日常生活で使う「聞く」「読む」「話す」「書く」自然言語であり、人工言語ではないことを断っておく。

　最初に、本書でよく用いる「理解」と「解釈」の定義に触れておく。「理解」と「解釈」は認知作用において互いに重なり合う部分があり、はっきりと線引きすることは難しいが、『広辞苑』の説明によれば、次のようになる。「理解」の指す意味は『広辞苑』(2008: 2939)では、「物事の道理をさとり知ること。意味をのみこむこと。物事が分かること」と定義されている。つまり、理解とは「物事が分かる、何を意味しているか分かる」という風に集約できる。一方、「解釈」は、「文章や物事の意味を、受け手の側から理解すること。また、それを説明すること(同: 461)」と定義されているので、「解釈」のほうは受け手がどのように当該意味を受けとめるかということになり、客観的な受けとめに加えて、受け手の主観的受けとめ(主観的解釈)が関わることになる。

1.　言語理解

　比喩の理解と言語理解について、まず根底になる言語理解のほうから、ごく簡単にではあるがみておこう。言語を含む情報伝達には音によるものと文字・記号・イメージ(あるいは身体表現)によるものとがある。動物の中には音でインフォメーションをやりとりするものもあるが、現在のところ文字言語は「ひと」に特有のものだと考えられている。「ひと」は音の認識と文字や記号、その他の認識を幅広く行う。ときには音、ときには文字(記号、あ

るいは、身体表現、その他)を用いて内的外的意思疎通を行う。赤ん坊は生後すぐ周りの大人の声に囲まれる。「ひと」は殆どの場合、まずは音声言語に接触し、順次文字言語へと進む。学齢期前後に音声言語、文字言語の発達をさらに促進させる。日本語の場合、文字言語では、英語のアルファベットで構成される文字ではなく、ひらかな、カタカナ、漢字など表音・表意文字である。漢字の習得には小学校から中学校までかなりの時間をかける。数多くある漢字には大人になってからも時に学習の要がある。「ことば」は奥深い。

1.1. 言語の理解、発信側の意図・受信側の認知

　言語理解には音なり単語なりを単独で理解できることは勿論であるが、そこに知識や認知力が加わることによって、意味理解の幅が広がり、深い意味の理解に繋がる。言語理解には音声・文字認識と意味処理が関係する。理解には、かなりの(ときには膨大な)知識が必要になる。基本的な、あるいは、全般的なことがらの理解には一般的な知識(the knowledge of the world, general knowledge)が、個別の事柄の理解には個別の知識(specific knowledge)が役割を果たしてくれる。また、意味処理には「ひと」の認知能力が役割を果たす。中でもアナロジーの力は頼もしい。語、句、文、節、パッセージそれ自体に内包されている特質(往々にしてスキーマ的要素)に「ひと」の認知作用が刺激され、アナロジーの力に作用、論理的思考を活性化させ、理解にいたらせる。このような認知作用のいくつかは、比喩の理解にも活用されるので、第1章3.において用語に関するイントロダクションとして、また、本章5.にも解説している。

　言語の理解には、小単位の音の認識、音と音とが組み合わさって意味をなすある一定のまとまり(単語、チャンク、あるいは、句)をなしていることへの認識、さらにもう少し広がって、文、パッセージ、あるいは、話全体としての認識が必要である。ここには形式的要素、つまり、形態、そして、文構造の認識が絡んでいる。これと同時に内容面の認識が必要である、つまり、盛り込まれているもの(例えば、メッセージ)は何であるか、という受容(聞き取り、読み取り、感じ取り)の認識である。誰かが「あ」という小単位の

音を発したとしよう。偶然の独り言であるかもしれないが、何等かの意図があるかもしれない。それに接した側は類推を巡らす。単なる音にしかすぎないという判断から何か意味のあることを伝えようとしているのだと言う判断まで。後者の場合には関連する周辺状況を察して、それに対応することになる。危機一髪の状況であれば、周囲の援助を求めているのかもしれない、と理解・解釈する。前を歩いている通行人が切符を落としたような状況であればその人に対する注意喚起になるかもしれない。われわれは何かの発信、発話に接した場合、それぞれの場面に応じて臨機応変に常識を働かせ（つまり、スキーマを活性化して）、類推したり、理解したり、行動に移したりする。例えば、「松島や、ああ松島や、松島や」（江戸時代の田原坊の作、一説には「松島や、さてまつしまや、松島や」とされる）を考えてみよう。単純な繰り返しの語から成り立つこの句は我々にどのような刺激を与えるのであろうか。ある場合には単なる地名と受け取られる（地名のスキーマの活性化に留まる）であろうが、『奥の細道』を連想する場合には、この句は地名以上の意味合いをもつ。スキーマ、イマジネーションが刺激されるのである。あまりに景色が素晴らしいのでこれ以上の表現にいたらなかったのだ、と。つい、芭蕉にも結びつけたくなるのである。このような解釈の背景には、俳句、奥州・旅、日本の風景・文化のスキーマ活性化があり、「ことば」からイマジネーションが刺激されて表面的な文字通りの意味を超えた理解・解釈にいたる。場合によっては、誤解にいたることもある。

　発信には「ことば」が発する意味とそれを用いた「ひと」の意図・感情が織り込まれており、受信には受信側の感度・受容度が関わる。言い換えると、言語の理解には言語的意味と意図的意味の読み取りとが絡む。「ことば」は、時には字義通りに理解・解釈され、時には推論などの認知作用を働かせて字義通りの意味を超えた理解・解釈がなされる。

　言語表現の意味と発話者（使用者）の意図に関して、阿部（1998: 4–5）に、発話者が「寒いね」と言ったと仮定して発話者はどのような意図でこの文を発したのか、状況を類推するシナリオ（場面・状況）が挙げられている。会話の持続、聞き手に行動を求めるなど、幾つかの候補が示されている。阿部（同）に示されたシナリオ以外の候補があるかもしれない。様々な場面で、

我々は日常臨機応変に状況判断をして対応している。
　次に挙げるのは、発話側の意図を読み取る語用論的な解釈（受信）の例である（今井，1997: 30）。Bはコンパに出るだろうか？

　　A： 今夜のコンパに出るかい？
　　B： 明日追試験なんだよ。

Bの発話は表面上の字義通りの理解（言語形式上の解読）だけでは答えにならない。言語形式解読によって得られた情報にプラスして、翌日に追試験を控えている学生はコンパに出るどころではない、という常識的判断（スキーマ）に基づいた推論を行って、Bはコンパに出ない、という結論にいたる。日常我々は意識的、無意識的にこのような推論を働かせて意味の授受にあたっている。発信側と受信側の意図が合致すれば相思相愛となるが、合致しなければ破談になる。次の会話は笑い話になる破談の例である。

　　C： Do you have a lighter?「ライターをおもちですか」
　　D： Yes, I do.「はい、もっています」

「ライターをお持ちですか」と言うCにDは「はい、もっています」と答えるだけで、タバコに火を借りたいCに一向にライターを差し出さないケース。英語の問答練習ならばこれで済ませられる。次の例は教室に入って来た先生が「この教室は暑いですね」と言っても一向に窓を開けようとしない学生。気が利かないのか、言語が語用論的に作用しないのか、はたまた別の理由か。
　次は少し長い目の用例として、ストーリーを例にする。例えば、ピノキオ、あるいは、酸っぱい葡萄である。人間になろうとしたピノキオは何を表しているのであろうか。19世紀中頃のイタリアを舞台にしたこのお話は単に人形ピノキオを描いたものだと理解することもできるであろうが、他の読みとりとして、未熟な社会から成熟した社会への転換を1編のストーリーの中でピノキオを通じて比喩的に表したものであるというふうにも解釈でき

る。イソップの「酸っぱい葡萄」も狐はなぜ葡萄を酸っぱいとしたのか。葡萄は手の届かない(狐では口？の届かない)高い所にある。おそらくは「酸っぱい」のでどうせ食べられない、つまり、酸っぱいという口実をつけて自己納得する負け惜しみをあらわす断念の心情をあらわしたものであると理解・解釈できる。我々は物心つく頃から、このようなお話を理解し、楽しみ、かつ、教訓を得る。思春期に入ると小説などで様々な経験に間接的に触れ、人生を垣間見る。これらの(文学)作品は言語表現、比喩ともに豊富であり、読書を通じて、言語理解の力、比喩理解力を培い、情緒を養う。

　言語研究の対象としては発話者の意図を捨象して抽象化された存在としての捉え方がなされることもあるが、上に挙げたように語用論的な現実に即した現象としての捉え方も多くなされる。

　以上、意味の捉え方に関して、言語表現の意味、発話者(使用者)の意図する意味、受信者側の理解・解釈が絡む例をみてきた。ある一定の音、語、文などの表現が形式上もそれが包含する意味合いも発信受信双方で(大した)齟齬なく受けとめられてはじめて意味が通じることになるが、そこには、音声、表記上の様々な約束ごと、暗黙の了解、社会的・文化的要素が関係する。言語や文化には普遍的要素があるものの、異なる言語間、民族間、地域間の特徴を相互理解しながら、他言語のもたらす意味合いを理解していく必要がある。

1.2.　言語能力、言語の脳内処理

　言語理解には言語能力が関わる。言語理解能力は言語的な情報や自分自身がもつ言語的な知識を状況に合わせて応用できる能力である。「言語能力」は一時期、チョムスキー(Chomsky, 1965)の提唱によりコンピテンス(competence)という名称で一世を風靡し、生成変形英文法においては、ある言語に関する「ひと」の内在化された言語知識(すなわち、文法)を指し、これまで聞いたこともない文も含めて文を生成したり理解したりする能力を意味し、話したり、書いたりする能力は言語運用力(パーフォーマンス、performance)として区別された。のち、ハイムズ(Hymes, 1971)やジョンソンとモロー(Johnson & Morrow, 1981)等はチョムスキー(Chomsky,

1965)の言うコンピテンス (competence) は文法的に正しい文を作らせる力 (grammatical competence, knowledge of the language system) のことであり、たとえ文法法則を知っていても「ことば」の使用法の規則を知らなければ実際の場面で「ことば」を使えないとして、言語使用能力 (communicative competence) を提唱した。以後、この用語は外国語教育でよく使われる[1]。本書は言語表現による言語理解、比喩の理解をテーマにしており、運用面については軽く触れる程度に留める。言語の理解の範疇は音素などの小単位から始まり、語レベル (lexis)、句レベル (phrase)、文レベル (syntax)、節レベル (paragraph)、もっと大きいレベルのもの (例えば、パッセージ、あるいは、ストーリーなど一続の書きもの) まで様々なボリューム、種類・ジャンルにおよぶ。短くても重要なものもあり、長くて重厚なもの、冗長なものなど様々である。

　言語力について、文部科学省管轄の学習指導要領「国語」科教科目標に「国語を適切に表現し正確に理解する能力を育成し(中略)思考力や想像力を養い言語感覚を豊かにし(後略)」と掲げている。「言語能力をつける」という狙いで言語それ自体の学習・習得と同時に言語とともにあるべき思考力や想像力にも言及している。

　学習言語である英語の場合、学習者は母語にない音素、単語、文法、発想に遭遇する。その中には母語との違いを楽しむ者もいれば、母語との違いに戸惑う者もいる。意味をなす最小単位の音素や単語も、外国語としての英語環境では小さな積み上げ努力をすることによって大きな纏まりのあるカテゴリーへと発展する。英単語1つにしても、単に1つの意味を知っているだけでは視野が狭く、地盤が緩い。その単語を中心にした意味の広がり(連想、association)、他の語へのリンク・ネットワーク拡張 (linking, networking) に進む柔軟性、コロケーションへの発展性が望まれる。そのようにして語彙を増やし、英語の構造(文法)を理解し、英語が包含する文化的、社会的知識を学んで強固な英語の能力を築く。

　次に、「ひと」の言語処理が脳内でどのように行われているのかについて、認知科学の発展とともに以前より明らかにされた部分が多いものの、まだ解明されるべき部分は多い。これまでの文献などで知りうることがらを総合的

に考えると、「ひと」には生まれながらに備わっている言語習得装置があり、言語習得は行動主義の言うメカニカルなものではなく、複雑な心理作用であり、そこに身体的経験、精神的・知的経験が加わり発達・習得していくものであると考えられる。我々は生まれ育った環境に応じて言語を習得し、使用していく。

　「ひと」が言語の理解において脳のどの部位を活性化しているか、すなわち、どのような脳内処理を行っているかであるが、検査機器が脳診断・治療の進歩とともに発達した。従来、言語喪失の治療で得られた知見を基に、思考・論理(言語・文字)は左脳、感覚・イメージは右脳が司ると考えられてきたが、最近では双方が、そして、脳の様々の部位が交流していると考えられているようである。一般的に、人間の言語は左半球が優位半球と考えられているが、右半球で処理される場合もある、と横山(2010)は指摘する(横山では左半球、右半球という用語が用いられているが、本書では左脳、右脳という用語を用いる)。比喩的表現についての調査はあまり多くはないが、言語喪失の治療や脳波、MEG(脳磁図)、あるいは、fMRI(機能的核磁気共鳴画像)やPET(陽電子放射断層撮影)、NIRS(近赤外分光法)などを用いた言語に関する実験から脳内処理、右脳説、左脳説などの知見が得られる。実験機器の進歩によって脳のどの部位で比喩的表現など字義通りでない意味の処理がなされるか(多くの場合は血流量の変化で)調べられるようになったが、はっきりした結論は今後に待たねばならない。現今分かっていることで、最初に注目したいのは脳に損傷を受けたケースを基にしたウイナーとガードナー(Winner and Gardner, 1977)である。この研究では比喩的表現には右脳が主に関わっている(同)と指摘されている。右脳が主体的に関わるという発信はボッティニ(Bottini et al., 1994)にもみられる。脳波を用いて言語発達を研究する過程で比喩の実験をした坂本勉等(Sakamoto, et al., 2003)でも右脳の反応を指摘している。一方、皮肉とメタファーを対比した研究でのメタファーの脳内処理でGiora等(2000)は左脳も活性化されることを指摘した。最近の論文(Mitchell and Crow, 2005; Winner & Gardner, 2006; Giora et al., 2000; Giora and Stringaris, 2000, 2007; 柴田他, 2007; Lacey 他, 2011)はさらに進んだ議論を展開している。それをごく簡単にまとめると、慣用化された

メタファーでは左脳が活性化する(つまり、通常の言語処理に近い)、右脳は複雑で新しい情報に反応する。概念写像には右脳、ただし、右脳優位は情報がゆがめられると不備が生じる。メタファーに接すると左右脳全体が活性化されるが左脳は文脈に敏感に反応する。馴染み深いメタファーは右脳、意味の深さには左脳が刺激される、などとなる。ここで注意しておきたいのは、脳は比喩に関わる様々な要素(例えば、比喩の種類、つまり、慣用的な表現か新規な表現か、表現の複雑さ、日常の頻出度・慣れ)に応じてメタファーの処理をしている(らしい)、という点である。要するに、比喩の理解は右脳、左脳のどちらか片方で処理されるという断定は単純には下しがたいということである。言語理解は左右の脳がそれぞれの役割を果たしながら、また、神経繊維の脳梁で左右が繋がれ、神経ネットワークが張りめぐらされていることもあり、互いに交流、補助し合い、脳全体で行われるとする考えがあるように、おそらく、比喩の場合もそうではないかと思われる。

2. 比喩の理解

　言語理解に関して、本書では音声の集合体も含めて「ことば」として捉え、文字通りの(literal)「ことば」の理解と文字通りでない(non-literal)「ことば」の理解を考えることになるが、ウエイトは比喩の理解、つまり、後者を主に考えることになる。主に取り扱う比喩・比喩的表現は第1章冒頭で述べたように、数ある比喩のうち、メタファー(一部メトニミーを含む)を対象としている。それは、メタファーの仕組みが言語(外国語)教育の場によく出てくる表現の理解に役立てられると思われるからである。諺やイディオムもメタファーと同種の類似性に基づくことが多く、往々にして比喩的意味を含んでいる。第1章で挙げた 'an *icy* smile'(氷の微笑み、冷たい微笑み)であるが、氷(メトニミー)の物理的特性が微笑みと結びついて心理的意味を表わし、全体でメタファーを形成している。次に、日常、テレビ、広告などでよく見聞きする比喩の例を用いて説明する。

2.1. 比喩の理解・解釈

身近な例を用いて比喩の理解、あるいは、解釈についてみていく。

2.1.1. 目からウロコ

この表現は驚きを伴った開眼をコンパクトに表す重宝な表現である。全体表現は「目から鱗が落ちる」。人間の目にはないが爬虫類の目には鱗があり脱皮する時に目から鱗が落ちる。つまり、眼球に張り付いていた鱗が何かの拍子にぽろりと落ちて、突然目が見えるようになるのである。由来は『新約聖書』使徒行伝九章からきている。時田（2000: 585）によれば、キリスト教徒を迫害して失明したパウロに対してキリストは弟子を派遣し、その弟子がパウロの上に手をおくと「目から鱗のようなものが落ちて目が見えるようになった」、つまり、邪悪の化身・蛇＝パウロであったから、目から鱗が落ちるということになったのであろう、とする。現今では日本語でも頻繁に用いられるようになったこの表現の意味は「あることをきっかけとして、急にものごとの真相や本質が分かるようになる」（広辞苑，2008: 2751）である。使用例を数点挙げる。

NHK の番組『みんなでニホン GO!』の紹介で、「今まで知らなかった目からウロコの意外な事実。目からウロコの 50 分です」（NHK，2010 年 9 月 30 日）と放送された。NHK のホームページ（http://www.nhk.or.jp/nihongo、2011 年 5 月 17 日採取）にも次のように載っている。

> 言われると、なんか変な感じがする、おかしな敬語、ギャル語、死語…。『みんなでニホン GO!』はそんな気になることばを集めて徹底調査・街頭実験、あなたの常識がくつがえる目からウロコの連続です。

他にも、「目からウロコ！味噌活用術」（NHK「生活ほっとモーニング」2009 年 4 月 13 日）、『目からウロコの戦後まんが史』（Amazon.co.jp, 2010 年 6 月 15 日採取）、スーパープレゼンテーション「目からウロコのいい話」（朝日新聞 2012 年 4 月 2 日の記事）、極め付きは『岩波ことわざ辞典』（2000）の帯にあるキャッチフレーズである。「ことわざの意外な歴史を教えてくれる

辞典、(一回りポイントの大きな文字で)**目から鱗が落ちる**、ゆたかに広がる諺の奥行き、いっそう深まる知識」とある。諺辞典に諺で宣伝とは脱帽である。この表現は枚挙にいとまがないほど多用される。このメトニミックな比喩はジャーナリストやコピーライターに好まれる表現でもあり、このような刺激的でコンパクトな表現はアピール力が強く、受け手を思わず納得させる魔力をもつ。ただし、これ以外にも日常頻出する比喩的表現は多い。

　比喩の理解という面からみると、「目からウロコ」は起点領域の表現に出ているメトニミーとしての「ウロコ」のインパクトに惹かれる。誰しも身近な魚のウロコを連想し、ウロコは貝殻の、あるいは、レンズの光沢・質感を感じさせる。そして、調理するときの、あるいは、ほぐして食べたりしたときのボロッと外れる視覚・触覚・味覚に繋がる。そのような現象が目に起こったときに感じられる目の前の「すっきり感」がこの表現の醍醐味なのである。その際、メタファーの認知的基盤としての「比較する」と言う認知能力が、メトニミーとしてのウロコとそれが落ちる様子をセットにして、ものの見え方・分かり方との共通点を探り出しているのであろう。

2.1.2. 時は金なり

　比喩の代表的なものとして、今度は既に紹介した「時は金なり」TIME IS MONEY. という概念メタファーを例にしてメタファーの理解を考えてみよう。この概念の拡張表現に、You're *wasting* my time, This gadget will *save* you hours, How do you *spend* your time these days? (Lakoff and Johnson, 1980: 9) などがあり、これらの拡張表現は「時間」の代わりに「お金」と置き換えても意味をなす。現代の資本主義社会では、時間は限りある資源であり、貴重である。お金も同様である。つまり、「時は金なり」は「時間はお金のように限られた資源である」、「時間はお金のように貴重な資源である」を含意する(下図参照)。

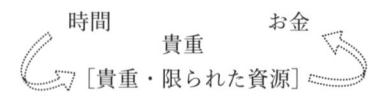

```
        時間         貴重      お金
         ⤵                    ⤵
              [貴重・限られた資源]
```

この表現では、抽象的概念である「時間」(目標領域、topic)と具体的メトニ

ミーである「金」(起点領域、vehicle)とが対応づけられ、相互作用(マッピング)し合っている。本書では「目標領域」「起点領域」という幅をもたせた表現を「主題」「喩辞」の代わりに用いているが、それは、単に「ことば」だけでなく、「ことば」とそれに関連する思考が比喩の理解に関係すると考えるからである。*Time is money.* というこの比喩は英語母語話者にはもちろんのこと、目標領域(topic)と起点領域(vehicle)に関する上述のような知識が理解を助けるので、日本人 EFL 学習者にもわかりやすい。

2.1.3. 岐路に立つ

　上に続けて、本書の第 5、6 章で比喩的表現の理解の様相を検査する項目に用いた We are *at the crossroads.* の場合の比喩の理解をみてみよう。この表現は概念メタファー LOVE IS A JOURNEY. を基にした拡張表現として説明 (Lakoff and Johnson, 1980) できる。旅のメタファーが基盤になっているこの表現は、勿論、恋愛関係の状況 (2 人は岐路に立っている) も言い表すことができるし、LIFE IS A JOURNEY. と重ね合わせて、人生の岐路 (障害) に対応する状況に拡張することもできる。恋愛にしろ、人生にしろ、旅のように初め − 中程 − 終わりという一連の過程があり、「旅」のイメージが喚起され、紆余曲折が予想され、ハッピーエンドになることもあれば、挫折することもあるという言語刺激を与える。この表現を理解するには、言語理解として下に示す構成要素が引金になり、表面的な、あるいは、抽象的な比喩的意味の理解に繋がる。

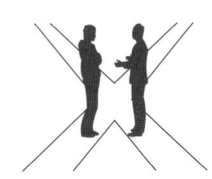

　　　　　　　　誰が—we、複数の人
　　　　　　　　何処に—are、そこに居る
　　　　　　　　状況—at the crossroads、十字路に、岐路に（居る状況）
　　　　　　　　　（喩辞）

言語理解として、スキーマを活用して交差点の「十字路に立つ」という解釈が可能である。道路を横断しようとしている状況であれば、1 つの解釈として字義通りの意味での解釈が成り立つ。もう 1 つの解釈として、もし抽象的

な場面であれば、crossroads はメトニミー的に交差点の十字路を連想させ、We are *at the crossroads*. の文全体で道路の十字路に立つのに類似した状況、つまり、どちらに行くかを心理的に選択する状況として比喩的に受けとめられる。日本人英語学習者の場合には、まず crossroads は cross + roads から成っており、cross の意味、road（複数形）の意味を知っている必要がある。Cross は名詞では「交差」、動詞では「渡る」、「交わる」であり、roads は「道路」であり、複数形であるので、何本かの道路が交差していて、誰かがクロスした道路に居るのだ、と理解されることであろう。加えて、この場合「起点領域」（喩辞）に用いられている「十字路」に関する知識（スキーマ）が必要となる。行き先がよく分かっていない場合にはどちらに行くか迷う状況の場面が連想される。このような状況の知識が他の状況に応用され、意味の幅が広がる。つまり、類似性適用能力が比喩的理解を可能にする。そこに付随する要素、すなわち、人々（we）、置かれている状況（are）と相俟って、誰がどのような状況にあるのか（at the crossroads）が理解される言語表現であり、おそらく、次のような過程が連想される。

（喩辞・起点）　　　　　　　　　　（目標領域・比喩的理解）
十字路⇒道路・交差・信号、（車）人々 ⇒ 躊躇・思考、迷い ⇒ 選択・決定

2.1.4. 赤い糸

上例 2.1.2.、2.1.3. が英語から採ったものであったが、今度は日本語ベースの「赤い糸で結ばれている」（We *are united with a red thread.*）を取り上げる。これは日本語から英語への翻訳である。「赤い糸」、あるいは、「運命の赤い糸」と言えば何を言い表しているのか日本語母語話者には容易に理解される。インターネット検索でこの表現をタイトルにしたマンガ、映像、書物がかなり出てくることからも使用頻度が高い表現である。現在使われているこの表現は中国の故事に由来し、運命的男女の結びつきを言い表したもので、東アジアで多く使われているようであるが、「糸」がもっと太い「縄」であったり、連結されている身体的部位が足であったり、指であったりする。日本では「足首の赤い綱」でなく、「手の小指の赤い糸」である。上例

の西欧的発想である crossroads は BNC でのヒット数が多いのに比べ、「赤い糸」(本書の翻訳では red thread) はヒット数が4例、そのうち比喩的に使われているのは1例である。その1例は「赤糸禅」であり、禅の修業に関するものであるので、ここでは深入りしない。BNC におけるヒット数からみて、この表現は英語話者には日常使われない表現である。本書では「赤い糸で結ばれている」(We *are united with a red thread.*) が日本語母語話者と英語母語話者にどのように理解されるかを調べた。詳細は第5、6章に譲るが、ここでは、この表現の理解にどのようなことがらが関わるかを考えておこう。

誰が—we、複数、ただし、(通常男女) 2人
関係・状況—are united (結びつき)
道具—a red thread (赤い糸)
　　　(喩辞)

ここでは、言語理解の構成要素に在る関係者 (we) が「結びつき」(united) の対象として理解されるスキーマが働く。結びつけている物は赤い (red) 糸 (thread) であり、それが結びつきの状況を表している。日本人英語学習者にとってこれらの英単語は難しいものではない。ましていわんや英語母語話者にとっても難しいものでは決してない。この表現の解釈の1つとして、字義通りに身体のどこかの部位が「赤い糸」で結ばれている、とすることも可能である。他の解釈として、比喩的な意味に広げることもできる。日本人はほとんどの場合、男女の運命的な結びつきとして受けとめる。これには、大いに言語習慣、文化が関わっている。日本人は物心つくころから「赤い糸」に馴染んできており、日本人の心に深く根付いている。したがって、文化の影響を強く受けていると言える。ただし、「赤い」と「糸」から別の解釈も可能である。「赤い」+「糸」によって連想されるものは何であるか。「赤い」による連想の最たるものは血の色であろう。では、「血」によってどのような連想を呼び起こされるか。第1は身体的には心臓から流れている血液であろう。「血液」に連結材料としての「糸」が結びつくと、「血の繋がり」と解釈され、「家族、血族関係で結びついている」関係ということになる。この

解釈は英語母語話者に結構多い(第5、6章参照)。「血」によって刺激される表現としての「血が騒ぐ」ならば「勇気」、ひとの「血」がもつ赤い色から来るイメージが刺激されると(情熱の「赤い」薔薇にみられるような)「情熱」ということになる。ある母語話者にとって何でもない比喩が他の母語話者にとって異なった解釈がなされることがあることを念頭に置きたい。ここで気をつけておきたいのは、いくら言語能力が優れていても当事者の母語知識が起点領域(喩える領域)、あるいは、目標領域(喩えられる領域)に入り込み、類似性の探索に影響する可能性は否定できないということである。

（喩辞・起点）　　　　　　　　　　　　（目標領域・比喩的理解）
red ⇒ 血・血管、鼓動 ⇒ 人体、血縁 ⇒ (united + thread で)家族関係
red ⇒ 血・熱・火、燃える ⇒ 情熱、恋愛 ⇒ (united + thread で)恋愛関係

2.1.5. 脇腹裂け？仲間割れ？

もう1点、今度は日本語が母語で英語を学習している学生達の特徴を述べておきたい。それは、上で述べた語彙力が顕著に関係し、そこに日本語の知識が絡む状況についてである。第5、6章の検査項目に入っている「脇腹が裂けるほど笑った」My *sides split*. がその1例である。構成要素は

　　誰が／何が — my sides
　　関係・状況 — split

である。英語学習者にとって問題になる語は sides と split である。Sides は「側」「側面」「(敵、味方)方」「方面」など、split は「割く」「裂く」などが英語学習者の知る意味であろう。英語母語話者のほとんどが英語通りのイディオムに解釈したのに対して、日本語母語話者では「自分の側(サイド)、つまり、所属しているグループ、あるいは、チームに意見対立が起こり、仲間割れした」が圧倒的に多い。次いで「太ったので洋服の脇が裂けた」「行く手が2つに分かれた」が続く。ここで注意しておきたいのは、日本語に入っている「サイド」という語の日本語化した意味による拡大解釈である。

日本語化した意味

sides ⇒ サイド ⇒ 側 ⇒ 服の両側、チーム・グループ、行く道

英語の意味

sides ⇒（人体の）脇腹 ⇒（sidesplitting としてのイディオム）

以上のように、外国語としての英語環境では元の意味に対して学習者の語彙知識や母語知識による影響が及ぶことを考慮する必要がある。

　本項の終わりに比喩・メタファーの理解についてまとめておく。メタファーの認知的基盤は「比較する」という認知能力であり、共通性、相違点を探る知的活動である、と本書の冒頭部分（6–8 頁）で述べた。比喩の理解には喩えられるもの（主題・目標領域）と喩えるもの（喩辞・起点領域）の間の類似性を理解する能力・スキルであり、場合によっては喩えるものしかない場合でも、その起点領域に含まれた語、句、文から関連する何かを連想し、類似性・相違点を手掛かりに意味合いを探る能力である。言い換えると、喩えるために用いられた要素を基にその起点領域の知識を応用したりして喩えようとするもの（目標領域）を類推することである。比喩の理解について、平・楠見は「比喩の理解は主題と喩辞の類似する特徴や知識構造を発見することで達成される」（2010: 513）と言う。ここでも主題とは「喩え・喩えられるもの」、喩辞とは「喩えるもの」を指す。ただし、上の例に示したように、論理的類推作用は大抵の場合、比喩の理解を支援する役割を果たすものの、たとえ類推作用が機能しても、個々人の文化的背景や認知の仕方の微妙な要素が入り込んで、必ずしも類推作用だけで当該言語の比喩的表現の解釈にとって万能というわけではないことも心得ておきたい。この微妙な解釈の差異について、ある一定の表現を使って第 5、6 章で検証する。

　次に、比喩の理解力（メタフォリカルコンピテンスと命名）についてもう少し考察を深める。第 2 章 2.6. で応用言語学におけるメタファーの研究についてほんの少し触れたが、次項はその項を受けたメタフォリカルコンピテンスの敷衍部分でもある。

3. 比喩の理解力、メタフォリカルコンピテンス

応用言語学における文献を言語の面からみてみると第二言語としての英語(ESL)の分野での研究が多い。メタファーに関する研究もそうであり、言語距離が近い言語間での研究が多いことも第2章2.6.で述べた。本項ではそれを踏まえ、日本の言語教育に応用してみようという試みも盛り込んで比喩的表現の理解・運用力(メタフォリカルコンピテンス)をみていく。

3.1. メタフォリカルコンピテンス

メタフォリカルコンピテンスという用語を直接用いた研究ではないが、先鞭としてみておく必要がある研究はガードナー(Gardner, 1974)、ウイナー、ローゼンスティールとガードナー(Winner, Rosenstiel and Gardner, 1976)である。用語はメタファー能力(metaphoric capacity)が使われている。前者(1974)では年齢を経るとそれが向上すること、4歳からメタフォリックな思考力が発達することを、後者(1976)ではテストで調べ、6歳から14歳の子供を対象にして、メタファー表現の解釈を4段階解答で求めた。4段階とは、表現がマジカル(magical)、メトニミー的(metonymic)、初歩的メタファー(primitive metaphor)、真のメタファー(genuine metaphor)である。結果は年齢が10歳迄の子供では前3段階の解答が多かった。かれらが証明したのは年齢層の低い子供では心理的・身体的メタファーに比べ、マジカルな、感覚交差的なメタファーのほうが理解され易いということであった。

メタフォリカルコンピテンス(および、その研究)の重要性を示唆する論文にダネシ(Danesi, 1993)がある。本書で考察するメタフォリカルコンピテンスの研究に近いものとして、リトルモア(Littlemore)の論文「メタフォリックコンピテンス」(Metaphoric Competence: A language learning strength of students with a holistic cognitive style, 2001b)(この論文で使われているのはメタフォリックコンピテンスという語であるが、筆者はメタフォリカルコンピテンスを用いている。日本語では比喩的となるところから、メタフォリカルとしたのであり、意味上大差はない)を挙げたい。リトルモアはメタファーの理解に関わる心理的プロセスを議論し、L2学習との関連性を調べた。そ

の研究において調べられたのは、メタファーを作るオリジナリティー、メタファー解釈の流暢さ、メタファーの意味を見つける能力、メタファーの意味を見つけるスピードであった。これら4項目の相関性は高いこと、分析的能力を備えている学習者に比べ、包括的認知力を備えている学習者のほうがメタファー処理のスピードが早いことなどを実証した。メタファーの理解と運用をコンピテンスの面から捉えようとした研究として、ここではダネシ (1993) のパイロット研究とリトルモア (Littlemore, 2001b) の研究を挙げておきたい。

　次いで、リトルモアとロウ (Littlemore and Low, 2006a) をみる。これは「メタファー能力とコミュニケーション能力」(原題は Metaphoric competence and communicative ability) において、かれらはバックマン (Bachman, 1990) が分類した次の4言語能力 (language competence、すなわち、文法力：Grammatical competence、テキスト理解力：Textual competence、言語表現力：Illocutionary competence、社会言語的言語力：Sociolinguistic competence) に言及しながら、コミュケーション能力の中にメタフォリカルコンピテンスが含まれるという主張を展開している。この論文を発展させて書籍版としたのがリトルモアとロウ (Littlemore and Low の *Figurative Thinking and Foreign Language Learning*, 2006b) である。バックマン (Bachman, 1990) のメタファーへの言及は社会言語的言語力 (sociolinguistic competence) の下で比喩表現と文化を理解する能力の箇所にあらわれるだけではあるがと注意を喚起しながら、次のように説明する。例えば、文法力との関連においては、指示代名詞 this や that に関してでも遠近などメタフォリカルな距離を表すこと、テキスト理解力に関してはテキスト全体の概念的構成に修辞的構成が関係すること、社会言語的言語力では背景的知識が言語理解に役立つこと、言語表現力では意味上からも適切な語や表現が見つからないときなどに代用される言い換えにおいてメタフォリカルな表現が使われること、などというコミュニケーションに役立つ言語力として、メタフォリカルコンピテンスが重要であると主張する。この点はダネシ (1993) に重なる。リトルモアとロウ (2006b) の出版以前にもロウ (1988) は L2、FL で真の言語スキルに到達するにはメタフォリックコンピテンスが必要であると言っていることに

ついては前述した。

次いで、Azuma (2005) の外国語としての英語 (EFL) 環境におけるメタフォリカルコンピテンスの研究があり、それは日本人英語学習者を対象にしたメタフォリカルコンピテンスの調査・検証を行ったものである。

3.2. 日本人英語学習者のメタフォリカルコンピテンス

言語能力 (language/linguistic competence) という言葉はチョムスキー (Chomsky, 1965) 以降よく使われるようになり、言語運用力 (performance) と区別されるようになったことを本章 1.2. で述べた。通常、前者は言語知識を意味し、後者は実際の言語使用を指すときに使われる。言語の受容・理解は recognition、あるいは、receptive (受容)、言語の運用は production、あるいは、productive (産出) という分類を用いる。以下紹介する日本人英語学習者のメタフォリカルコンピテンスの様相の調査 (Azuma, 2005) では、比喩的 (メタフォリカル) な表現の理解と運用の両面をカバーしたのであるが、理解面を receptive (受容)、運用面を productive (産出) と言う名称で調査項目を作成し、解答を分析した。

さて、メタフォリカルコンピテンスの定義であるが、前節 3.1. で少し触れておいたので、それを踏まえて、Azuma (2005) の定義を紹介する。そこでは外国語としての英語環境 (EFL) におけるメタフォリカルコンピテンスを次のようにまとめた。

> EFL 環境におけるメタフォリカルコンピテンスとは、英語で表現された比喩的 (メタフォリカルな) 表現をいかに正確に齟齬なく理解できるか、また、いかに自分の思ったことを効果的に比喩で表現できるか、である。これには次の 3 項目が含まれる。
>
> (1) 英語で表現されたディスコース、ニュース、その他身の周りの情報に出てくる比喩的表現が理解できるか (理解、recognition の領域)、
>
> (2) 書いたり、話したりするときに母語レベルとはいかないまで

も、適切に比喩的（メタフォリカルな）表現が使えるか（運用、productionの領域）、
（３）　英語の比喩的（メタフォリカルな）表現の基盤・背景となる概念（できればメカニズム）が分かるか、である。
後2者は前者(1)に比べて習得ははるかに難しい。

　因みに、前述のリトルモアとロウ（2006a: 4）のメタフォリカルコンピテンス（リトルモアとロウの用語は metaphoric competence）の定義は広義の意味に用いると断って、「メタファーの知識とメタファーを使用する能力、メタファーを効果的に取り扱うスキル」となっていることを付け加えておく。
　Azuma（2005）は過去の文献を参考にして、メタフォリカルコンピテンス、すなわち、比喩的表現の理解と運用を測定するためのテスト Tests of Metaphorical Competence（略称、MC Tests）を作成した。EFL学習者ではEFL環境独特の事情を勘案しなくてはならない。そこでは語彙力が重要な要素になるので、MC Tests の結果と語彙力との関連性についても考察した。前者では、ターゲットの比喩的表現が理解できるかどうかを「理解テスト」で調べた。それを MC Recognition Test（略称、MC RT）と命名した。RTの中に字義通りの表現（L）と比喩的表現（M）の両方を含むので、字義通りは MC RT RL、比喩的は MC RT RM とした。また、ある簡単な表現を比喩的な意味合いで使えるかどうかを「運用テスト」で調べた。それを MC Production Test（略称、MC PT）と命名した。PT の中にも字義通りの使用と比喩的使用の両方を含むので、字義通りは MC PT PL、比喩的は MC PT PM とした。序でながらこれらの略語は表1–4で用いていることを付記しておく。解答者一人当りのテスト項目数からみて解答に必要とされる時間が長くなると、テスト時に解答によるストレスがかかる。それを避けるため、解答者全体を3グループに分けてテストを実施した。3グループ間の比較を行う予定であり、できれば3グループ（母集団）が等質であれば横並びの比較が可能になり、かつ、量的データの可能性が得られるので、グループの等質性検査も行った。等質性を調べるために、項目の1つをベンチマークとして共通項とした。そのベンチマークでグループ間の等質性が保証されれば横並び

比較が可能になるというわけである。下にベンチマークに用いたテスト項目と3グループのうちの1つのグループに用いたテスト例を挙げる。

MC Tests
「理解テスト」(MC Recognition Test, MC RT) 各グループ宛4問、内、1問はベンチマーク、ゆえに、合計で10項目となる。実際のテストでは(a)(b)のどちらが比喩的であるかは示していない。

RT のベンチマーク項目
　表現：*Wake not a sleeping lion.*
　　パッセージ(a) In the zoo the zoo keeper explained how aggravated and violent the animals get when provoked. He addressed the visitors "*Wake not a sleeping lion.*"
　　パッセージ(b) She had had a lot on her lately. Especially at home, and school only made things worse. He knew he had offended her but desperately needed to speak to her. His friend advised him saying, "*Wake not a sleeping lion.*"

RT の他の項目からの例
　表現：*A little pot is soon hot.*
　　パッセージ(a) The head chef and assistant were in the kitchen with the boss's daughter. She was only five years old. She wanted to be a chef when she was older. She was about to grab a pot from the cooker, when the chef exclaimed, "*A little pot is soon hot.*"
　　パッセージ(b) Harry hadn't seen his mate, Frank's sister Kerry in years. He had been away at university. The last time he saw her she was a spoilt, cheeky 14 years old. She was 18 years old now. Harry thought Kerry looked gorgeous now. Frank realized this and smilingly nudged Harry and said, "*A little pot is soon hot.*"

「運用テスト」(MC Production Test, MC PT) 各グループ宛3問、内、1問はベンチマーク、ゆえに、合計で7項目となる。

PT のベンチマーク項目：*If you climb the ladder, you must begin at the bottom.* あと 2 例あげると *The bird has flown away.* と to *spill the beans* である。これらの表現を字義的意味と比喩的意味に用いて、それぞれ 1 パッセージ作成することを解答者に求めた。全体では、テスト実施の便宜上、MC RT で 4 問、MC PT で 3 問、計 7 問とした。次表 Test item のコラム中の数字 (1.) と略語 (*lion*) は上述の Wake not a sleeping lion の出題項目番号と表現の中の 1 語 *lion* を示す (以下、他の項目も同様)。

「理解テスト」「運用テスト」3 グループのテスト結果は表 1 から表 3 のとおりであった。

表 1　グループ 1(N=57) の結果
(Azuma, 2005: 219, Table 6-4 Means of the MC-RT and MC-PT (Group 1: N=57))

Test item	MC-RT literal (Max per item=3 points)				MC-RT metaphorical (Max per item=3 points)			
Test item	1.*lion*	2.*fish*	3.*let*	4.*off*	1.*lion*	2.*fish*	3.*let*	4.*off*
Mean	2.18	0.98	2.05	1.54	1.57	1.1	2.31	0.33
	MC-PT literal (Max per item=3 points)			MC-PT metaphorical (Max per item=3 points)		
Test item	5.*ladder*	6.*bird*	7.*spill*	5.*ladder*	6.*bird*	7.*spill*
Mean	1.85	1.74	0.56	1.69	1.08	0.13

表 2　グループ 2(N=56) の結果
(Azuma, 2005: 219, Table 6-5 Means of the MC-RT and MC-PT (Group 2: N=56))

Test item	MC-RT literal (Max per item=3 points)				MC-RT metaphorical (Max per item=3 points)			
Test item	1.*lion*	2.*rotten*	3.*pain*	4.*stand*	1.*lion*	2.*rotten*	3.*pain*	4.*stand*
Mean	2.28	1.48	2.18	1.77	1.58	1.39	0.68	1.17
	MC-PT literal (Max per item=3 points)			MC-PT metaphorical (Max per item=3 points)		
Test item	5.*ladder*	6.*cat*	7.*head down*	5.*ladder*	6.*cat*	7.*head down*
Mean	1.76	1.46	1.07	1.53	0.52	0.69

表3　グループ3(N=59)の結果
(Azuma, 2005: 220, Table 6-6 Means of the MC-RT and MC-PT (Group 3: N=59))

	MC-RT literal (Max per item=3 points)				MC-RT metaphorical (Max per item=3 points)			
Test item	1.*lion*	2.*pot*	3.*cake*	4.*head high*	1.*lion*	2.*pot*	3.*cake*	4.*head high*
Mean	2.15	2.82	0.7	0.82	1.53	2.3	0.82	0.7
	MC-PT literal (Max per item=3 points)				MC-PT metaphorical (Max per item=3 points)			
Test item	5.*ladder*	6.*baby*		7.*sun*	5.*ladder*	6.*baby*		7.*sun*
Mean	1.53	0.47		1.02	1.45	0.15		0.38

　妥当性の検証に関してはEFL教育に携わる研究者にテストの質的検討を依頼し、支持を得た。データとして信頼性の検証は次のとおりであった。信頼性の検証クロンバックα = .7566, .8515, .7301であり、字義通りの意味を表す表現と比喩的表現の解答の比較が可能になった。結果を詳細分析したところ、このようなテストは妥当性、信頼性の面から有効であることも分かった。

　さて、語彙検査で用いたのは語彙力(幅)を測るシュミット(Schmitt, 2000)の語彙レベルテスト(Vocabulary Levels Test, VLT、2000語 3000語レベル)と筆者作成の語彙力の深さを測る多義語テスト(Polysemy Test, PolyT)であった。上記2種類の調査結果はMC Testsと語彙力とは相関性が高いこと、VLTによる語彙レベル(2000語 + 3000語)で70%に達していると、MC Testsでも相当高い得点となることを示した(Azuma, 2005)。表4はVLTの得点を10%ブロックに分け、それに該当する多義語テスト(PolyT)とメタフォリカルコンピテンステスト(MC Tests)の得点結果を1つの表にまとめたものである。表中のRはRecognition Test(理解テスト)を指し、Lはliteralで字義的意味を、Mは比喩的意味を指す。PはProduction Test(運用テスト)を指し、L、MはRの項に準ずる。表4のコラムに横二重線を施しているが、それは、VLTの語彙レベル(2000語 + 3000語)で70%を境界にした場合、理解と運用の正答率はどのような状況になるかをみるため、他は50%を境界として示すためである。当然のことながら字義的意味の理解

のほうがメタフォリカルな表現の理解より得点が高いが、不慣れなメタフォリカルな表現でも VLT の語彙力状況によっては 50% 以上の正答率になること、ただし、メタファー的使用に関しては、予想していたことではあるが、やはり妥当な使用 (P) は理解 (R) に比べてかなり低いことも分かった。ところで、50% は低いと思われるかもしれないが、比喩テストは通常の英語テストではないことを勘案しなくてはならない。比喩の理解・運用には語彙、スキーマ活性化、アナロジーの力、文化知識などが関係するので、EFL 学習者で 50% を超えるのはかなりの成績である。以上の実験がもたらした言語教育に寄与する貢献はメタフォリカルコンピテンスもこのようなテストを用いて計測や比較が可能であること、日本人 EFL 学習者の中にメタフォリカルコンピテンスが備わっている者が相当数いることが証明できたことである (詳細は Azuma, 2005)。

表 4　VLT10% ブロックに分けた PolyT と MC Tests の結果
(Azuma, 2005: 291, Table 6–57 The correct (or appropriate) answer ratios of every 10% block VLT population (N=172) より該当部分)

VLT ナマ点を % に変換	VLT ナマ点 (満点=120点)	N(全体に占める %)	PolyT	MC Tests				
				RT+PT	RL	RM	PL	PM
90% 以上	108 以上	10(5.8%)	77.5	64.1	83.0	63.3	58.9	45.5
89–80%	107–96	39(22.7%)	71.6	57.5	74.8	61.1	50.7	36.4
79–70%	95–84	46(26.7%)	59.6	51.8	67.9	50.0	49.8	34.4
69–60%	83–72	26(15.1%)	47.5	42.0	54.5	40.4	44.0	28.7
59–50%	71–60	25(14.5%)	34.4	30.5	37.0	29.0	34.7	19.6
49–40%	59–48	12(6.9%)	36.3	22.2	37.5	19.4	16.7	11.1
39–30%	47–36	12(6.9%)	23.4	21.8	34.8	13.9	32.4	4.7
29% 以下	35 以下	2(1.2%)	25.0	10.7	25.0	12.5	0	0

　以上が日本人英語学習者のメタフォリカルコンピテンスの様相であるが、本書で取り扱う研究は、母語、母語知識がどのように比喩的表現の理解・解釈に影響するかを調べるものであること、その調査が膨大なものになることが予想されるので、理解 (recognition) を中心にする。先行研究で用いた上のようなタイプのテストはメタファオリカルコンピテンスの計測に用いられる

ことも分かったので、3.2. の冒頭で述べたメタフォリカルコンピテンス 3 項目のうち、(1) の理解(および、解釈)に焦点を当てて、第 5、6 章で詳細分析を行うことにする。

言語能力の面から、もう 1 つ、メタファオリカルコンピテンスをリトルモアとロウ(Littlemore & Low, 2006b、かれらの用語では metaphoric competence)がコミュニカティブコンピテンス(communicative competence)に加えていることを再度強調しておきたい。かれらは、コミュニケーション能力の全てにおいてメタフォリカルコンピテンスの果たす役割は大きく、それは、文法力、表現力、社会言語力、方略的理解力の向上に貢献し、第二言語学習にとって重要である、と随所で述べている。

3.3. 比喩表現の使用成功例

生き生きとした心情を述べるのに比喩的表現をうまく用いた例を紹介する。英語で話すときの精神的作用を言い表すのに、メトニミーを用いてメタフォリカルに表現した例である。これは女優工藤夕貴が NHK の番組「英語でしゃべらナイト」(2005 年 5 月 16 日)で発言したものである。母語が日本語である場合に英語のメタフォリカルな表現をどの程度に使えるかの例として興味深い。彼女の英語力はかなりのものであり、英語もネイティブスピーカー並みだと思われるので、普通に日本で英語教育を受けた学習者のすべてがこのようにいくとは限らないが、到達例として参考になる。引用の中の P は司会者のパトリック・ハーラン(パックン)、K は工藤夕貴である。

> P: What do you feel ... comfortable acting in English as well? Do you feel ... you can become that other person even in a foreign language?
>
> K: That was very difficult. To memorize all the English lines, it is very difficult, to begin with. But you have to ***live with***[1] the words and also it's not easy to feel ... like... like I am speaking in Japanese, because it's ... more or less ... I memorize. I have to go through that memory and it's ***not coming from my heart***[2].
>
> P: Right.

K: In Japanese I can speak like bla, bla, bla, like that. It's *like water flowing out of a hose kind of thing*₃. It's natural thing. But in English, I have to, you know, really *pumping hard to get water out*₄. It's really hard.

英語で演技するのはどのような感じであるのか、外国語を使ってでも自分でない他者を演じられるのか、と問うパトリックに対して、工藤は難しさが伴うこと、まずは英語の台詞を覚える難しさ、その言葉と**一体にならなくては**（上記引用1）演じきれないこと、多少なりとも台詞を記憶しなければならないので日本語で話している時のようにはいかないこと、そして、その記憶をくぐって行かねばならないので自分の**心底から出てくる**（上記引用2）ものではないこと。日本語ならば、なめらかに話せる、ちょうど**ホースから水が溢れ出てくるように**（上記引用3）、自然な流れで。しかし、英語では**一生懸命にポンプで水をくみ出す感じ**（上記引用4）で［話すことになる］、と述べている。**一生懸命にポンプで水をくみ出す感じ**とは比喩として興味深い。自分という「容器」からエネルギーを使って外へ放出するという「容器スキーマ」、スピードとパワーを伴って水を放出するように言葉を容器（身体）から出す「移動スキーマ」を使っていることに感心させられる。工藤のこの発言は比喩的表現と言う見地からだけではなく、母語でない英語を話す場合の一般的状況を表現したものとしても興味深い。

4. EFL の環境でメタフォリカルコンピテンスに関わる要因

メタフォリカルコンピテンスをもう少し掘り下げてみる。前項で触れた MC Tests（MC Recognition Test と MC Production Test）における操作のメカニズムについて、ニューロンの説明で用いられる作用（Fraser, 1998 等）を参考にして次のような仮説を筆者は行った（Azuma, 2005: 300–301）。脳には多くの神経細胞があり、網の目のようにネットワークを構成している。脳の複雑な働きは情報の伝達と処理を行う細胞（神経細胞、ニューロン）によりなされており、情報は軸索という突起から情報を受けとる樹状突起に送られる、とされる。それをメタフォリカルコンピテンスの研究に応用して、

メタファー理解と運用操作のメカニズムを解明する仮説としたのである。Azuma (2005) において比喩的表現の理解 (MC Recognition) のテスト項目の1つ *Wake not a sleeping lion.* を図示したので、比喩的表現のパッセージと、理解の図解 (図1) をそれぞれ引用する。

> メタフォリカルパッセージ：
> She had had a lot on her mind lately. Especially at home, and school only made things worse. He knew he had offended her but desperately needed to speak to her. His friend advised him saying, "*Wake not a sleeping lion.*"

刺激となる語・句・文などが認知され、被験者に刺激として受けとめられると、かれらのメンタルレキシコンに届き、スキーマ・イメージスキーマが活

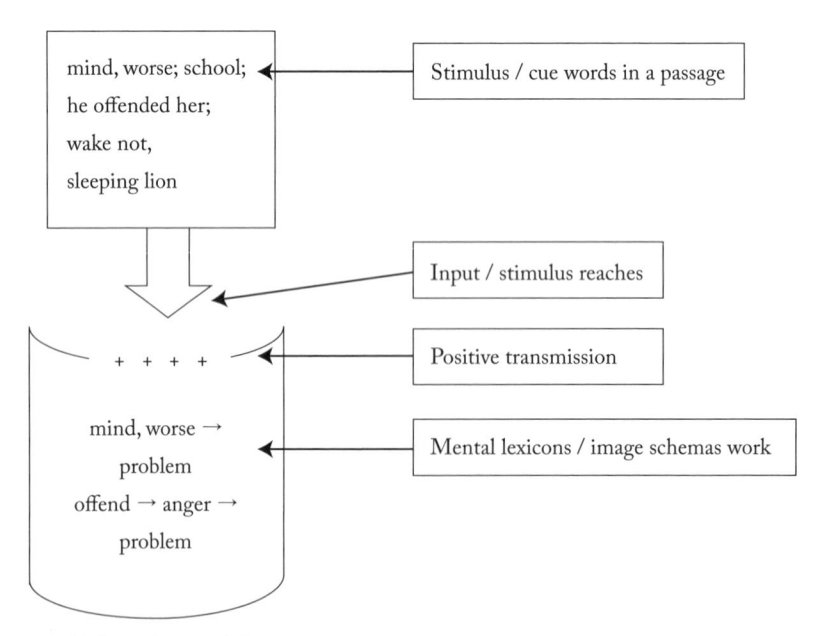

図1 刺激・認知・反応 (Azuma, 2005: 300, Figure 7-3 The operation of input, reception and transmission より)

性化され、それぞれの意味合いを解読する。もし刺激が刺激として受けとめられない場合、つまり、語の意味が分からないとか語から語へのリンクを張れない場合はその場で留まってしまう。要するに理解に至ることができない。

　MC Production の場合には与えられたターゲットになる表現から刺激を受け、そこからリンクを張り、スキーマ・イメージスキーマを活性化し、何を書くかが決定される。MC Production の場合には、それに加え、構文力、パッセージ構成力が絡むので、母語で比喩的表現を用いるように容易くはいかず、外国語運用力の要素が加わる。語彙知識が豊富で、構文力が強い被験者が理解、運用ともに優れていることが Azuma (2005) で証明された。

　メタフォリカルな表現の理解と運用には、上で述べた語彙力、多義語能力、構文力に加えて、認知作用、例えば、スキーマ、イメージスキーマ、連想、マッピング、アナロジーなどの活性化が寄与し、ある表現の「基盤領域」「目標領域」間の双方向マッピング・対応づけがスムーズに行われることも必要である。

　外国語として英語を学習する環境 (EFL 環境) でメタフォリカルコンピテンスに関わる要因をまとめると、大きく次の3要素に分類できる。

（1）　語彙・語彙知識の要素
　　学習者がもつ当該学習言語のメンタルレキシコンは包括的基盤となる。語彙知識は語と語のネットワーク形成に貢献し、コロケーションを繋ぐ役割も果たす。
（2）　意味・認知的要素
　　(1) とも関連するが、言語面では語の多義性の認識、認知面ではアナロジーなど類推力は単にことばの理解だけでなくあらゆる認知に関係する。
　　　メタファー(比喩的表現)の認知・理解は喩辞・基盤領域とそれの意味合い(目標領域)を探し出す相互作用であり、類似性の知覚という理解能力が絡む。
（3）　文化的要素、母語との関係

比喩的表現にはイディオムや諺などを含め、文化・風土・習慣などに根ざしたものがあり、独特の意味合いをもつものがある。例えば、本書で用いたテスト項目の to *spill the beans* は英語では「秘密を漏らす」という意味である。被験者の中にはこの表現を日本の風習に重ね合わせて節分の「豆まき」と解釈した例があった。これは基盤領域に関する英語の知識不足が原因となっている。一方、He's my *right arm*. というテスト項目は日本語母語話者、英語母語話者ともに、同じ解釈（正解）であった。英語では arm でなく、hand を用いて He's my right hand/right-handed man. となるところ、arm は hand の身体的延長によりアナロジーから文化差が影響しなかったのである。どのような概念や認知、イメージがユニバーサルであるのかについては研究の継続が必要である。

5. メタフォリカルコンピテンスの研究に役立つ知識

本章の終わりに、メタフォリカルコンピテンスの理解や研究に役立つと思われる知識のうち、最も重要なアナロジー、マッピング、スキーマについて、メタフォリカルコンピテンスの面から再度みておくことにする。これらは比喩・メタファーの研究に必要な背景知識のうち、比喩・メタファーの理解・解釈において重要な役割を果たす認知作用であり、それ故に比喩やメタファー、メタフォリカルコンピテンスの研究にとって重要な背景的知識となる。

5.1. アナロジー、アナロジー推論、論理的思考

元々、数学で用いられている用語（ギリシア語、*ana logon*、比率に従って、の意味）であり、あること（がら）を別の何らかの意味で類似していること（がら）と比べる行為 (the act of comparing one thing with another that is similar in some way) である。例えば、「光」の説明に「水」を用いて行う類いである。認知言語学でよく用いるアナロジー推論 (analogical reasoning) とは、異なる知識領域間の類似性と、そうした類似性を見いだし推論すること、である。例えば、水流システムと電流システムの2事象の理解において、水源、貯水

池、水流、水圧、水力、漏水などという知識（A）を電流、蓄電池、電流、電圧、電力、漏電などという知識（B）に対比して理解すること。Bに関する知識を理解するのに、Aの知識が利用される場合、要素間の類似性やシステムレベルでの関係・構造に類似点が見いだされている、と考えられる。メタファーの議論において、Aの知識を基底（ベース）(base domain)、あるいは、根源（ソース）(source domain)、Bの知識を目標領域(target domain)と呼び、メタファーの理解においては、A、B間のマッピング・対応づけが行われる様相を分析することになる。

次に、解釈ストラテジーに少し触れる。メタファーの理解のみならず、一般的に言語学習において用いられる学習方略として参考になる文献にオックスフォード（R. Oxford, 1990）の「学習方略」(learning strategies)がある。オックスフォード（Oxford）はそれを直接的方略と間接的方略に分け、それぞれをさらに3分類した。比喩的理解に関係する方略として、直接的方略の2つ目の項目に「認知方略」(cognitive strategies)があり、その下位分類に「分析と類推」(analyzing and reasoning)のスキルを挙げ、3つ目の項目に「補償方略」(compensation strategies)があり、その下位項目に「知的推測」(guessing intelligently)のスキルを掲げている。これらのスキルはまさしく比喩的表現の理解に作用する上で、この項で述べるアナロジーの力と重なり合う。本書ではこのような背景知識を基に、アナロジー推論(analogical reasoning)、あるいは、論理的思考(logical thinking)の面から解答の内容を分析する。

5.2. マッピング、意味の拡張

マッピング（対応づけ）とは、前項でみたAの知識がBに転用されることであり、元々、数学用語で、ある枠組みの中の一員を他の枠組みの中の一員にピッタリと重ね合わせる行為(an act of fitting one member of a set exactly onto a member of another set)（Summers (Ed.), 1992: 910）である。レイコフとジョンソン（Lakoff and Johnson, 1980）、レイコフ（Lakoff, 1987,1994）によれば、メタファーとはある1つの領域の理想化認知モデルから他の領域の理想化認知モデルへのマッピング(metaphor is mapping from an ICM in one domain to an ICM in another domain)、つまり、基底・根源・ベース

領域と目標領域との間のマッピングである、とする。例えば、LOVE IS A JOURNEY. では旅のもついろんな属性（始まりがあり、中程を超え、終盤に至るなど）が「恋」に重ね合わされる。そこから、言語表現（linguistic realization）として、There are many *twists and turns* in our way.（行く手には紆余曲折がある）などが生まれる。最近では、もっと多重化（あるいは、重層化）したフォコニエ（Fauconnier, 1997/2002）やターナー（Turner, 1998）らのブレンディング（blending[2]）の考え方もあるが、本書ではレイコフとジョンソン（Lakoff and Johnson）が用いた単純な 2 ドメインマッピングの方を用いている。文法と用法におけるメタファーについて述べるスティーン（Steen, 2007/2009）も（文法におけるメタファーの研究目的について述べられた箇所での言及ではあるが）多重スペースマッピングより本書で採用する 2 ドメインマッピングで行うのが最適であると述べる。メタファーの形式（概念メタファー）としては X is Y. の形がよく用いられるが、他の表現方法、また、品詞として名詞に加え、前置詞、動詞、副詞等々による表現もあり、本書ではあらゆる言語表現を対象としている。Azuma (2005) で使われたテスト項目の 1 つ、*If you climb the ladder, you must begin at the bottom.* の表現において、EFL 学習者が使用したマッピングは「梯子」（ladder）を物事を完成する「段階」（stage）に、「底部」（bottom）を「スタート」に、「梯子を昇る」（climb）ことを「行為」にそれぞれマッピングし、何事も初めから積み上げていかないと成功しない（例えば、ピアノの上達など）、などとする使用が多く、解答者の中での成功率は 75% であった。この表現はメトニミック要素が強く、使い易いという特徴があるので、成功率が高かったとも言える。また、この表現では、イメージスキーマの MORE IS UP. が使用されており、この要素も成功率を高めたと言える。

5.3. スキーマ（scheme, schema）

人間の認知において類似性や差異に基づいて経験することをまとめたり、区別するプロセスを辿る、つまり、カテゴリー化のプロセスを（意識的、無意識的に）行うことがある。カテゴリー化については、野村（2001: 134）が言うように、鳥というカテゴリーは必要十分条件によって規定されるのではな

く、スズメのような典型的なもの、すなわちプロトタイプ(prototype)を中心に、それとの類似性によって周辺に拡張していき、それに伴って典型度が段階的に落ちて行く、と言った具合に構成される。

『ことばの認知科学事典』(辻編、2001: 414)によれば、1970年代半ばには人間の認知システムはプロトタイプよりさらに複雑なカテゴリー構造によっている［ことが分かった］とされ、言語学、心理学、人工知能の分野でこのような複雑な構造について分野毎に様々な名称、フレーム、シーン、シナリオ、スクリプト(frame, scene, scenario, script)が用いられることになったという。共通して用いられるものにスキーマという用語があるので、本書でも関連箇所で触れている。

スキーマに関する認知心理学的説明は大村、馬場、秋田訳『認知心理学の展望』(1991)(原著：G. Mandler, 1985)やJ. M. Mandler(1984)にも示されており、下に引用する『ことばの認知科学事典』(辻編)の記述は後者がベースになっている。

> ［マンドラー］Mandler(1984)はスキーマを「境界があり、はっきりしていて、単一の表象」であるとして、スキーマの部分が活性化されるということは、他の構造や他のスキーマとは異なるような、そのスキーマの全体も活性化されるということを意味する。スキーマはそれを取り巻く環境との相互作用の中から組み立てられてくるものなのである。スキーマは処理機構(processing mechanism)でもある。証拠を選び出し、環境データを分析し、うまく適合しそうな一般的あるいは個別の仮説を用意してくれる。殆どの活性化プロセスは知覚者・理解者の側にしてみれば自動的で無意識のうちに起こる。(同：414)

フレーム(frame)に関して坂原(2001: 317)は、フレームとは人工知能での知識表現の方法で特定のもの(例えば、イヌ)や状況(例えば、レストランで行う一連の行動)についての有機的関連のある知識の集合と説明する。フィルモア(Fillmore)はこのような知識集合が背景的情報として言語が機能する際に重要な役割を果たすとしてフレーム意味論を提唱した。フレームマッピ

ングとスキーママッピングは類似の概念であるが、スキーマはフレームよりさらに一般的な概念で、さらに一般的な知識だけでなく、文法的構文なども含みうるところが多少の違いである。スキーママッピングでは、文が導入するマッピングが、その文が前提とするスキーマの要素と結合される。

　スクリプト (script) とは、特定の場面に関連づけられる出来事、あるいは、行為の連鎖からなる意味の単位のことであり、「レストランのスクリプト」はレストランとはウエイトレス、ウエイター、コックが働いている場所であり、食べ物が客に給仕され、客はテーブルについて食事を注文し、食べて、勘定を払い、立ち去る所などという我々の知識のことである。

　ミンスキー (Minsky) のフレーム (frame, 1975)、シャンクとアベルソン (Schank and Abelson, 1977 のスキーマに関する考え) と併せて、ルメルハート (Rumelhart, 1980) による名称スキーマータ (schemata) は大雑把に言えば、(テキストであれ何であれ) 理解の際に利用される知識 (知識構造) の集合体である。このような理論を活用してリーディングにおけるスキーマ理論をカレル (Carrell, 1984) やルメルハート (Rumelhart, 1980) が展開した。ルメルハートはコンパクトにスキーマとは「認識の塊」(the building blocks of cognition) だと言う。我々は経験を抽象化・構造化して知識を蓄えている。ある事態を認知する時にもスキーマを活用している。スキーマは対象・出来事を「理解」するための概念の鋳型である。スキーマは新しい経験、異なった場面に適切に、かつ、効率的・合理的に対処するための心理的方策の１つである。経験によって得られた知識がスキーマの形で記憶・再生されて、新しい経験に応用される。ことばに関わる情報もスキーマ化されて蓄積される。スキーマは様々に分類されているが、吉村 (2002: 77) によれば、言語スキーマには音韻スキーマ、形態スキーマ、複合表現のスキーマ、構文スキーマなどがある。スキーマのプロセスには通常トップダウンプロセスとボトムアッププロセスがある。

　認知文法は用法依存モデルの立場をとる言語理論であるので、文法は規則と規則に代入されるべき単語の辞書という２つの別個の部門から成るものとしてではなく (坪井、2002: 250)、現実事象に基づいてボトムアップ的に得られるスキーマのネットワークと捉えられる。「ひと」が言語を使用して、

理解し、把握できるのは言葉の音形と意味であるので、文法がそれらと離れて別個に存在するのでなく、文法は音形と意味の繋がりから切り離すことはできず、その繋がりを示すものが文法であると認知文法では考える。繋がり方も先に繋がり方があって、そこから具体的な音や意味の組み合わせを生み出すというトップダウン式ではなく、実際に使われる表現が基礎となり、それらの共通点が抽出された結果、スキーマという一般化が生まれてくるというボトムアップ式の思考形態をとる。

6. イディオムと比喩的表現

　比喩的表現の理解において、イディオムの理解におけるように部分から全体を類推、あるいは、全体を部分に小分けして意味を類推するという解釈の方法がとられることがある。しかし、部分の総和が必ずしも全体の意味になるわけではないので、「部分⇄全体の関わり」という見地から、イディオムの質、すなわち、イディオムの生産性（プロダクティビティー、productivity）と分析性（analyzability）、分割可能性（decomposability）、比喩との関連性について少々触れておく。

6.1. イディオムの性質、理解・解釈

　イディオムは比喩的表現として使われることが多い。そのことからイディオムの解釈が比喩的表現の理解・解釈に応用できないものか、を考えるのは自然である。

　比喩の理解・解釈の際に、英語の比喩的表現を英語母語話者（ENSs）は一般的に1つのまとまったセットフレーズ（set phrase）として受けとめる傾向が強いという現象がある一方で、ENSs、JNSs（日本語母語話者）ともに解釈方略（解釈ストラテジー）の中に表現自体を部分に分割して部分⇄全体の相互作用を利用して解釈しようとする傾向がある。実証は第5、6章で行う。本章では先取りの形になるが、ここでは、一般論としてイディオムと比喩について考えておく。初めに、イディオムの性質について考える。ギブズ（Gibbs, 1984）、ギブズ他（Gibbs, et al., 1989a, 1989b）；ギブズとオブライエン（Gibbs and O'Brien, 1990) などはメタファーの研究と同時にイディオムについても様々の実験と発言をしているので、まずは、代表的な研究をみてみよう。ギブズとオブライエン (Gibbs and O'Brien, 1990) によれば、伝統説（論）（チョムスキー、Chomsky, 1980 など）ではイディオムの意味は部分が集まって構成・機能する集合体ではなく (idioms are noncompositional)、1 つのまとまりとして意味をなすものである、それは to *kick the bucket* におけるように、個々の語の意味の分析を通じて意味が決定されるのではない、とする。この考えの源はイディオム表現の比喩的意味が丁度個々の語が辞書に載っているのと同じやり方で直接的にメンタルレキシコンに規定されているものだという考えである。ギブズ (Gibbs) らはその考えをとらない。実験データを用いて部分⇌全体の関わりを解明し (Gibbs 他、1989a, 1989b)、理解の共通性がある (Gibbs and O'Brien, 1990) ことを実証した。その1つが同じ意味をもつイディオム (例: to *spill the beans,* to *let the cat out of the bag*) はメンタルイメージに共通性があり、イディオムの中には概念メタファーが解釈の動機付けになるものもある、という。グラックスバーグ (Glucksberg, 2001) はイディオムを4タイプに分類し、うち1タイプを準メタフォリカル (quasi-metaphorical) とした (例: Lawyers are *sharks* (名詞)、Don't *give up* the ship (動詞句))。

　イディオムには統語的にプロダクティブなもの (すなわち、受身にすることができるもの、例: the law was laid down、語の入れ換えが利くもの) とそうでないもの (すなわち、語の入れ換えが利かないもの、例: kick the pail、あるいは、punt the bucket、あるいは、意味上、受身にできないもの、例: the bucket was kicked) がある。前者のプロダクティブなイディオムというのはイディオムの中でもパーツに分割が可能な (decomposable) イディオムである。この分割可能性 (decomposability) から何か比喩的表現の理解のヒントが得られないものか。通常、EFL 学習者はイディオムの意味を丸暗記することを余儀なくさせられているが、部分⇌全体の関係から意味を理解する手掛かりが得られないものか、と考えるわけである。この点からギブズ (Gibbs 他，1989b) の次の説明は興味深い。イディオムが分割可能な場合、個々のパーツにそれぞれ独立した意味を割り当て全体の比喩的表現の解釈を形成するように意味をパーツに結びつける (図2)。

例： （パーツ）　　＋　　（パーツ）
　　　　lay down　　＋　　the law
　　　　　↓　　　　　　　　↓
　　　[　　　　]　＋　[　　　　]　⇒　[　　　　]
　　　　　　　　　図2

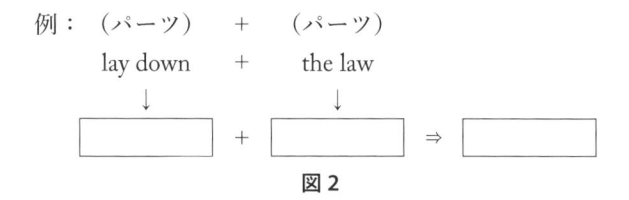

　しかし、ここで言語表現の構成要素の意味の総和(パーツ＋パーツ＝全体)について、山梨(2003: 209)より注意すべき点を挙げておく。山梨のポイントは次のとおりである。言語表現の構成要素の意味は、その表現全体の意味の発現を動機づけていることは確かであるが、問題点は構成要素の意味が部分から全体に統合することによって予測できない場合もある、ということ。例として、形容詞 childish が挙げられている。この表現は 2 つの形態素(/child/ と /-ish/)からなっており、like a child とパラフレーズの関係にありそうにみえるので、総和として意味が予測できそうであるが、一方は「子供じみた」という意味、他方は「子供のような」という意味であり、双方の意味は異なる。全ての場合が構成要素の形態素の意味の単純な総和となる、とは言えない。総和になることもあり、そうでないこともあり、我々非母語話者にとっては悩ましいところである。山梨(同: 209)によれば、構成要素の意味の総和として予測できる場合(like a child)には分析性(analyzability)が高く、逆に全体としての意味が変容しその意味が構成要素の意味から予測できない場合(childish)には、分析性が低くなる、という。慣用句の意味は、構成要素の意味からは予測できない形で固定しており、その意味解釈は、具体的な文脈によって影響されないと考えられている(同: 211)。では、EFL 学習者はイディオムや比喩的表現を 1 つ 1 つ丸覚えでマスターする以外に手立てはないのだろうか。本書は、丸覚えを全面否定するものではないが、多少なりとも「ひと」の認知の力、アナロジーの応用などで、EFL 学習者の負担を軽くしたいというのが願いである。

　本書で考慮するイディオムの分析性(the analyzability of idioms)であるが、ギブズ(Gibbs, 1995: 99–101)はイディオマティックだとされる語群や句にある統語的、語彙的、意味的、語用的な相違に注意すべきだと説く。多くのイ

ディオムには全体としての比喩的な意味に個々の構成要素が寄与しているものがある。分析性の高いイディオムとして、例えば、*spill the beans* では、beans は「考え」とか「秘密」(an idea or secret) を、spilling は「秘密を漏らす行為」を指していると解釈されるからである。また、*pop the question* では、question は「プロポーズ」の意味で、pop はそのプロポーズを発する行為、*blow your stack* では、blow は内側から突然吐き出される「内的圧力」、例えば、干し草(の山)、あるいは、「ひと」の身体・心から噴出される様子を比喩している。

　分析性の度合いによってイディオムの性質は分析可能なもの (compositional or analyzable) からそうでないもの (less analyzable) が分類できる (同: 100)。前者には上で挙げた *pop the question* や *blow your stack* があり、これらは統語的に、語彙的に入れ換えが可能である。後者には *chew the fat* や *kick the bucket* が挙げられ、これらは統語的に変更(受身)不可、語彙的に入れ換えると意味が異なってしまう。これらは伝統的・慣用的な表現であるが、ギブズ (Gibbs) によれば、通常考えられているより遥かにその数は少ない、という(同)。分析性の利くイディオムは母語話者にとっては即解釈されるのに対して、分析性の利かないイディオムではそうはいかず、個々の語の意味を全体に繋ぐ解釈ルートをとるのではないかという実験をリーディングの時間測定で行い、被験者がまず構成要素の分析を行ったという結果を報告している(同: 103)。

　イディオムに結びついた比喩的意味の決定の動機付けになるものは何であるかについて、ギブズ (Gibbs, 同) はメタファーによって成り立っている「ひと」の概念的知識 (conceptual knowledge) によって動機付けられるのではないかと言う。例えば、John *spilled the beans* は「豆の入った容器に誰かがつまずく」という知識と「隠しておくはずの秘密を漏らしてしまう」という知識とがマッピングしている。英語の母語話者が *spill the beans* の意味が分かるのはレイコフとジョンソン (Lakoff and Johnson, 1980) で説明されているように、かれらの心、秘密、ディスコースの概念の基盤になっている THE MIND IS A CONTAINER. とか IDEAS ARE PHYSICAL ENTITIES. のような概念メタファーが身に備わっているので、それらが相互作用してその表

現が「秘密を漏らす」という意味だと理解するのである。

　ギブズ(Gibbs)はカッシアリ(Cacciari)などの研究を引用して子供がイディオムを学習する際は丸暗記の学習で習得するものではなく、言語的、メタ言語的スキルを習得する段階に応じて習得していくものだ(同: 103)、という。この発言は興味を引く。ただし、EFL 学習者の立場からすると、どのイディオムが分析性(decomposability)が高く、どのイディオムがそうでないか、また、どのイディオムが分割可能であるのかなど判断は中々難しい。ここがEFL 学習者の辛いところであり、EFL 環境における学習を支援する側は研究を推進する必要がある。

注
1)　ハイムズ(1971)は言語使用能力(communicative competence)の構成要素に、形式上の可能性(formal possibility)、実行可能性(feasibility)、場面や状況への適切性(appropriateness)、実際の受容性(acceptability)がある、と指摘。これらの用語は以後言語教育の場でよく使用される。
2)　ブレンディング、blending について、野村(2002: 17)はフォコニエとターナー(Fauconnier and Turner, 1994; Turner, 1996; Fauconnier, 1997)を参考にして概略次のように述べている。メタファーを 2 つの領域の問題とみるレイコフに対して、フォコニエとターナーは複数の入力スペースの要素、関係を選択的、非合成的に統合して創る融合スペースにおいて成り立つものだとする見方である、と。これによれば、ブレンディングは一種の多層スペースマッピングとみなすことができる。

第4章　比喩・メタファー・文化
―比喩、翻訳、文化―

　「ことば」の習得・獲得には生得的要素と経験的要素が含まれる。生得的要素はもって生まれた要素であるが、そこに人の身体性が関わり、それが概念化されたり、抽象化されたりする。経験的要素にも「ひと」の身体性が関わるが、大きくは経験的・文化的要素ともいえる。籾山 (2005) は、概念は後天的に形成されるというのが一般的な考えである、とする。例えば、「犬」は具体的な事例を通して共通性・類似性を見いだしながらまとまりを形成し、カテゴリー化する。ゆえに、大小、色、耳の形状が異なっても縫いぐるみでも「犬」として認識される。対象を直接捉えるのが難しい場合、よく分かっているものを参照点にして、本来把握したい対象を捉える、という。

　本章ではまず、言語と文化との関わりについて一般論に触れたあと、具体的に比喩、比喩の翻訳、比喩の理解・運用に関わる要素に進む。

1. 言語と文化

　文化は言語に影響を及ぼすのか、言語は文化に影響を及ぼすのかについて、サピアーとウオーフ (Sapir & Whorf) の言語相対論を垣間見ておこう。かれらの初期の頃の考えは、言語は思考、世界観、文化と密接な関係がある、言語は認識の根底となり外界を分割するということから概念体系は相対的なものである、という主張であった。この考えは母語によってその使用者の思考や概念のありかたが影響されるとする言語決定論である。これには様々賛成論、反対論があがった。日本での議論をみると、池上 (1972)、大堀 (2002) 等があり、かれらの主張は言語には［強い決定力］から［弱い影響力］があるという幅の広い含みをもたせた言語論である。

　一方のサピアーとウオーフ (Sapir & Whorf) の「強い仮説」は習得した言

語がその人の思考回路(思考方法や思考様式)を決定づけてしまうという仮説であるので、思想や文化の違いが言語の違いに帰すると説明できるため、強い説得力がありそうであった。最近では、(サピアーの弟子でかれらの理論を発展させた)ウオーフ(Whorf)の中庸論(Moderate Whorfianism)が受け入れられている。そこでは、言語の影響は主に言語の形式だけでなく、文化・慣習、個人の言語使用に関係するものである、としている。したがって、意味はテキストの中にあるのではなく、解釈によって生じるものであり、解釈は社会文化的文脈によって形成されるものである、とする。

池上(2008: 322)によれば、サピアーとウオーフ(Sapir & Whorf)の仮説にみられる議論の偏りを、最近は認知言語学という新しい流れの中で、言語学の対象である「言語」を伝統的な試みにおけるように完全に自立した体系としてではなく、人間の「認知」(cognition)の営みと深い関わりをもつ存在として認識する視点から捉え直す志向性が生まれできた、とする。

認知言語学の視点として、「言語相対説」(井上、2002: 70)は、筆者が先ほどまとめたような言語相対論を説明したあと、次のように説明する。

> 日本語ではアニ、オトウトという上下関係が語彙化されているが英語はbrotherだけで上下関係は語彙化されていない。したがって、日本語話者は英語話者に比べて、兄弟の上下関係を強く意識している、という見方ができる。我々が外国語を習得しようとすると、このような現実の切り取り方の差に気付く。その一方で、完全ではないにしてもある程度の翻訳がどの言語間でも可能なように、言語が違えば全く思考の形式が違うという強い主張には妥当性がないと考えるべきだろう。

認知言語学では言語を含む文化のカテゴリーは「ひと」としての感覚的経験の潜在的可能性をベースとして共有するが、どの部分を焦点化し、重要とするかは文化によって異なる、と考える。認知言語学では言語と思考を研究対象に含め、言語と認知のプロセス、身体とその環境との関わりにみられる多様な認知の中での普遍性に注目する。認知言語学で何故人間の身体性に注目するかというと、言語の基盤としての身体性に注目するからである。身体

性には万人に普遍的な面と、ある特定の人々・民族に特有の面とかある。比喩・メタファーは意味の転用と拡張という作用という面から捉えられるが、その場合にもやはり、普遍的な面と特有の面を考慮に入れることになる。

2. 比喩・メタファーと文化との関わり

　系統の異なる2つの言語の意味を対照させるとき、瀬戸(1997)は力点の置き方により2つの見方、すなわち、同じか異なるか、という見方が生じる、という。何故メタファーが現在のように研究対象として多く取り上げられるようになったのか、瀬戸もメタファーの日常性、根源性、体系性、普遍性を挙げる(瀬戸、同:94)。その意味するところは、いまやメタファーは特別な文学的技法ではなく、日常的なもの、日常よく聞く遍在的なものとなっていること、メタファーは意味形成の主要な基盤の1つとなり、個々のメタファーがばらばらに存在するのでなく緊密なネットワークを形成していること、ある種のメタファーが人間の言語に共通して見られるという普遍性をもつものである(瀬戸:1997)ことなどにより研究が多くなされているからである。

　メタファーは文化と密接に関わっている。言葉としての個々の表現において文化間で共通するもの・しないもの、また、個々の言葉の根底をなす概念において共通するもの・しないものがある。共通する表現とはどのような表現であるか、日英で共通する例を瀬戸(同)から引く。

　　例1：I remember vividly the last time I cried.
　　　　　私はこの前泣いた時のことを鮮明に覚えている。(同:96)

「鮮明に覚えている」と remember vividly がきれいに対応している、と瀬戸はいう。それは何故か。瀬戸(同)によれば、[鮮明な記憶]と a vivid memory での対応は崩れないからである、と。「鮮明な」というには、「記憶」が画像(image)に見立てられており、その画像としての記憶がはっきりくっきりしているとき、「鮮明な」という特徴付けを受ける。

日英で共通しないものの1つが伝統的な意味を背負ったイディオムの比喩的意味である。例えば、「くたばった（死んだ）」(kick the bucket) などであるが、本書ではどのような表現が母語話者にとって異なった意味合いに解釈されるか、それは何故なのか、いくつかの表現を用いて後続の章（第5、6章）でみていく。
　本書はメタファーが主なテーマではあるが、メトニミー的（メトニミックな）表現を本章後半部分で用いる検査項目に含んでいるので、メトニミー（シネクドキ）にも少し触れておく。2者の違いはメタファーが類似性に基づくのに対してメトニミーは隣接性（隣接という接触関係）に基づく、とされる。瀬戸（同）の例から隣接（例2）と全体・部分関係（例3）を引く。

　　例2：He's always chasing skirts.「彼はいつもスカートを追いかけている」

この例は「スカート」で衣類そのものをあらわすのでなく、それをはく女性を指す。そこではスカートが女性に似ているのではなく、指示対象の隣接関係から来ている。

　　例3：It won't happen while I still breathe.「私に息のあるうちはそんなことはさせない」

日本語ならば、「目の黒いうちは」となるところであるが、意味は［生きているうちは］である。「息をする」(breathe) は「生きている」(live) という全体的な状況の部分と考える（瀬戸、1997: 102-3）。
　本書では本格的議論の対象とはしていないものの、もう少しだけメトニミーとシネクドキの相違点を知る意味で、瀬戸のシネクドキの説明と例をみておこう。シネクドキについての瀬戸の説明は

　　シネクドキは、より大きなカテゴリーとより小さなカテゴリーとの間の包摂関係に基づく意味的伸縮現象である。（中略）より大きなカテゴリー（類）とより小さなカテゴリー（種）の含む—含まれる関係に基づき、一

方のカテゴリーから他方のカテゴリーへ意味が伸縮する現象である（同: 166）。

例として、シネクドキの例を数例引用すると、

例 4：「ヤカンが沸いた」つまり、ヤカンの中のお湯が沸いた。
例 5：I have a temperature.「熱がある」つまり、平熱以上の熱がある。
例 6：I got a ticket again.「また切符を切られた」つまり、交通違反の切符をもらった。

上例の「ヤカンが沸いた」は、英語でも The kettle is boiling. と言うし、あとの 2 例は英語日本語両方とも使われる例である。

　メタファーと文化との関わりについて、個々の比喩的表現、メタファーと固有の文化との関わり合いについてはメタファーを論じるときに様々議論されている。例えば、イメージスキーマなどで、身体性は比較的世界共通のものが多いなどと。例として HAPPY IS UP.「心が浮き浮き」といった上昇現象を概念基盤としたメタファーがある。柔道の「一本」についてレイコフ (Lakoff, 1987: 104) はイメージスキーマの拡張という観点から説明している。
　個々の表現への言及は他に譲るとして、ここで一般論としての文献を探る。その 1 つとしてケベチェス (Kövecses, 2003; 2007) をみてみよう。2003 のほうは感情の比喩的表現を取り扱っているので、ここでは一般論の 2007 をみよう。2007 年出版のタイトル『文化の中のメタファー』(*Metaphor in Culture*) 自体に彼の主張があらわれている。彼によれば、概念メタファーは文化を交差して、また、文化自体の中でも様々であり、メタファーの普遍性と多様性の要因は身体性 (embodiment: the neural-bodily basis)、社会的・文化的経験 (social-cultural experience: context)、認知プロセス (cognitive processes: cognitive preferences and styles) による (同: 293)、と述べている。
　メタファーの概念化について普遍的、あるいは、普遍に近いものとして、(ケベチェスは表面的だが、と断りながら) happiness, anger, time, event, self

(同: 64)(幸福、怒り、時間、出来事、自己)などが生成レベルにおいて普遍的であり、かなり高程度に抽象化できるという点において、普遍性の例に挙げている。

次に、概念メタファーが文化を交差して、文化自体の中でも様々バリエーションがあるのはどのような場合であるか、次の3点に分類している。1点目の場合として、ある特定の目標ドメインを表すのにある文化では他の文化とは異なった基盤ドメインを用いる場合であり、異なった目標ドメインを概念化するのに、ある文化では特定の基盤ドメインを用いる場合である (... the case in which a culture uses a set of different source domains for a particular target domain, or ... a culture uses a particular source of domain for the conceptualization of a set of different target domains. 同: 67)。2点目の場合として、目標ドメインをあらわすのに用いられる概念メタファーが2言語間・2文化間でほぼ同じ場合であるが、どちらかの言語・文化が用いられる概念メタファーのいくつかについて優先すべきものを明示する場合 (cases in which the set of conceptual metaphors for a particular target domain is roughly the same in two languages/cultures, but one language/culture shows a clear preference for some of the conceptual metaphors that are employed. 同: 68)。3点目の場合として、特定の言語・文化に特有だと思われる概念メタファーの場合であり、この場合には目標・基盤ドメインともにその文化に特有のものが使われる (... some conceptual metaphors that appear to be unique to a given language/culture. These require that both the source and the target be unique to the culture. 同)。上述のanger関連のメタファーであるが、ケベチェス (Kövecses) は英語の怒り (anger) のメタファーについて、Matsuki (1995) を挙げて (同: 196)、日本語では「腹」(hara) の概念 (文字通りには 'belly') が使われ、この概念メタファーとしてのANGERは日本特有である、と説明している。

2.1. 比喩的表現と文化的要素との関わり合いの実験

比喩的表現に使われるものの中にイディオムや諺が多く含まれる。イディオムや諺は母語の文化・習慣に根ざしたものが多い。母語の作用が目標言語

のもつ特性に一致してうまく作用・適応すれば誤解や誤用を避けることができる。まずいと、とんでもない誤解を招くことになる。この現象は外国語学習で結構多くみられるので、この危険部分の解明を本書の第5、6章での具体的検討(調査・実験)課題とするのである。

　具体的に調査・実験するには何らかのデータ収集の方法が必要である。まず、検討課題になる比喩的表現の検査項目を選定するにあたり、言語、文化、比喩的表現の関係を考慮に入れること、項目自体に言語面、文化面の要素が盛り込まれていること、などを念頭に置き、イディオム・諺・日常の表現の中から、次の4つの大枠に沿った言語表現をテスト項目の対象とするのが妥当であろうというのが結論である。

テスト項目選定の枠組みとして
　(1) 日本語、英語双方とも概念基盤、言語表現が同じ、あるいは、類似
　(2) 英語の概念基盤、英語の表現
　(3) 日本語の概念基盤をもつ表現で日本語表現を英語にナマ翻訳(すなわち、日本語の概念基盤で、元々日本語であった表現を英語に直訳した表現)
　(4) 日本語、英語の双方で概念基盤、言語表現が異なる表現

である。調査対象は日本語母語話者と英語母語話者とする。したがって、出題は英語で行う。そうすると日本語ベースの表現は英語に翻訳する必要がある。得られた結果について、日本語母語話者と英語母語話者、それぞれの母語差による比較を行い、EFL学習者の語彙力との関係をも併せて考察する。

テスト項目の出典
　テスト項目の出典は次の資料である。
Gulland, D.M., and Hinds-Howell, D.G. (1994). *The Penguin Dictionary of English Idioms*. London: Penguin.
奥津文夫(2000).『日英ことわざの比較文化』*English and Japanese Proverbs: A Comparative Study*. 東京：大修館書店.
時田昌瑞(2000).『ことわざ辞典』東京：岩波書店.

上記以外に筆者が日常、テレビ、新聞、会話、その他で遭遇した表現の中からテストに適う表現を選んで構成した。

2.2. 翻訳、意訳、ナマ直訳

　英語の比喩に EFL 学習者は通常ナマの形で接触しているのに対して、日本語の比喩は英語母語話者向けにはナマの直訳でなく意訳することが多く、ときに元の持ち味・面白味が消えてしまうことがある。例えば、「瓢箪から駒」という表現は研究社の『新和英大辞典』(1988: 501) に Unexpected things often happen. と出ている。意訳では内容を伝えているのだが、微妙なニュアンス、瓢箪からヒューッと駒が飛び出す生き生きとしたイメージが消えている。第5章で述べるようにナマ直訳して *a horse out of a bottle gourd* とすると非母語話者の解釈はどのようなものであるか、元のことばのもつナマのニュアンス、そこに含まれる比喩的な意味合い(本例でいえば、何故瓢箪や駒が使われているのか)、文化を「ひと」はどのように解釈するか(認知にもたらすインパクト)を探るため、敢えて、ナマ直訳を用いて実験しようとするのであるが、ナマ直訳は通じるのだろうか、多少の危惧はある。日本語発想の比喩をナマ直訳で英語にした場合、英語母語話者にどのように解釈されるか、解釈においてどのようなストラテジーが用いられるのか、母語知識がどのように作用するのか、解釈とその解釈に至る経緯(メタファー認知、アナロジー、メンタルイメージ)の分析・考察など、日本語母語話者と英語母語話者双方の交差検証を行うことによって解明していくことにする。

　比喩的表現の場合、母語では無意識に聞き・話している表現でも、他言語(例えば英語)では無意識に聞き、話すわけにはいかないことが多い。英字新聞を読んだり、英語の報道を聞いたりするとき、ことばやイメージによる比喩的表現に接して戸惑うことがある。そのようなとき、理解を補うため持ち合わせている知識を総動員させて解釈を試みたりするが、それには当り・はずれの両面があるかもしれない。本書では、その両面を日本語概念基盤と英語概念基盤の比喩的表現の検査項目を用いて日本語母語話者と英語母語話者の双方の理解・解釈、および、それに用いられたストラテジーなどを検証しようとするのである。

翻訳については、鳥飼（1998）の第 5 章「文化はどこまで訳せるか」に、国際舞台での政治家の発言について日本語と英語の違いについて興味深い例が挙げられている。例えば「倫理」「反省」の訳は文化と習慣の違いから問題点が多いこと、直訳が無理な「白足袋」についてなど、である。これは英語にならない日本語であり、逆の場合もある。翻訳の心得として「起点言語の文化も対象言語の文化もどちらも十分に研究してから訳す作業に入るべきである」と説く。

　確かに、「白足袋」は直訳では無理かもしれない。何故なら、着物の習慣をもたない（知らない）人には何を指すのか分からないかもしれないからである。研究社『新和英大辞典』（1988）の「白（紺）足袋」の項に white (dark blue) Japanese socks と出ている。英語文化にあるソックスに翻訳するか、回りくどくはなるが説明を添えて直訳するか。上例の「白足袋」は袴のイメージとともに威儀を正した服装を暗示しているので、鳥飼（同: 158）は中野訳の次の 3 例を挙げ、問題を投げかけている（下線は筆者）。

> The village doctor was dressed in formal, old-fashioned Japanese costume.
> The village doctor was dressed in a divided silk skirt and wore white split-toed socks.
> The village doctor was dressed in formal, old-fashioned attire, in a divided skirt and white socks.

鳥飼（同）は日本の履物にはそういう靴下もあるのかという印象を与えるのも一案であろうと言う。英語の socks にはソックスという洋風衣類のイメージが強く出る。足に履く衣類としての名称として足袋という言葉がないのでやむを得ないかもしれない。筆者はどちらかいうと、文化の元の持ち味を残したいと思う立場に立つ。比喩の翻訳には誤解される面もあろうが、「ひと」の認知作用に万人に共通するものがないわけではない、と思われるので、共通点を見いだすことによって、当該言語のもつ比喩がどのような言い回しの面白さをもつか、比喩の特徴である「起点」と「目標」の関係を焦点化したいからである。そして同時に、共通の理解に立つことができないのはどのよ

うな表現であるのかを探り、危険回避のヒントを得たいとも願うのである。同時通訳の先駆者であった小松(2008)も、訳しにくい日本語を適切に通訳する様々なヒント、意味の拡張(semantic extension)などを述べており、示唆に富む。

　上述のようにナマ直訳については問題点もあろうことを踏まえながらも、本書に述べる研究のテスト項目の中に万人に共通すると思われる(問題点の少ない)表現に、英語・日本語そのままのニュアンスがはっきり出る(他言語話者には問題となるであろう)表現も加えて検査を行う。その意図は、日本人EFL学習者が英語のディスコースで遭遇する英語の比喩的表現をどのように解釈するかを調べると同時に、英語母語話者が日本語のニュアンスを含んだ比喩的表現をどのように解釈するかを調べるためである。そこでは、日本語母語話者、英語母語話者を対象にして、発想の面で英語的、日本語的な要素を含む表現を用いた双方向的な検討を行う予定である。日本人EFL学習者は容赦なくナマの英語表現に晒されている。それと同じ状況を英語母語話者に課し、日本語からのナマ直訳による一種のカウンターパートとして筆者が日本語ナマ直訳の検査項目に負わせることになる。日本人にとって馴染みの薄い英語の表現の例としては to *kick the bucket*、日本語からのカウンターパートのナマ直訳の例としては「眉唾」to *wet eyebrows with saliva* である。ただし、メタファーを翻訳するには様々な議論があるので、次項でメタファーと翻訳の問題を敷衍する。

2.3. メタファーの翻訳

　比喩・メタファーの理解に関わる母語知識の影響を調べるのに、本書では検査項目の中にナマ直訳の表現を含めていることを述べた。英語学習者の理解の様相を調べることが目的であり、かれらの対話者ともなる英語のネイティブスピーカーの解釈の様相と日本人英語学習者の様相とを比較検討するため、当然ながら、検査項目は英語で提示する必要がある。ナマ直訳を用いる本来の狙いは上述のとおりであるが、一方で、比喩・メタファーの翻訳は根底に重要な問題を抱えている。このような観点から、どのような議論が翻訳の観点から議論されてきたのか次項でみてみよう。

2.3.1. 翻訳、メタファー翻訳の問題、メタファー翻訳の可能性

　現在使用している「翻訳する」という語は研究社『新英和大辞典』(1990: 2246) に語源として、L. *translat-us* (p.p. carried over) と出ており、*The Oxford English Dictionary XI* (First Published in1933; Reprinted in 1970: 265) に 16 世紀のラテン語の「その先の方へ導く」(動詞 traducere) に由来している、とある。古語形容詞のコラムに 1589 年使用の引用として transferred in meaning, metaphorical (同) と出ており、動詞のコラムに現在の意味として to turn from one language into another; to change into another language retaining the sense; to render; also to express in other words, to paraphrase (同) と記載している。要するに、translate とは、ある言語から他の言語に (意味を保持しながら) 移すという意味である。また、形容詞の意味のコラムにメタフォリカルと出ていることが興味深い。もう 1 つ考えておきたい語に、interpret、interpretation がある。Interpret は 13 世紀、あるいは、14 世紀の L. *interpret-em*、あるいは、F. *interprète* に由来し、意味として、to expound the meaning of (something abstruse or mysterious); to render (words, writings, an author, etc.) clear or explicit; to elucidate; to explain と出ており、元々 translate の意味でも用いられた (The Oxford English Dictionary V (First Published in1933; Reprinted in 1970: 415) と記載されている。要約すると、翻訳するという意味で用いられることもあるが、難解な、あるいは、不可解な意味を解釈するというのが interpret の意味であるということになろう。本書で用いている「翻訳」は translation のほうに近く、「解釈」は interpretation のほうに近い。

　さて、本題の比喩的表現の翻訳の可能性に戻る。イディオムや比喩的表現は翻訳が可能であるかどうかについて、英語のネイティブスピーカーの中には不可能である、と主張する研究がある一方で、ある程度までは可能である、とする主張 (例えば、言語はユニバーサルな部分があるとする説) もある。前者の代表として、ケラーマン (Kellerman, 1986,1995) やライト (Wright, 1999) が挙げられる。ケラーマン (Kellerman) はメタファーの直訳は誤解に繋がるという。確かに、ケラーマンの警告にも一理がある。本書も全ての表現が直訳、語対語 (word-for-word) で翻訳できると主張するものではない。ただ、日本語で表現されている生き生きとした比喩らしさを比喩として他言語

で表現できないか、また、そのようにするとどの程度まで理解されるか調べることを狙っているのである。次いでライトであるが、ライトはメタファー同様、イディオムの他言語への翻訳が可能であるかという問いに対する単純な答えとしては否とし、イディオムは語対語（word-for-word）で翻訳しないように、イディオムを含んで用いられている全体を翻訳すべきであり、もし万一対応する表現が翻訳先の言語に無い場合は意味を説明すべきである、と言う（同: 10）。翻訳の難しさの理由の１つは言語と文化との結びつきの強さが存在するからである、と言う（同）。この同じ領域にメタファーも入り、メタファーも文化との結びつきが強く、ある文化は他の文化とは異なるので翻訳は難しい、という（同）。では、英語を学習する日本人学習者は英語のイディオムにしろ、比喩的表現にしろ、１つ１つ表現を学習・記憶していかねばならないのだろうか？　何か救いの手立てはないのだろうか？　言語には多様性と同時に言語概念の普遍性（ユニバーサリティ）があるという性質から、そこに隘路を見いだすことができないだろうか？　ユニバーサル派は世界の言語を考えた場合、言語間の差異は表面的なものであり、言語構造の根底にはすべての言語に共通部分がある、とする。一方、サピアー、ウオーフ（Sapir、Whorf）等の言語相対論は言語にはそれぞれの構造や文法規範などがあり、言語使用者は母語に従って認識している、とする。ただし、これを押し進めると言語を超えた相互理解や翻訳の可能性を否定することになりかねない。筆者はメタファー研究における普遍的（universal）概念の応用を取り入れたいと考える。

　メタファーの翻訳は翻訳・通訳の分野でも取り上げられており、言語教育にとって参考になるので、それを少しみてみよう。ナイダ（Nida, 1975）は意味論的分析から、異なった二言語間において、どの語（semantic unit）も全く同じ意味を表す語（semantic unit）は存在しない、一言語内においても同様に同じ意味を表す同意語は存在しない、異なった言語間でぴったり重なり合うような語は存在しないと言い、したがって、翻訳の問題についても、情報の喪失、情報の追加、情報の歪みを指摘する（同: 27）。

　ダグット（Dagut, 1976）はメタファーの翻訳についてメタファーはユニークなものであるので、翻訳先言語において同等の表現がみつけられる可能性

が低い。ゆえに、メタファーの翻訳は不可能であるという立場をとる。
　ニューマーク(Newmark, 1985, 1991)は意味の喪失に関して、次の4ケースの問題が生じると言う。すなわち、翻訳者による語の取り替え・入れ換えにより、近似的意味に置き換わる状況が生じるケース、ある2言語において言語的文法的音声的に異なるケース、言語使用者の言語と翻訳者のそれとが一致しないケース、翻訳者と言語使用者がある語について異なった意味理論と価値をもっているケースである。これらの典型的な問題はイディオム、パン、メタファーの取り扱いにおいて顕著になる。何故ならば、これらは文化の影響を諸に受けている(culture-bound)からである。
　ニューマーク(同)によれば、Word-for-word translation 賛成派はクロファーとレイス(Kloepfer and Reiss)である。また、折衷案はニューマーク(Newmark, 1985, 1991)に見いだせる。そこに、以下のメタファー翻訳7タイプが提示されている。

(1)　翻訳先言語で元言語(つまり、翻訳される元の言語・表現。以下同じ)と同じメタフォリカルイメージが再現できるタイプ
(2)　元言語のメタフォリカルイメージが翻訳先言語で標準的なイメージに置き換え可能なタイプ
(3)　メタファーがシミリーに翻訳できるタイプ
(4)　メタファー(あるいは、シミリー)がシミリーと字義通りのパラフレーズ(gloss、解義)で賄えるタイプ
(5)　メタファーを意味に変換するタイプ
(6)　メタファーを削除する(delete)タイプ
(7)　メタファーを意味の説明付きにして同じメタファーで翻訳するタイプ

　上のタイプ分類ではすっきりしない点があるので、あと2研究挙げる。1つ目はアルバレス(Alvarez, 1993)で、文学作品(Angela Carter's *The Passion of the New Eve*, 1982)に出ている表現を次の4種類に分類している。

（1） 同じイメージを翻訳先言語に移し替える(同書において約50%)
（2） 元言語にあらわれている同じイメージを採用する(同書において約10%)
（3） 元言語とは異なったメタファーを翻訳先言語で再生産する(同書において約20%)。ここでは、言語間で可能な語対語(word-for-word)同等語がないので文化的要素は喪失する。
（4） 意味的に類似したメタファーやシミリーに翻訳する(少数例)

2つ目はドブルジンスカ(Dobrzynska, 1995)で、意味の取り扱いの観点から次の3種類に分類している。これはニューマーク(Newmark)から刺激されたものであるが、それをさらにコンパクト化したものである。翻訳者がメタファーを翻訳するときの可能性として、

（1） 翻訳元と翻訳先で正確に同じメタファーを使用する(M → M)
（2） 翻訳元の意味を表す類似したメタフォリカルな表現を翻訳先言語で探して使用する(M → M1)
（3） 翻訳できないメタファーやオリジナルをそれに近い字義的パラフレーズで置き換える(M → P)

上の方法について、翻訳の際の元表現への忠実性はそれぞれのケースで注意する必要があるとも述べている。上の分類は場合によっては組み合わせ使用、字義的翻訳、あるいは、削除するなどが含まれ、ニューマーク(Newmark, 1988)の提言に矛盾するものではないと言う(同: 599)。

以上はメタファーのみならず翻訳全般に当てはまることではあるが、メタファーの翻訳という観点から参考にできる。特に、ドブルジンスカ(Dobrzynska, 1995)の3分類はコンパクトであり、英語教育で応用範囲が広いと思われる。筆者は2言語間でメタフォリカルな表現に絶対的類似性があると考えるわけでは毛頭ないが、何等かの共通性、あるいは、普遍性がありはしないかという期待を抱く。そういう観点から「ひと」のもつ認知の力がどのようにメタフォリカルな表現の理解に作用するかを解明する目的をもっ

て、それに適う検査項目を本書の研究では検査項目に選定したのである。

3. 比喩・メタファー理解に関わる文化的要素

　筆者の先行研究（Azuma, 2005）は日本人 EFL 学習者のメタフォリカルコンピテンスを調べた。その研究は被験者のメタフォリカルコンピテンスの様相と語彙力との関連性を調べることが主目的であった。研究の副次的産物として、母語に由来する知識が比喩的表現の理解にかなり影響するという結果も得られた。それが萌芽となって本書に至ったのである。その先行研究は本書に関連するので、概略とそこで判明したことをもう少し紹介する。

　先行研究では解答時間が被験者に与える心身への負担への配慮と質問数の確保策を講じてテストを行った。そのテストの1つは、比喩的表現の理解テスト（パッセージに埋め込まれたメッセージを理解、MC-RT と略）と運用テスト（表現を比喩的な意味で埋め込む作文、MC-PT と略）であり、もう1つは形容詞を概念メタファーの文型 X is Y に当てはめて運用するテスト（MC-XYT と略）であった。このテストは日本人 EFL 学習者のメタフォリカルコンピテンスを調べることを目的としたものであり、結果を語彙テスト（Vocabulary Levels Test, VLT）、多義テスト（Polysemy Test）と比べてみて、語彙力との関連性を検証したのである。

　MC-RT のテスト項目（9項目）について理解度を降順で示すと次のようになる。これらのテスト項目はショートパッセージに字義的意味と比喩的意味をもたせ、パッセージ(a)、パッセージ(b)として出題したものであり、それぞれの意味を記述方式で被験者に求めた。実際のテストでは(a)(b)のうち、どちらが字義的意味でどちらが比喩的意味のパッセージであるかは示していない。解答者がどちらをどのように解釈したのかをみるためである。

MC-RT テスト 9 項目の降順

+   *A little pot is soon hot.*
     Wake not a sleeping lion.
     The rotten apple injures its neighbours.
     to *stand in someone's way*
     Fish stinks at the head.
     You cannot eat your cake and have your cake.
     to *hold one's head high*
     a pain in the neck
−   to *be off one's head*

出題の 1 例として、*A little pot is soon hot.* のパッセージを示す。

(a) The head chef and assistant were in the kitchen with the boss's daughter. She was only five years old. She wanted to be a chef when she was older. She was about to grab a pot from the cooker, when the chef exclaimed, "<u>A little pot is soon hot.</u>"

(b) Harry hadn't seen his mate, Frank's sister Kerry in years. He had been away at university. The last time he saw her she was a spoilt, cheeky 14 years old. She was 18 years old now. Harry thought Kerry looked gorgeous now. Frank realized this and smilingly nudged Harry and said, "<u>A little pot is soon hot.</u>"

(a)の字義通りの意味での正答率は 94% であったのに対して、(b)のメタフォリカルのほうは 76.6% あった。これはかなり高い正答率である。一方、一番低い to be *off one's head* では字義通りの意味での正答率は 51.3% で、メタフォリカルのほうは 11% であった。この表現は英語の伝統的慣用句であり、非母語話者には馴染みの薄いものであることが要因の 1 つであった。文脈に埋め込んだ出題ではあったのだが、文脈サポートは強く働かなかったらしい。日常のディスコースにおいて、このような今迄聞いたことのない表現に

遭遇し、1つ1つの語の意味は分かるものの全体の（語句なり文としての）意味がつかめない状況に戸惑うことがある。辞書に頼ればいいとはいえ、それが手元にないとか使えないような切迫した状況のとき、それを切り抜ける方法はないか、持ち合わせている知識なり類推なりで何とか理解できる術はないものか、果たして「ひと」の認知作用の巧みさはこのような問題に対処できるか、「ひと」の認知作用の応用が吉と出るか凶と出るか、それを調べる一手段としてその言語独特の、例えば、伝統的慣習の濃い表現で、遭遇したことのない表現を非母語話者はどのように解釈するか、などが今後のテーマになる。それを包括的に第5、6章で議論する。

　さて、上の表現について説明する。それぞれ60名近い被験者の解答をベースに分析したところ、この MC-RT テストにおいて、次のような結果が得られた。それを3点にまとめる（詳細は Azuma, 2005: 265–278）。

（1）スキーマ（母語スキーマ）の活性化。例えば、*Wake not a sleeping lion.* では、日本語の言い回し「寝た子を起こすな」への連想が多くあった。母語知識がベースになっているので母語スキーマの活用である。

（2）パッセージの中に在る周辺の語の意味を解釈して、その意味を利用。語、つまり、全体を構成する部分としての語から得られるヒントの活用である。例えば、to *let the cat out of the bag* では cat から「秘密」をヒントするメトニミーとして、*A little pot is soon hot.* や *Wake not a sleeping lion.* では pot や lion は「主人公」を象徴するものとして、*The rotten apple injures its neighbours.* では apple を「問題」として、*Fish stinks at the head.* ではパッセージに中に出ている rat やターゲットの fish を「ボス」と解釈して、など。これは部分（パーツ）の活用である。

（3）メタフォリカル、あるいは、アナロジカル作用の操作。例えば、to be *off one's head* は、インタビューを行って解答者に表現についての予備知識はなかったことを確認したのだが、予備知識がなかったにも拘らず少数の解答者達が正解に至った原因として、

off + head という語の結びつきにおいて、head を「理性」に、off を「離脱」、つまり、「理性からの離脱」と解釈し、英語の表す意図に沿った答えに至った経緯があることをじかに面接で聞き出した。これは的を射た解釈法である。これをメタフォリカル / アナロジカル連想 (metaphorical / analogical association) と命名する。

このテストを通じて感じたことは、日本人 EFL 学習者の柔軟な理解力・認知能力である。たとえ、それまで遭遇したことのない表現でも直観、母語知識、一般常識、学習言語の語彙知識、類推力 (logical thinking / analogical reasoning) をフルに稼働して、理解に行き着くこと、あるいは、行き着こうと努力する形跡がみられることである。「ひと」の認知の幅広さ、奥深さ、柔軟さに感銘を覚える。

MC-PT のテスト項目 (7 項目) について運用度 (比喩的効果) を降順で示すと次のようになる。

MC-PT のテスト 7 項目の降順

+ *If you climb the ladder, you must begin at the bottom.*
  The bird has flown away.
  to *keep one's head down*
  to *see which way the cat jumps*
  Although the sun shines, leave not your coat at home.
  to *throw out the baby with the bath water*
− to *spill the beans*

上例のような表現をメタフォリカルな意味をもたせてパッセージに埋め込み、作文するのは EFL 学習者にとってかなり高度な技量となる。インタビューを実施し、解答の時にとったストラテジーを聞き出したのであるが、かれらはまず、ターゲットになっている表現を日本語に翻訳するなど工夫して意味を理解し、それを自分の知識、過去の経験に照らし合わせ、どのよ

うにパッセージに埋め込むと効果的であるかを考えた、という。例えば、*If you climb the ladder, you must begin at the bottom.* の場合、物事（例えば、英会話、ピアノ）を始めるときには一から始め、向上していくものだという上向き指向（upward movement）の原理が働いたという経緯を披露してくれた。この表現は梯子というはっきりしたイメージが描けるメトニミーを含む表現であるので、使い易かったかもしれない。一方、日本人 EFL に馴染みの薄い to *spill the beans* では、この表現を日本の風習として受け取り、「豆まき」として、字義通りに解釈し作文した解答が多かった。さらに、対応させるべき要素が throw out、baby、bath water というふうに3つも含んでいる to *throw out the baby with the bath water* では、比喩的表現としての運用は低いものであったという事実はあるが、それでも少数とはいえ、妥当な解答があったことに対して、ここでもかれらの想像力・創造力・表現力に賞賛を送りたい。

　MC-PT は MC-RT に比べ、テスト項目の表現に含まれている語・句のうち、どの語・句がどのような刺激の引金になったか、どのようなスキーマ、イメージスキーマが用いられ、どのようにマッピングが行われたかが、はっきり観察できた。上述の表現では、表現自体が内含している「動き」、「存在」を表すメタファー作用（MOVEMENT, Orientational / Ontological metaphors）を利用した解答が多くみられた。「ひと」はやはり、言語が導くその意味に呼応するものなのであろう。

　次にもう1つ実施したテストに MC-XYT がある。そこで用いた6形容詞について、比喩として適切に使用された順（高→低）に示すと次のようになる。

MC-XYT 6 形容詞の妥当使用順
　bright → high → wild → dark → weak → grey

初めの3語 bright, high, wild はこれらの語の感覚的、心理的ニュアンスが被験者の想像力を強く刺激して、英語母語話者からは稚拙と思われるかもしれないが、EFL の側から見れば当該形容詞の特徴がよく捉えられ、言語的にうまく表現された使用が多いという結果を得た。例えば、Her heart/smile is a bright sun. では、抽象的な「心」や具体的な表情である「微笑み」はターゲットであるが、それを bright + sun という明度の高い色彩と温度の高さを表す「太陽」を借りて表現している。2 番目の high は位置的（身体的）高低を抽象的高低に、3 番目の wild は猛々しさを性格や行動に、などとマッピングさせた良い例であった。残りの 3 語 dark, weak, grey は語自体の意味がもつ暗さ、迫力の無さ、曖昧さ、つまり、刺激の弱さが作用したせいであろうか、被験者のメンタルイメージを前 3 語ほど強くは刺激できなかった。

　語彙知識とメタフォリカルコンピテンスの関連性についてであるが、詳しくは Azuma (2005) に述べたので、ここでは簡単に結果だけを述べる。日本人 EFL 学習者 172 名に語彙の幅を測るシュミット (Schmitt, 2000) の語彙レベルテスト (Vocabulary Levels Test, VLT) 2000 語 3000 語レベルと筆者作成の語彙の深さを測る多義テスト (Polysemy Test) を軸にして上述の MC-RT, MC-PT, MC-XYT を用いて、語彙力と比喩的表現の理解・運用との相関性を調べた。その結果、両者間の相関性は高いことが判明した。語彙テストで 70% 以上の得点を得た被験者はこのような比喩テストに無理なく対応できること、60% 台の場合は表現によっては無理なく対応できることが分かった。それ以下になると MC テストの得点がぐんと落ちるので、EFL 学習者の場合はこのような比喩的表現の理解・運用だけでなく、リーディングなど、その他の英語による言語活動に使えるように語彙力養成が先決問題であるという結論に至った。

　本章の締めくくりとして、比喩的（メタフォリカル）表現の理解と運用に関わる要素（メタフォリカルコンピテンス）には以上のように学習言語の語彙力、母語知識（母語から生成される幅広く奥深い知識、母語話者が背負っている文化、母語話者を取り巻く風習・習慣など）、認知的要素（直観、常識、アナロジーの力）が関係していることなどを再確認しておきたい。

第5章　比喩・メタファーの理解・解釈
―解明のための研究方法―

1. 本研究の背景

　先行研究 (Azuma, 2005) は日本人英語学習者の語彙知識と比喩的表現の理解・運用との関連性 (すなわち、メンタルレキシコンとメタフォリカルコンピテンスとの相関性) を解明した。その研究から得た副産物は多い。最大の副産物は英語学習者のもつ母語知識が比喩的表現の理解にメリットとデメリットの両面があることを解明・実証することによって、ニュアンスに富んだ英語の表現の理解とさらに高度な英語の学習に役立つのではないかという期待である。したがって、本書で述べる研究の試みは先行研究で明らかになった3様相をさらに発展させ、先行研究が他に比べていまだ稀なこの分野の研究発展に寄与することである。3様相とは、(1)語彙の側面 (lexical aspects)、(2)意味の側面 (semantic aspects)、(3)文化の側面 (cultural aspects) である。(1)と(2)に関しては、Azuma (2005) でかなりの部分をカバーしているので、本書ではそれらを多少追実証しながら、発展的話題として、理解・解釈に影響を及ぼすと思われる(2)意味の側面、および、母語知識とその背景をなす(3)の文化的要素に焦点を当てる。

　欧米ではメタファー研究が近年非常に盛んになっている。欧米での傾向として、子供の母語によるメタファー理解と使用の研究、英語を第二言語 (ESL) として習っている学習者を対象にした研究が多い。ESLを対象とした研究が多いわけは、英語を日常で使う環境が多いことによる。比喩・メタファー、および、そのメカニズムに関する研究は日本でもかなり普及してきており、認知言語学、その他関連分野で研究されているし、外国語教育の場での議論も進みつつある。言語教育の場では比喩・メタファーのメカニズムを応用して言語能力の向上に活用しようという研究事例は現在迄のところま

だそれほど多くはないが、将来的にはこの分野の広がりと深化に期待が寄せられている。それは、比喩・メタファーの理解が「ひと」の認知に深く関わる作用であることが最近の研究で一層明らかになってきているからある。また、単に英語の比喩的表現という観点からだけでなく、脳の研究が進む昨今、この方面の研究は言語と「ひと」の認知作用との関連性という観点から関心が寄せられているからであり、世界がグローバル化する中で微妙なニュアンスを含むコミュニケーションの重要性が増々大きくなるからでもある。

　母語(日本語)では比喩的表現は日常茶飯事であり、英語でも比喩的表現が読み物・広告のコピー等によく出ているのにかかわらず、残念ながら外国語としての英語教育(TEFL)の分野での研究例は他の研究に比べてさほど多くはない。本研究はそこに一石を投じることができれば、と願う。

1.1. 研究の概要・目的

　本章で述べる研究では、Azuma(2005)で解明した下掲の(1)を追実証し、(2)を敷衍すると同時に(3)と(4)を深化する。比喩的表現の理解と運用に関わる日本人英語学習者の様相、例えば、母語知識の活用、スキーマ作用など(3)(4)の詳細が分かればEFL学習の際に留意点になるであろうし、(4)の普遍性の観点から考察し、詳細が分かれば類似点を適用して比喩的表現の理解と運用に役立てることができるであろう。日本における英語教育に資するためには日本語母語話者で英語を習得する人が第1義になり、日本語母語話者の様相に焦点を当てることになる。しかし、英語の表現では英語母語話者の様相がどのようなものであるかについても調べる必要がある。英語母語話者の理解・解釈の様相と日本語母語話者のそれとを比較・検討することにより、母語の相違による理解・解釈の特徴、運用上の注意点が明らかになるからである。

(1)　日本人英語学習者のもつ語彙知識(語彙力の広さと深さ、つまり、語彙力)が比喩的表現の理解と運用に相関性があり、学習言語の語彙知識が学習者に一助を与えている。

(2)　日本人英語学習者の比喩的表現の理解と運用には語彙知識に加え

て、意味の広がりの幅・深さ、類推力（アナロジー analogy, analogical reasoning、論理的思考 logical thinking）、マッピング（mapping）・対応づけ等の日本人独特の認知作用が関わる。
（３） 母語に起因する認知スキーマやイメージ、母語知識は比喩的表現の理解・解釈にどのように作用するか。日本語母語話者のもつ認知スキーマやイメージ、母語知識の作用と英語母語話者のそれとはどのように類似・相違するか。特に注意すべき比喩的表現とはどのようなものであるか。
（４） 万人に共通する普遍的な認知スキーマ、イメージスキーマがベースになっている表現は母語を超えてその様相が類似するのではないか。

　今回の研究では、表現項目を用いて実験し、得られた結果を分析することになるが、その際に心理言語学的、認知言語学的、社会言語学的に興味深く、かつ、微妙な点ではあるが、現在のところ解明が不十分な要素に焦点を当てる。それは、表現の種類・質によって英語を母語とする人（英語母語話者）と日本人英語学習者（日本語母語話者）の間に生じる解釈のズレの部分で、双方に誤解をもたらす危険性を孕む部分である。この要因の１つとして、母語・母語知識、母語話者の文化的要素に起因するメリット・デメリットが絡んでおり、それには母語知識を基盤とする認知作用が関連していると考えられる。これについて先行研究（Azuma, 2005）でも多少触れた。本書の研究ではかなりの数のデータを英語母語話者と日本語母語話者の解答から収集し、それを基に母語・母語知識の影響を究明する。それは、上の（2）から（4）で明らかにしようとしている安全部分と危険性の部分である。すなわち、特定の表現の認知に関わる母語・母語知識（母語が影響する認知作用や L1 transfer など）が理解と運用においてメリット・デメリット両面の様相が想定されるので、それを明らかにしようという試みである。
　今回の研究目的の１つに、英語の表現がもつ独特のニュアンスを非母語話者である日本人が致命的な誤解をせずに比喩的表現を理解し、ミスコミュニケーションに陥らない方途を探究したいという願いがある。微妙なニュアンスは比喩的表現にあらわれることが多い。それゆえ、日本人英語学習者の

英語力の高度化・弾力化を図るために、メタファーの理解と運用に関する、日本語を母語とする人と英語を母語とする人との間に生じるズレと誤解をもたらす危険性の部分に焦点を当てる。ズレと危険性に絡むデメリットの1つに、母語・母語知識、母語話者の文化的要素に起因する影響があり、そこには母語知識を基盤とする認知作用が絡んでいるのではないかと思われる。これは意味の側面と文化の側面とに関連する母語・母語知識と学習言語との摺り合わせとも関連する。メリットのほうは母語知識（「眠れる獅子」「寝た子を起こすな」）が応用される *Wake not a sleeping lion*、デメリットのほうは母語知識からの類推・干渉（「豆まき」と混同）により誤解が発生する *to spill the beans* が例としてあげられる。このメリット・デメリットを調べる手段として、両言語間での言語表現と概念基盤の同・異、および、その絡み合いを調べ、メタフォリカルコンピテンスの微妙な様相について次項で述べるテスト項目を用いて究明し、日本人が留意すべき点は何処であるか探求する。もう1つの部分は、日本語独特の比喩は辞書等では意訳されているが、意訳では元の持ち味がなくなってしまう。大抵の場合、残念ながら比喩的表現でなくなっている。できるだけ比喩の持ち味を失わないように直訳した日本語基盤のナマ比喩表現ではどのように解釈されるであろうか。ナマ直訳（第4章2.2.参照）で英語母語話者に通じるかどうかをも調べ、もし通じるとすれば、通じるのは何故か、どのような概念基盤の表現ならば通じやすいか、認知・解釈の様相を調べ、比喩の普遍性を探求することになる。以上のような理由で、本研究は英語教育と比喩的表現という言語のもつ不思議な力の2つの方面からの研究と位置づけられる。

1.2. 研究方法

　研究方法としてどのような方法がよいか、前章で述べた過去の研究を吟味した。結局、独自にテスト項目を作成し、紙媒体のテスティングと面接法をとることにした。本研究に適したテスト項目を選定する必要があるが、Azuma (2005) の経験を踏まえ、量的データを得るため紙媒体のテストを（国内外の協力者を通じて）実施し、量的データを収集する。さらに、解答に書かれた解釈の奥に潜む情報を掘り起こして質的データとするために、紙媒体

テスト解答者の中から参加者を募り面接を行い情報を得る（面接はテープに録音し、内容を反芻・吟味・分析）。

1.2.1. 検査の方法

　紙媒体のテスト作成に当って次のことがらを考慮に入れる。データ提供源として日本人英語学習者と英語母語話者の双方を含めることを念頭に置く。その理由は、最終目的は日本人英語学習者（EFL 学習者）の英語力向上であるが、コミュニケーションの相手は英語話者であることを想定し、両者の解釈の様相がつかめるような仕掛けをテスト項目に施すこと、そして、EFL 学習者の言語能力を考慮することである。テスト項目の選定には、「ことば」と「ことば」の根底にある概念を考慮すること、「ことば」には文化的要素が伴うので、「ことば」を支える文化・風習・習慣、イメージ化し易い表現と多少微妙なニュアンスを含む表現などを考慮すること、出題項目には文レベル、句レベル、単語レベルの表現を適宜含めること、などである。

　以上を基本理念にしてテスト（Metaphor Cognition Test、以後、M-Cog Test）を作成することにした。上で述べたように、日本語・英語の両言語間の言語表現と概念基盤を考慮するが、テスト項目選定において、比喩的表現の根底にある概念的要素に基盤を置きたいものの、外国語としての英語学習の状況を考えるとどうしても言語的な要素を考慮に入れる必要がある。このようなことを考慮に入れ、チャータリス・ブラック（Charteris-Black, 2002）やデイグナン他（Deignan 他, 1997）が行った研究を参考に、言語表現と概念基盤をタスキがけにして、次のような区分を念頭に置いた。具体的なテスト項目は後ほど示す。

① 言語表現と概念基盤が同じ（あるいは類似）、例えば、He is my *right arm*. など。
② 言語表現は同じである（あるいは類似する）が概念基盤は異なるグループ、言語表現は異なるが概念基盤は同じ（あるいは類似）、例えば、My *sides split*, to *come to a head* など。
③ 言語表現と概念基盤とも異なる、例えば、to *kick the bucket*, など。

以上の3区分の表現をテスト項目に含め、次項で述べるような項目グループ分けにして、項目ごと、あるいは、グループごとに調べる。そして、その根底にある言語表現と概念基盤の関係(スキーマ、イメージスキーマ、マッピング・対応づけ等の認知作用)を解明し、理解・解釈の様相を考察する。技術的に次の(a)から(b)のデータ収集の方法で比喩的表現の理解・解釈と母語・母語知識との関わりという研究目標を達成する。

1.2.2. データ収集、分析、目指す目的

(a) メタフォリカルな表現と理解に関わる母語知識のメリット・デメリットを相当数の被験者と調査項目を用い、そのデータを量的・質的に分析し問題点を明らかにする。量的データを得るには解答者が簡便に解答できる工夫を施す必要がある。これは、解答にあらわれる深層を探りたいという狙いとは二律背反になる。先行研究、Azuma (2005)で用いたようなパッセージに比喩的表現を組み込む出題では解答に時間がかかるので、できるだけコンパクトにして、文、句、語レベルの出題を工夫する。そして、深層は面接で聞き出す方法をとる。質的分析では、先行研究で有効であった、スキーマ、イメージスキーマ、マッピング・対応づけ、アナロジー等の認知要素の観点から分析する。

(b) この研究のデータ源として貴重なのは英語学習者である日本人解答者から得るテスト解答(データ)と、英語を母語とする解答者から得る解答(データ)の双方である。英語の概念基盤に基づいたテスト項目では英語を母語とする解答者の解答を数値化してそれを指標にし、日本人英語学習者のそれとを統計的に比較、また、ペーパー上にあらわれにくい深い認知の奥底を面接により質的に掘り下げ、それらを比較検討して誤解・誤用等の問題の在り処を探る。

(c) (b)で述べたように、本研究は日本語を母語とする人と英語を母語とする人の双方から交差検証するので、両言語、両文化に根ざす解釈の類似・相違の明確化が可能になり、双方向性の研究に寄与できると思われる。さらに、得たデータを基に将来、データベース化する際の枠組決定の資料としたい。

(d) 究極的には上記 (a) (b) を解明し、「ことば」の理解と運用に幅と深みを与えるなど高度英語運用力の研究に貢献し、ひいてはスムーズな幅広いコミュニケーション力の育成に役立てる。そのため、先行研究に引き続いて日本人英語学習者の語彙力とメタフォリカルコンピテンスとの関連性の研究を根底に置き、語彙力との関連性を再検証しつつ、発展的要素としてメタフォリカルな表現の理解・解釈と運用に母語知識がどのような役割を果たすか、そのメリット・デメリットを上記のテスト項目を使って調査し、分析する。その結果を英語の母語話者の示す解答と照合し、学習言語としての英語によるメタフォリカルコンピテンスとの差異を明らかにする。調査対象は日本人英語学習者（以後、JNS、複数の場合は JNSs）と英語を母語とする人を対象とするが、英語を母語とする人（以後、ENSs）の地域差、文化差が言語表現とその認知にあらわれるかもしれないので、標準的英語圏をほぼ網羅する国（アメリカ、イギリス、オーストラリア）の英語のネイティブスピーカー（以後、AmENS, BrENS, AuENS）を調査対象とする。

2. 研究に必要なデータの収集

2.1. 調査項目の選定、出典

　調査項目のいくつかは下に掲げる文献を参考にして、他は筆者が日頃、テレビ、新聞、会話などで遭遇し、収集した表現を用いて、M-Cog Tests の目的に適う表現を選択した。

Gulland, D.M., and Hinds-Howell, D.G.（1994）*The Penguin Dictionary of English Idioms*. London: Penguin.

奥津文夫（2000）『日英ことわざの比較文化』*English and Japanese Proverbs: A Comparative Study*. 東京：大修館書店.

時田昌瑞（2000）『ことわざ辞典』東京：岩波書店.

2.2. Metaphor Cognition Tests（M-Cog Tests）のための テスト項目の選定

　テスト項目には次の3区分に基づいて作成することを前項で述べた。3区分とは、①表現と概念基盤が同じ（あるいは類似）、②言語表現は同じである（あるいは類似する）が概念基盤は異なる、言語表現は異なるが概念基盤は同じ（あるいは類似する）、③言語表現と概念基盤とも異なる、である。

　解明すべき点として、日本語・英語で概念（あるいは、文化）基盤が（ほぼ）共通なものでは、日本語母語話者・英語母語話者の双方の理解や解釈に大きな差異はないのではないか、それはどのような表現であるか、重要なのは異なった文化的背景を伴うイディオムや日常表現が比喩的に用いられた場合、母語知識がどのように絡むであろうか、という点である。これを解明するには、文化的背景の類似・相違の両面をカバーすればより幅広い検証ができると思われるので、日本語概念基盤、英語概念基盤の両方を含め、それらを網羅した検査項目を考案することになる。M-Cog Tests は記述方式解答部分の40問と4肢選択方式解答部分の19問からなる。

3. Metaphor Cognition Tests（M-Cog Tests）

　M-Cog Tests は記述解答部分（MC40）と4肢選択問題部分（MC19）とからなる。実際に用いた JNSs 用のテストは付録に掲載。

3.1. Metaphor Cognition Tests（M-Cog Tests）項目の分類

　記述解答 MC40 も4肢選択 MC19 も言語表現と概念基盤の特徴に基づく。上記の①から③の中の①は言語概念が日英間で（ほぼ）同じ・類似であるので、参考程度に S1、S2 に分け、②は解答を吟味するために再分割して2つのサブグループに分けた。ゆえに、グループ1（G1）からグループ4（G4）の4分類となる。下に、それぞれのグループ（G）で M-Cog Tests で対象とした表現と表現の意味合いを簡単に紹介しておく。なお、各項目冒頭の数字は M-Cog Test 出題したときに用いたテスト項目番号である。以下、同じ番号を踏襲する。

[G1] グループ1：言語表現と概念基盤が両言語間で（ほぼ）同じ・類似する表現（similarity sharing groups）：13項目
　G1:S1: 日英間で言語表現と概念が（ほぼ）同じ：7項目
　　1.　*Time is money.*　時は金なり。
　　3.　We are *at the crossroads.*　我々は十字路に居る。
　　4.　*a bolt from the blue*　青天の霹靂
　　5.　to *slip through one's fingers*　指をすり抜ける
　　8.　She was only saved from falling under the train *by a hair's breadth.*
　　　　間一髪で電車の下に落ちないですんだ。
　　10.　We could feel *electricity* between us.　私達の間に電気が感じられた。
　　28.　He's my *right arm.*　彼は私の右腕だ。

　G1:S2: 日英間で概念が（ほぼ）同じ、言語表現が類似：6項目
　　2.　to *bear fruit*　実を結ぶ
　　6.　*a body blow*　ボディーブロー
　　9.　The Mayors have been distinguished doctors for generations. It *runs in the blood.*　メヤー一家は歴代著名な医者です。それは血の中に流れている。
　　15.　*a brainwave*　脳波、霊感
　　26.　It is better to tell *a white lie* to lose a friend.　友達を失うくらいなら無害な嘘をつくほうがいい。
　　30.　You'll need *a strong stomach* if you are going to be a surgeon.　外科医になるなら丈夫な胃が必要だ。

　G1 グループの表現は ENSs、JNSs 間で解釈に大きな齟齬がないことを想定した検査項目である。その特徴を 28. He's my *right arm.*「彼は私の右腕だ」と 1. *Time is money.*「時は金なり」を例にとって多少詳しく説明する。「右腕となる人」の right という単語が、右（の）という意味とともに、適切な、正しい、良い、という意味をあらわす多義語であり、英語と日本語の双方でその意味合いの重なる部分が多い。機能と意味の拡張から、日本語の直訳で通

じる表現となるであろう。用語の arm と hand に関して、面接実施時、および、その後で次のようなことを確認した。He's my *right arm.* の arm について、ENSs は hand とするならば He's my right-handed man. となるであろうという。また、別の ENSs によれば、arm のほうが hand よりも意味が強いので、arm のほうが適切だという。腕（arm）は手（hand）に連結しており、機能として共通性がある。ゆえに、ほとんどの ENSs、JNSs が身体スキーマから日本語でいう「右腕」を意味すると解釈するのではないかと筆者はテスト作成時に予想した。予想が的中したことはテストの結果から分かった。

「時は金なり」*Time is money.* は ICM（理想認知モデル）の１つに分類されている。Time という抽象的なことがらの重要性を強調するのに、money という具体的で顕在化したものの特徴を借りて意味を出している。起源は英語であるが、経済優先の現在では日・英双方の文化に馴染んだ表現になっている。

この表現はギリシア起源であるが、16世紀後半から英語圏に入り、アメリカの刻苦勉励を重んじた18世紀ベンジャミン・フランクリンの時代にフランクリンの文書（Advice to a Young Tradesman, 1748）により広まったものとされる。当然日本にも入ってきた。面接に応じた日本人 EFL の何人もが小学校時代に習ったと答えた。日本でも幼い頃から学ばれている表現である。

この G1 は日英間で言語・概念基盤共有、しかもイメージ的に分かり易いもの（S1）と日英間で概念は類似しているもの（S2）を想定している。

[G2] グループ 2：概念基盤が両言語間で（部分的な）共有部分が含まれている表現（partial sharing groups）。2 つのサブグループ、英語概念基盤（G2 E）と日本語概念基盤（G2 J）を含む。

G2 E: 英語概念基盤（English concepts/origins）：7項目

13. *a loose tongue* お喋り
16. *to be off one's head* 理性を失う
19. *My sides split.* 脇腹が裂けるほど笑う、大笑いする
20. *to spill the beans* 秘密を漏らす
22. *double-tongued* 二枚舌、嘘つき

24. I need to *pick your brains*.　お知恵を借りたい
29. He has *a keen mind*.　鋭敏な知性をもっている

　G2 の英語概念基盤の項目では、例えば、13. *a loose tongue*（お喋り）では「しまりのない舌」が使われており、言語発話器官としての「舌」が両文化で共有されているが、日本語の「ことば」としては「口が軽い」となる。また、16. to be *off one's head* や 20. to *spill the beans* のように、「ことば」として「頭」「豆」は両言語で共通しているが表現全体のあらわす意味に異なる部分がある、そのような英語のセットフレーズ、慣用表現をテスト項目に取り入れている。16 ではアルコールが回って正常な思考ができない状態を指し、このイディオムの語を他の語に置き換えて（decompose して）to lose one's head にすると、その意味は「何か変なことをした」時の状況をあらわすのには使えるがアルコールで酔っぱらって「正気の沙汰ではなくなる」という意味にはならないので、このセットフレーズでのみこの意味をなす。20 では同じく語を入れ換えて to spill the peas も同様であり、元の表現の意味をなさない。このような類いの表現をこのグループに入れている。

　G2 J: 日本語概念基盤 (Japanese concepts/origins)：5 項目
　　7. At the age of 96, she *set out on a journey* to her husband.　96 歳で夫の許へ旅立った。
　　11. I *cannot sleep with my feet turning toward* him.　彼のほうに足を向けて寝られないほど恩がある。
　　12. Prime Minister made *iridescent* remarks on the matter.　首相は玉虫色の発言をした。
　　18. You and I *are united with a red thread*.　私達は赤い糸で結ばれている。
　　23. to *cast a shrimp to catch a bream*　蝦で鯛を釣る

　これらの表現は一見して分かるように日本語の日常の表現を直訳したもので、ナマ表現と命名したい表現である。ただし、中に婉曲表現として日英間で分かり合える表現、7. At the age of 96, she *set out on a journey* to her husband.

（96歳で夫の許へ旅立った）やイメージで捉え易い表現 23. to *cast a shrimp to catch a bream*（蝦で鯛を釣る）が入っている。また、身体スキーマ・関係スキーマなどのアナロジーで理解できそうな表現、18. *You and I are united with a red thread.*（私達は赤い糸で結ばれている）と、一方で、誤解が予想される表現、例えば、普遍的に身体スキーマの点から似ているようであるが果たしてどこまで分ち合えるかをみる 11. *I cannot sleep with my feet turning toward* him.（彼のほうに足を向けて寝られないほど恩がある）と既知の比喩的表現として捉えられなくても科学的アナロジーでどこまで比喩として通じるかをみる 12. *Prime Minister made iridescent remarks on the matter.*（首相は玉虫色の発言をした）も入れている。ナマ直訳をするとはいえ、全ての日本語の表現をそうしようというわけではない。不可能なものもあるので、それらはテスト項目に入れていない。玉虫色の翻訳は多少躊躇したが、新聞紙上で政治家の発言によく使われているので入れることにした。玉虫色を multi-layered とすることも考えた。そうすると一定の意味は出せるが色合いによる微妙なところが出せないので、iridescent を用いた。知り合いの英語母語話者インフォーマントも同じ意見であった。

[G3] グループ3：言語表現と概念基盤が両言語間で異なる表現（difference Groups）

G3 E: 英語の概念基盤（English concepts & English wordings）：6項目

27. You have bought yourself *a white elephant*. No one will stay in this house.　無用の長物を買ってしまったね。誰もこんな家に住まないでしょうよ。
36. *Curiosity killed the cat.*　好奇心旺盛は怪我の元
37. to *kick the bucket*　くたばる（死ぬ）
38. Since Andrew started his own business, he has been making money *hand over fist*.　ビジネスを始めてからすごく金儲けをした。
39. Simon is *getting cold feet* about advancing you the money.　お金を提供することに怖じ気づいている。
40. What does it matter what your uncle thinks of you? He only visits you

once in a blue moon. 稀にしか来ないのだから、気にしない気にしない。

このグループの表現は英語概念の項目であるが、最初の項目の 27 You have bought yourself *a white elephant.* No one will stay in this house.（無用の長物を買ってしまったね。誰もこんな家に住まないでしょうよ）は微妙な文化的要素が含まれている。英語の意味は Longman Dictionary of English Language and Culture (1992: 1496) によれば「無用の長物」(something that is useless and unwanted, especially something that is big and/or costs a lot of money)（容器スキーマ）である。象といえばアフリカ、インドが連想される。タイの軍隊用海上旗のまん中にも描かれているし、骨董品の置物にもなっている。この表現では白象であり、アジア人にとって、あるいは、白象に関する知識がある人にとって、東寺にある帝釈天の白象が思い起こされるほど仏教的要素も含まれている。英語的表現のほうに分類しているが、微妙なところではある。次に 36. *Curiosity killed the cat.*（好奇心旺盛は怪我の元）は猫の習性を知っている場合には類推が働きやすい。他の 4 項目は 17 to *kick the bucket* に代表されるように固まった慣用表現である。語の入れ換え（decomposability の試み）をして to kick the pail も to boot the bucket も原義にはならない（ENS に確認）ほど固定したイディオムである。寓話によれば、昔狩りのときに獲物を逆さにして棒（bar、つまり、bucket）に吊るして運んだところ、獲物が今際の時に苦しくなってその棒を足で蹴ったことに由来するということである。

G3 J: 日本語の概念基盤 (Japanese concepts & Japanese wordings)：6 項目
　21. *a frog in the well*　井の中の蛙
　31. *a horse out of a bottle gourd*　瓢箪から駒
　32. to *wet eyebrows with saliva*　眉唾
　33. He is *a weak worm.*　弱虫だ。
　34. *a cry of a crane*　鶴の一声
　35. *the carp on a cutting board*　俎板の鯉

このグループでは日本語に概念基盤をもつ表現を比喩的表現の特徴を保持させるために敢えて直訳し(ナマ直訳)、特に、日本語が非母語である被験者の解釈を試す項目として入れている。初めの21. *a frog in the well*(井の中の蛙)は「井の中の蛙大海を知らず」の比喩の部分だけを取り出した出題である。この表現は時田(2000)によれば、世間知らずの喩えとして法然の『消息文』に、また、鎌倉時代の仏教説話『宝物集』に出ているとある。中国の『荘子』などにも類似の言い回しがあるので、中国の語句が下敷きになっている可能性が高い(時田：72)。研究社『新和英大辞典』(1988: 503)に A frog in the well knows nothing of the great ocean. が載っている。日本では使い慣れた表現である。

31. *a horse out of a bottle gourd* (瓢箪から駒)は『広辞苑』(2008: 2397)には「意外なところから意外なもののあらわれるたとえ」とあり、この表現の由来として、時田(2000)は中国、唐代の張果老という仙人がいつも白驢(白い驢馬)に乗って一日数千里を行き、休む時は瓢箪の中に白驢を収めていたことに因むという。インターネットで調べてみると、このエピソードをあらわす挿絵が載っている。研究社『新和英大辞典』(1988: 501)では Unexpected things often happen と出ている。この訳できちんと意味は出ているが、元の持ち味が消えているので、この調査では敢えてナマ直訳とした。32. to *wet eyebrows with saliva*(眉唾)は欺かれぬ用心をすること(広辞苑, 2008: 2664)とあり、眉に唾をつければ狐狸にだまされないという俗信に基づく。江戸後期の人情本『春の若草』にこの用例がある。今回の調査では、to *kick the bucket* の向こうを張って敢えてナマ直訳とする。33. He is *a weak worm.* (…弱虫だ)は意気地のない者を罵っていう語(広辞苑, 2008：2917)とあり、英和辞書では a coward (研究社新英和大辞典：2003)となっている。34. *a cry of a crane* (鶴の一声)とは、議論が百出する中で権威ある者や実力者がことを決定づける短い言葉のたとえ、鶴の甲高く、天にも届かんばかりによく通る鳴き声は優美な姿にも似つかわしくないほど迫力に満ちている。こうした鳴き声は鶴の身体の構造からくる。権威ある者のたとえになったのは、鶴が昔から長寿の瑞鳥として高い地位を与えられていたことも影響(時田：392)とあり、英訳は His word is law. すなわち、His is a voice of authority (研究社, 2003: 1751)と

出ている。この調査ではナマ直訳して *a cry of a crane* とした。最後の 35. *the carp on a cutting board*（俎板の鯉）は俎板の上で料理されるのを待つしかないような逃げ場のない切羽詰まった状況をいう表現であるが、10 世紀に書かれた最初期の軍紀物『将門記』に異表現の「俎上の魚」、江戸時代に「俎板の魚」があり、昭和 30 年代までは「俎板の上の魚」、その後、（昭和 40 年代？）以降に現在の表現に成った（時田：561）、とあるので、比較的新しい表現である。英語に a fish on the chopping board がある。今回の調査では英語学習者向けに chopping board でなく、cutting board とした。

[G4] グループ 4：言語表現が類似、概念基盤が両言語間で異なる表現
  （difference group of extremely confusable/risky expressions）
  G4 R（extremely confusable/risky expressions）：3 項目
    14. to *come to a head* 英：できものが膿む、重大な局面になる vs. 日：頭にくる
    17. to *pull someone's leg*(*s*) 英：冗談を言う、からかう vs. 日：足を引っ張る
    25. Tim must be *soft in the head* to do such a thing. 英：頭が空っぽ vs. 日：頭が柔らかい（思考が柔軟性に富む）

このグループの表現は日常よく出くわす日英間でそのまま使うと誤解が生じる表現を用いて日本語母語話者と英語母語話者の解釈の相違をみる狙いでテスト項目に入れた。初めの 14. to *come to a head* は日本人英語学習者は「頭に来る」と混同するかもしれない、17. to *pull someone's leg*(*s*) は英語では leg は単数形で用いられるところ、テスト項目に入れるために複数形にして出題したが母語知識の影響が出るかどうか。メタファーのイベントストラクチャーという観点からは日英類似概念という見方ができるかもしれないので微妙なところである。

25. Tim must be *soft in the head* to do such a thing. では、being soft in the head でおそらく日本語的解釈が多く出るかもしれないと予想した出題である。後続に to do such a thing とあるので、前半部分にこの非難の響きが影響するか

どうかも試すことができる。この3表現ではそれぞれの母語・母語知識に依拠する解釈が表面化することを狙っている。

　上記の4分類における仮説は次のとおりである。
［G1］においては母語知識の「メリット」の作用、母語知識のメリットが大きいことが予想される。［G2］から［G4］では、JNSsは日本語知識の、ENSsは英語知識のメリットが大きいと思われる。しかし、それぞれの母語知識は「メリット・デメリット」両面をもつであろう。［G4］では、双方にかなりの解釈上の齟齬が生じるであろう、という仮説であるが、予期しない結果があらわれるかもしれない。

　記述解答の部は以上の40問（MC40）である。一覧表にすると次のとおりである。表1のあと、4択問題の部の19問（表2、MC19）に移る。表1、表2の行末にある分類・類型のコラムは言語表現、言語基盤の類型グループ、サブグループを、Eは英語、Jは日本語を示す。

表1　記述解答問題 MC40 テスト項目

G: Groups / items（行頭の番号は M-Cog Tests における出題番号）／表やグラフで用いる省略形	分類・類型
G 1: Concepts/wordings sharing group: 7 items　　言語表現・概念基盤共通	**G1-**
1. *Time is money.* / 1 Time money	S1
3. We are *at the crossroads.* / 3 crossroads	S1
4. *a bolt from the blue* / 4 bolt blue	S1
5. to *slip through one's fingers* / 5 slip through	S1
8. She was only saved from falling under the train *by a hair's breadth.* / 8 hair's breadth	S1
10. We could feel the *electricity* between us. / 10 electricity	S1
28. He's my *right arm.* / 28 right arm	S1
G 1: Concepts/wordings sharing group: 6 items　　日英言語・概念基盤類似	**G1-**
2. to *bear fruit* / 2 bear fruit	S2
6. *a body blow* / 6 body blow	S2
9. The Mayors have been distinguished doctors for generations. It *runs in the blood.* / 9 runs blood	S2

15. *a brainwave* / 15 brainwave	S2
26. It is better to *tell a white lie* than to lose a friend. / 26 white lie	S2
30. You'll need *a strong stomach* if you are going to be a surgeon. / 30 strong stomach	S2
G2: E: Partial sharing group: 7 items　日英部分的に共通、英語概念	**G2**
13. *a loose tongue* / 13 loose tongue	E
16. to *be off one's head* / 16 off head	E
19. My *sides split*. / 19 sides split	E
20. to *spill the beans* / 20 spill beans	E
22. *double-tongued* / 22 double-tongued	E
24. I need to *pick your brains*. / 24 pick brains	E
29. He *has a keen mind*. / 29 keen mind	E
G2: J: Partial sharing group: 5 items　日英部分的に共通、日本概念	**G2**
7. At the age of 96, she *set out on a journey* to her husband. / 7 set journey	J
11. I *cannot sleep with my feet turning toward* him. / 11 feet toward	J
12. Prime Minister made *iridescent* remarks on the matter. / 12 iridescent	J
18. You and I *are united with a red thread*. / 18 red thread	J
23. to *cast a shrimp to catch a bream* / 23 shrimp bream	j
G3: E: Difference groups: 6 items　日英異・英語概念	**G3**
27. You have bought yourself *a white elephant*. No one will stay in this house. / 27 white elephant	E
36. *Curiosity killed the cat*. / 36 curiosity cat	E
37. to *kick the bucket* / 37 kick bucket	E
38. Since Andrew started his own business, he has been making money *hand over fist*. / 38 hand fist	E
39. Simon is *getting cold feel a*bout advancing you the money. / 39 cold feet	E
40. What does it matter what your uncle thinks of you? He only visits you *once in a blue moon*. / 40 blue moon	E
G3: J: Difference group: 6 items　日英異・日本語概念（日本語からナマ直訳）	**G3**
21. *a frog in the well* / 21 frog well	J
31. *a horse out of a bottle gourd* / 31 horse bottle gourd	J
32. to *wet eyebrows with saliva* / 32 wet eyebrows	J
33. He is *a weak worm*. / 33 weak worm	J
34. *a cry of a crane* / 34 cry crane	J
35. *the carp on a cutting board* / 35 carp cutting board	J

G4: R: Extremely confusable/risky items between E & J: 3 items　日英言語表現類似、意味・概念異	G 4
14. to *come to a head* / 14 come head	R
17. to *pull someone's leg* (*s*) / 17 pull leg (s)	R
25. Tim must be *soft in the head* to do such a thing. / 25 soft in head	R

3.2. 4肢選択問題

　MC19におけるそれぞれのテスト項目の特徴に関して、概念基盤(類型化)は記述解答部分に準ずるが、テスト項目が記述解答テストの約半分であるため、日英で概念基盤が部分的に共通する項目については単純に英語基盤と日本語基盤に類型化した。このテストはメタフォリカルコンピテンスの測定にも用いる。表2にMC19(4肢選択問題)のテスト項目を示す。

表2　4肢選択問題 MC19 テスト項目

項目番号　Expressions (以下リストは省略形。表、グラフに使用)　日本語	類型・分類
41. have *a heart of stone*　石の(ような)心、冷たい心	G1
42. *which way the wind is blowing*　事態の赴くままに	G1
43. *eye-opener*　開眼的	G1
44. *with both hands*　諸手で	G1
45. *rusty*　錆ついている	G1
46. *pour out her heart to me*　心を割って話す、打ち明ける	G2,3 E
49. take heart from Robert's success　励みにする	G2,3 E
50. *cast her spell over* me　心を奪う	G2,3 E
56. Don't *cut off your nose to spite your face.*　怒りで自失する(な)	G2,3 E
57. *cannot get blood out of a stone*　意の無い人に頼れぬ	G2,3 E
58. she *wears her heart on her sleeve*　感情をあらわに出す、自己主張する	G2,3 E
59. gave him *a piece of my mind*　叱る、咎める	G2,3 E
51. *on the tip of my tongue*　喉元迄	G2,3 J
53. *count heads*　大勢の赴くほうに　＊人数勘定と混同	G2,3 J
54. *scales come off my eyes*　目からウロコ	G2,3 J
55. *pass its peak*　峠を超える	G2,3 J

47. *give an elbow snub*　肘鉄を食わす　＊意味の強さに強弱が生じることが予想	G2,3 J
48. *no background*　（毛並みがよくない）　＊「背景」と混同されることがJNSsで予想	G4 R
52. *turn his head*　自惚れる　＊「振り向く」と混同されることがJNSsで予想	G4 R

G1: 5、G2, 3E:7、G2, 3J: 5、G4R: 2 計 19

3.3. テスト形式と実施について

　MCの項目1から40は、それぞれの解釈を解答者に記述式で解答を求め、MC19の41から59は4択方式で解答を求めた。また、面接では、テスト項目に解答する際に、どのような解釈のストラテジーを用いたか、すなわち、母語知識、項目により刺激された心的イメージ（メンタルイメージ）、その他のストラテジー等を聞き出した。

　実施の際に用いたテスト項目はJNSs用とENSs用では問題の指示・提示等においてそれぞれの解答者に適した形式をとったため、多少異なる部分はあるが、テスト項目自体は同じである。異なる点とは、例えば、JNSsはENSsとは語彙力、すなわち、英語力が異なる。この点を考慮し、解釈に影響の及ばないように配慮しながら難しい語のいくつかに『JACET 基本語 4000 (*JACET 4000 Basic Words*)』(1993)、『大学英語教育学会基本語リスト (*JACET List of 8000 Basic Words*)』(2003) を参考にして、注を付けた。（JNSs用 M-Cog Testsは付録参照）

3.4. 語彙テスト（Vocabulary Levels Test, VLT）について

　データを用いてグループ間比較をする場合、比較対照を行う母集団の等質性を検証する必要がある。その指標に語彙レベルテスト（Vocabulary Levels Test, VLT）を用いた。本研究で等質性検証に用いたのはネイション（Nation, 1990, 2001）でなくシュミット（Schmitt, 2000）である。その理由として、シュミット（Schmitt）では検査項目が多いこと、筆者の先行研究でシュミット（Schmitt）を用いたので比較する際の便宜を考慮したこと、による。JNSsの場合、語彙知識に偏りがあるかもしれないので、できるだけ網羅的な語彙を含む語彙テストのほうが適していると筆者は考える。偏りの例として、

ENSsに、あるいは、ある一定のJNSsにとって安易に理解される語が、別のJNSsにとって未知、不慣れということがあるので、そのような語が少ないほうがよい。ネイション(Nation)にもシュミット(Schmitt)にもそういう語が含まれてはいるが、シュミット(Schmitt)のVLTはテスト項目が多いのでその欠点が薄められるのではないかと判断した。例えば、シュミット(Schmitt)の3000語レベルにbishopやlieutenantがあり、これらの語はどちらかといえば西洋的である(少なくとも日本人EFLは不慣れ)といえる。また、テスト項目を多岐に渡らせるという点から、シュミット(Schmitt)のVLTは1つのバージョンが30問から成り立っているので、同じレベルのA, B両方のバージョンを用いると60問検査できることになる。次にどのレベルを用いるかであるが、先行研究においても判明し、また、本研究における結果からも分かる(後述)ように、2000語と3000語レベル間の相関係数が高いので、2000語、あるいは、3000語のどちらか一方でもインデックスの役割を果たすが、少しレベルの高い3000語レベルのほうも用い、テスト項目数で120項目を対象とした。その上のレベルの5000語レベルも入れたいところではあるが、解答者への時間的負担を考えると躊躇せざるをえなかった。もう1つ考慮した点に、日本での英語学習状況、すなわち、学習指導要領で提示されている語彙数を考えると、やはり3000語程度に止めておくほうがよいということもあって、5000語以上のレベルは使用しなかった。

3.5. 被験者(解答者)について

　解答者を募集する際、謝礼のあるほうが、しかも、金額の高いほうが解答者を集め易いが、現実が許さない。一方でデータ的には解答数が多いことが望ましいというジレンマがある。幸いなことに、本研究は科研費という恩恵に恵まれ、データとして使用するに十分な100名を超える解答が得られた。このようなテスト実施はテスト解答者、および、研究協力者の真摯な協力がなければ実現できなかったことであるので、改めて謝意の念を抱く。面接は時間的・経費的な理由で記述解答者の全てに実施することは困難であった。テストと解答者数を表3にまとめる。本格的議論にはこの表3の解答者によるデータを用いるが、他に付随的データがあるので、それを表4に示す。

表 3　テストと解答者数　JNSs と ENSs

テスト／面接	JNSs 男	JNSs 女	計
M-Cog Tests + VLT2000 語 + 3000 語	51	96	147
うち、面接参加者	16	18	34
テスト／面接	ENSs 男	ENSs 女	計
M-Cog Tests	48	52	100
うち、面接参加者	28	28	56

付随的データ

上の表 3 の JNSs 解答者 147 名以外に、テストに参加したが VLT のうち、2000 語レベルにしか解答しなかった 31 名がいた。研究協力者によればかれらは時間的に 3000 語まで至らなかったそうである。テスト実施におけるテストの質・量と所要時間には配慮が必要であることをテスト実施者は心に銘記しなければならない。その 31 名を含めた解答者数は次のとおりである。

表 4　テストと解答者数　JNSs147 名と 178 名

テスト／面接	JNSs 男	JNSs 女	計
M-Cog Tests + VLT2000 語 + 3000 語	51	96	147
うち、面接参加者	16	18	34
M-Cog Tests + VLT2000 語	23	8	31
テスト参加者全体の計	74	104	178

3.6.　テスト・面接実施場所

テスト・面接実施は次のとおりである。

日本：平成 18–20 年度
　　関東、関西の大学 4 校：紙媒体テストを筆者、および、研究協力者に依頼して実施。面接は筆者。

海外・英語圏：平成 18–22 年度
　　アメリカ合衆国 (University of California, San Diego, UCSD, U.S.A., Columbia University Teachers College, U.S.A.)、オーストラリア (Queensland

University of Technology, Australia)、イギリス (University of Nottingham, U.K.)。

海外の解答収集は研究協力者に紙媒体テスト実施を依頼。面接は筆者。面接の一部に研究助言・協力者 (Dr. Jeannette Littlemore) 参加。

3.7. 採点方法・データ処理

　量的分析においては、集めた解答内容を数値化して比較検討することになる。その際、採点基準 (criterion) を設定する必要がある。メタファーの研究者であり、英語を第二言語・外国語として取り扱う分野で研究しているバーミンガム大学教員 (Dr. Jeannette Littlemore) の協力を得て、解答の妥当性範疇を決定し、それに基づいて、まずは実際の解答例を随意抽出してサンプリングし、項目ごとに2人で採点・議論し、妥当な範疇を確定した。のち、残りの解答を筆者がその基準に従って採点した。問題があると思われる解答例は再度2人の採点者で議論し一致点を見いだした。採点は1問1点宛で各項目を集計し、M-Cog Tests の分析データとして、それぞれの項目ごとに正答率 (correctness ratio) (100%) を計算し、それを用いた。つまり、解答者全員が基準通りの解答であれば、その項目は100となる。統計的処理は主にSPSS (英語版15.0, 日本語版19.0) を用いた。解答結果の比較には平均の比較を用いることになるが、統計として分散分析 (ANOVA、t 検定、必要に応じて post hoc テストなど)、相関分析 (correlation analysis) を用いた。検査項目の変数にVLTのスコア、M-Cog Tests のそれぞれの項目の正答率、因子に解答者の性別、大学での専攻 (言語系か非言語系か)、母語 (英語か日本語か) とした。検定数は表3と表4に示した解答者数である。質的処理は筆者が個々の解答を吟味して行った。

　このあと、得られたデータの読み取りに移るのであるが、まずは、次のような手順で、EFL解答者の語彙レベルを知るためにVLTを基にして全体的な基礎資料の集約を行う。次いで、解答者の全体的様相を概観し、のち、具体的なデータを基に理解・解釈の具体的様相について吟味する。

　語彙レベルの基礎資料として、VLT (Schmitt, 2000 の 2000 語、3000 語レベル) の結果、両レベル間の分散状況、VLTとM-Cog Tests との相関係数を

概観する。次いで、全体的様相として、(1) JNSs の状況：男女差、専攻による差異、語彙力、(2) ENSs の状況：男女差、年齢差、英語圏差異の有無（アメリカ英語、American English, AmE; イギリス英語、British English, BrE; オーストラリア英語、Australian English, AuE）をみる。それに続き、具体的様相として、M-Cog Tests との関連性をみていく。

4. データの分析：
その1 日本語を母語とする解答者(JNSs)に関する基礎資料

4.1. データの分析

日本人 EFL 解答者の基礎的資料のうち、最初に掲げるのは語彙力 VLT の状況についてである。表5にVLT 2000（60点満点）と 3000 語（60点満点）の記述統計量、表6にVLT 2000 語の解答と 3000 語の解答との相関係数を示す。

表5　VLT 2000 語（60 点満点）、3000 語（60 点満点）記述統計量

Measure	平均値	標準偏差	n
VLT2000	46.72	10.05	147
VLT3000	38.88	10.63	147

VLT の 2000 語、3000 語の平均値、標準偏差ともに少し開きがあるようにみえるが、分散状況の検定結果では、両者間の分散状況は（$F = 2.99; p = .09$）であり、有意差は認められない。なお、有意水準は 5%（以下同じ。異なる場合には表示）である。次いで、相関係数をみてみる。

表6　VLT 2000 語（60 点満点）と 3000 語（60 点満点）の相関係数（$N = 147$）

Measure	VLT2000	VLT3000
VLT2000	—	
VLT3000	.80(**)	—

Note. **$p < .01$

VLT2000 語と VLT3000 語との間の語彙レベル相関係数であるが、表6に示すように相関係数は今回もかなり高い。したがって、検査対象グループの等質性検証にどちらかのレベルだけでも良いともいえるが、この研究では、前述したように日本人 EFL 学習者の語彙状況を考慮し、主要な議論には VLT2000 語と VLT3000 語両方（2000 語 +3000 語で計 120 点満点）の結果を用いる。VLT2000 語と VLT3000 語両方（2000 語 +3000 語で計 120 点満点）の表記について、以後余白に応じて VLT120、あるいは、VLT120 点などと略記する。参考までに、表7に VLT2000 語と VLT3000 語、VLT120 点（2000 語 +3000 語で計 120 点満点）の記述統計量を示す。

表7　VLT2000（60点）、VLT3000（60点）、VLT2000+3000（VLT120点）の記述統計量

Measure	平均値	標準偏差	n
VLT2000	46.72	10.05	147
VLT3000	38.88	10.63	147
VLT120 点	86.59	19.48	147

次いで、表8に VLT2000 語（60 点満点）、VLT3000 語（60 点満点）、VLT120 点（2000 語 +3000 語の計 120 点満点）の相関係数を示す。

表8　VLT 2000 語、VLT 3000 語、VLT120 点の相関係数（N = 147）

Measure	VLT2000	VLT3000	VLT120 点
VLT2000	—		
VLT3000	.80(**)	—	
VLT120 点	.95(**)	.95(**)	—

Note. $**p < .01$

考察すべきことがらは多々あるが、今後比較するときのインデックスになる VLT120（2000 語 + 3000 語、120 点）と M-Cog Tests（MC40）との相関係数を表9でみておく。

表9 MC40（記述部分 40 点）と VLT（120 点）の相関係数（N = 147）

Measure	MC40	VLT120 点
MC40	—	
VLT120 点	.44(**)	—

Note. **p < .01

4.2. JNSs の差異検証について

　本節以後、結果の全体的様相の話題に移るので、その詳細に入る前に、VLT に関する付随的状況に触れておく。それは、調査に用いる VLT と M-Cog Tests を実施した際、参加した解答者の中に時間的に VLT の 3000 語レベルまで達しなかった 31 名が含まれていたことを前述した。この 31 名を加えると全体の被験者数は 178 名となる。このセクションは男女差、および、専攻による差異を考察する箇所であるので、対象が多いほうがよいと思われる場合には、適宜、178 名の解答状況を交えて JNSs 解答にあらわれた男女差、専攻による差異を概観する。

　年齢差のほうであるが、次項で述べる ENSs の解答者は年齢層が 18 歳から 50 歳代というふうに幅が広い。一方、JNSs のほうは大学生を解答者にしたため、年齢層が 18 歳から 25 歳というふうに年齢の幅が狭い。ENSs では年齢層で考察すると興味深い結果が得られるかもしれないので分析対象にするが、JNSs では主に大学生であり、年齢差があまりないので年齢層による比較は分析対象から省く。語彙テストについてであるが、非母語話者（ここでは EFL 学習者）の場合には読解、その他の言語活動に語彙力が関係するので、測定して比較検証に用いることに意義があるが、英語母語話者の場合は状況が異なるので今回のテストから除く。結果を比較するに当って、比較する対象グループ（母集団）の等質性が保証されなければならない場合には VLT をインデックスにして検証する。

4.3. JNSs 男女差

　VLT2000 語（60 点満点）、3000 語（60 点満点）、2000 語 +3000 語（120 点満点）を用いて記述統計量を調べ、t 検定で解答者男女差の検定をした。表 10

はJNSs178名（当該部分は全員が解答したVLT2000語）のデータ、表11、表12はVLT2000語3000語に解答したJNSs147名のデータである。注目すべきことがらとして、2つの母平均の差の検定（有意水準は5%）において、VLT2000語レベルでJNSs178名の男女に有意な差が認められる（$F = 13.76$; $p < .05$）が、JNSs147名の3000語レベル、2000語+3000語レベル（VLT120点）には男女間の有意な差が認められなかった（$F = 9.27$; $p = .61$）。ここでは男女差のうち、データ面に止め、質的な詳細分析は後ほど、それぞれの検査項目を議論する箇所で随時触れることにする。

表10　2000語レベル記述統計量（表中のM: 男 ; F: 女。以下同じ）（N = 178）

Measure	M/F	n	平均値	標準偏差
VLT2000語（60点）	M	74	44.69	11.41
	F	104	48.16	8.73

VLT2000語レベルにあらわれた男女差の統計量は上表のとおりである。次は、VLT3000語レベルについてである。表11に記述統計量を示す。今度は対象が147名である。

表11　3000語レベル記述統計量（N = 147）

Measure	M/F	n	平均値	標準偏差
VLT3000語（60点）	M	51	38.22	12.62
	F	96	39.24	9.45

VLT3000語レベルでは表11でみるとおり、平均値が2000語のそれよりもかなり低い。では、男女差はどのようであろうか。検定結果は前述のとおり、（$F = 9.27$; $p = .61$）であり、有意差が認められなかった。次はVLT2000語3000語120点満点の場合である。対象は両レベルに参加した147名である。まずは記述統計量を表12でみる。

表 12　VLT120 点満点（2000 語 + 3000 語）の記述統計量（N = 147）

Measure	M/F	n	平均値	標準偏差
VLT120 点（2000&3000 語）	M	51	84.69	23.32
	F	96	87.60	17.13

VLT120 点満点における男女差についての差異検定は（F = 11.26; p = .43）であり、有意差は認められなかった。以上の結果から、今後の比較検討に用いるデータとして、VLT で 2000 語 + 3000 語（120 点満点）に解答した参加者のデータを用いるのが妥当だと思われる。次に M-Cog-Tests にあらわれた比喩の解釈における男女差を概観する。

4.4.　M-Cog Tests における男女差

　テスト項目に仕掛けをしておいたことを前述した。母語が違っても解釈は類似するもの、母語が違うと解釈が極端に異なることを想定しておいたのである。ここでの比較には、解釈に極端な差異が生じる 7 項目（11, 14, 16, 17, 20, 25, 37）を除いて無難と思われる M-Cog Tests 52 検査項目（これは次項 4.6. でも使用）を用いた。そこでは男女間の平均値の差は大きくなかった。次に、t 検定での等質性についてであるが、男（M = 24.50, SD = 6.74）、[女（M = 26.07, SD = 6.37; t(176) = -1.58, p = .11）であった。さらに、t 検定による等質性とともに、正答率状況を相関性でみてみると、相関係数は（r = .95**, p<.01. **2-tailed）であり、男女間の相関性は高い。さて、次の話題は JNSs 学習者の専攻による差異の問題である。

4.5.　専攻による差異

　被験者の専攻の分類は他にも考えられるが、細部にわたりすぎると統計的に妥当な総数を得られないことなどを懸念し、大きく言語系と非言語系に分けることにした。言語系は次表の 1 欄 116 名；非言語系は 2 欄の 62 名にその結果が示されている。1 つの表にまとめてあるので、解答者数（n）に注意してみていただきたい。表 13 と表 14 の 1 段落目は M-Cog Tests 52 項目で解答者は 178 名、2 段落目は VLT の 2000 語レベル（60 点満点）で解答者は

178 名、3 段落目は VLT の 3000 語レベル（60 点満点）で解答者は 147 名、4 段落目は 2000 語+3000 語レベル（120 点満点）147 名の結果である。

表 13　専攻別（言語専攻、非言語専攻）の記述統計量

Measure	専攻	n	平均値	標準偏差
MC52	言語	116	26.59	6.05
	非言語	62	23.23	6.93
VLT2000	言語	116	49.05	8.97
	非言語	62	42.36	10.56
VLT3000	言語	116	40.97	8.79
	非言語	31	31.00	13.01
VLT120	言語	116	90.03	16.61
	非言語	31	73.58	23.50

表 14　専攻による差異　母平均の差の検定

Measure	F 値	自由度	有意確率（両側）
MC52	1.81	176	.001
VLT2000	6.63	108.61	.000
VLT3000	12.09	39.20	.000
VLT120 点	12.27	39.99	.001

以上の結果を言語専攻、非言語専攻別に一覧表にまとめなおすならば、表 15 のようになる。非言語専攻者の中に VLT3000 語まで到達できなかった解答者がいたので、合計数が VLT2000 語レベルまでの解答者 62 名と全てに解答した 31 名となっている点に注意していただきたい。

表15　言語専攻、非言語専攻の解答者の記述統計量

Measure	n	最小値	最大値	平均値	標準偏差
言語専攻の解答者	116	1.00	192.00	116.85	60.13
M-Cog52	116	14.00	40.00	26.59	6.05
VLT2000	116	6.00	60.00	49.05	8.97
VLT3000	116	20.00	58.00	40.97	8.79
VLT120	116	26.00	116.00	90.02	16.61
非言語専攻解答者	62	10.00	204.00	81.94	61.97
M-CogT52	62	5.00	37.00	23.23	6.93
VLT2000	62	15.00	59.00	42.35	10.56
VLT3000	31	13.00	58.00	31.10	13.20
VLT120	31	34.00	117.00	73.74	23.90

表13から表15の結果より、言語専攻生と非言語専攻生との間のVLTとM-Cog Testsの結果は言語専攻生のほうが高いことが分かる。これは予想される結果であろう。この結果から得られる示唆は、M-Cog Testsにあらわれた結果を言語専攻生と非言語専攻生という今回のような分析で済ませることも可能であろうが、一方で量的単純比較だけでよいのか、については注意が必要であろうという点がある。総合大学では、日常の英語の授業は言語・非言語専攻別にしている場合を除き、必ずしもどちらか一方だけに向けて行っているわけではなく、一般英語クラスなど総合的に行っている場合が多く、教える側は言語専攻生(あるいは、言語に特化する学生)、非言語専攻生の両方を(時・空間は別にして)対象にしていることがあるので、それぞれの専攻に応じた配慮が必要になるということを念頭に置きたい。

4.6.　VLTとM-Cog Testsの総合的様相

　Azuma (2005) は、VLTとメタフォリカルコンピテンスとの関連性ではVLTの70%得点ラインを境にして、理解度に差異をもたらす、と述べた。ここでも、VLTの70%得点を境界とした場合のM-Cog Testsの結果はどのようなものであるか、を表16に示す。M-Cog Testsの検査項目の中に日英で意味解釈が異なるものを含めている。ここでは、そういう極端に差異が生じる7項目 (11, 14, 16, 17, 20, 25, 37、項目の詳細後述) を除き、無難な52項

目(MC33 問、MC19 問、計 52 問)を対象にして話を進める。

表 16　VLT70% を境界とした M-Cog Tests の正答率平均値

Measure	70%	n (M; F)	VLT 平均値	M-CogT (52 満点)
VLT2000 (60 点)	70% 以上	M:47	52.1	27.0(51.9%)
		F:90	51.0	26.9(51.7%)
	70% 以下	M:27	31.8	20.1(38.5%)
		F:14	30.1	20.8(40.0%)
VLT3000 (60 点)	70% 以上	M:24	49.4	29.4(56.5%)
		F:42	47.6	29.8(57.3%)
	70% 以下	M:27	28.3	22.5(43.3%)
		F:54	32.8	23.3(44.8%)
VLT2000+3000 (120 点)	70% 以上	M:32	100.2	28.3(54.4%)
		F:67	96.4	28.1(54.1%)
	70% 以下	M:19	58.5	21.4(41.2%)
		F:29	67.2	21.7(41.7%)

記述統計量(表 17)の正答率平均値をみると VLT2000 語レベル、3000 語レベルでの格差がかなりあること、表 16 の正答率平均値においても 70% を境にして開きが大きいことが分かる。やはり語彙力は重要である。

表 17　M-Cog Test 52 項目と VLT の記述統計量

Measure	平均値	標準偏差	n
M-Cog T 52	24.42	6.55	178
VLT2000	46.72	10.05	178
VLT3000	38.88	10.63	147
VLT120 点	86.59	19.47	147

次に相関係数(表 18)をみる。VLT レベル間(VLT2000 語レベルと 3000 語レベル)の相関係数が高いことが分かるが、さらに、3000 語レベルと 2000 語+3000 語(表中で VLT120 と表示)の相関係数が高いことに注目すると、

本項では全体を対象にしたデータで議論することになる次項以降の詳細分析の議論において、表 16、表 17、表 18 の結果からみて、2000 語 +3000 語レベルの両方(表中で VLT120 と表示)に解答した解答者 147 名のデータを用いるのがよいと思われる。

表 18　M-Cog Tests 52 項目と VLT との相関係数

Measure	M-CogT52	VLT2000	VLT3000	VLT120 点
M-CogT52	—			
n	178	178		
VLT2000	.49(**)	—		
n	178	178		
VLT3000	.59(**)	.80(**)	—	
n	147	147	147	147
VLT120 点	.55(**)	.95(**)	.95(**)	—
n	147	147	147	147

Note. **p < .01

5.　データの分析：
　　その 2　英語を母語とする解答者(ENSs)に関する基礎資料

5.1.　ENSs の状況：男女差、年齢差

　紙媒体の解答に 100 名の英語母語話者が参加した。その 100 名の解答者は、アメリカ英語(American English, AmE)(男 15 名、女 17 名　計 32 名)；イギリス英語(British English, BrE)(男 16 名、女 21 名　計 37 名)；オーストラリア英語(Australian English, AuE)(男 17 名、女 14 名　計 31 名)の英語母語話者である。男女比は 48 対 52(男 48 名、女 52 名)である。

　男女差について M-Cog Tests 全体 59 項目(MC40、MC19)の正答率平均値をみてみよう(表 19)。正答率平均値では少し開きがあるようにみえるので、続いて分散分析(表 20)をみた後、相関係数(表 21)をみてみよう。

表19 100 ENSs の男女差記述統計量（項目数 N = 59）

M/F	n	平均値	標準偏差
M	48	39.51	13.85
F	52	42.58	14.92

表20 100ENSs 男女差分散分析

Measure	平方和	自由度	平均平方	F値	有意確率
グループ間	277.64	1	277.64	1.34	0.25
グループ内	24029.15	116	207.15		
合計	24306.79	117			

表20の分散分析から有意な差は認められないことが分かる。次は相関係数である。

表21 100ENSs 男女解答の相関係数（項目数 N = 59）

Measure	M48	F52
M48	—	
F52	.99(**)	—

Note. **$p < .01$

表21から相関係数は非常に高いことが分かる。次に年齢差（表22）をみよう。

表22 100ENSs 年齢差

年齢層	a) 〜20	b) 21〜25	c) 26〜30	d) 31〜40	e) 41〜
項目平均値	74.8	76.7	78.6	78.5	78.8

正答率の平均値からみた年齢差は20歳代の中頃を境にしてその後の年齢層とは少し開きがあるようである。面接の際に分かったことに若い年齢層で伝統的慣用表現、例えば、to *kick the bucket* などを知らないと反応した人が（ほんの少々ではあるが）いたことである。一方で、この表現は古い表現である

のに良く知っているものだと感心したケースもあった。その人達にどこで聞き知ったのかと尋ねると、家庭、学校で、という返答であった。日本でも同じ現象が生じているかもしれない。言語は変化するものだから致し方ないと考えるか、当該言語の特質は守りたいものだと考えるか、思案するところである。

5.2. 英語圏差異の有無

　英語のネイティブスピーカーの地域性（生育した英語圏で使われている英語、英語圏差）による共通性、あるいは、差異があるかどうかについて、記述統計量（表23）と相関係数（表24）をみてみよう。

　正答率平均値に少々差異が出ているが、標準偏差は似通っている。次に、相関係数についてであるが、こちらは高い相関性を示している。差異があまりないということは我々外国語としての英語を用いる者がかれらと接触するとき、英語圏に応じて対応の仕方を変えるべきかどうかという点から重要である。もし相関性が高ければ、表現の使用において、この3英語圏のどの英語母語話者に対する対応においても、大した支障を来さないであろうことが推測できるので重要である。

表23　M-Cog Test 40 項目英語圏別正答率の記述統計量（MC 項目数 N = 40）

英語圏	n	平均値	標準偏差
AuE	31	72.50	33.09
BrE	37	77.44	33.42
AmE	32	75.96	32.58

表24　3 英語圏 ENSs 間の相関係数

英語圏	AuE	BrE	AmE
AuE	—		
BrE	.97**	—	
AmE	.96**	.97**	—

Note. **p < .01

表24にあらわれた相関係数は高いものである。筆者は英語の変遷上長い時空間を経た現在ではもっと差異が生じるのではないかと危惧していたが、英語のもつ特性そのもの（もちろん、少なからず変化が生じているであろうが、イディオム、諺といった表現や言語の特性に影響を及ぼす認知に差異が生じるかもしれない比喩的表現の理解など）に大きな時空間的影響は、この結果からみると少ないようである。英語の学習者としては、特定の語彙・表現・発音においてイギリス英語（British English）、アメリカ英語（American English）、オーストラリア英語（Australian English）で区別すべき点はあるが、比喩的表現の理解と使用という点から、一応大雑把に捉えていいのではないか、と思われる。すなわち、ここに掲げたような表現ならば、どの英語圏の英語母語話者に対してでも共通して、大差なく通じる（あるいは、通じない）のではないか、というのが結論である。

　以上、被験者の状況について概略を述べたので、これで、M-Cog Testsの項目ごとの詳細分析に入るための下準備が整った。その中で日本人英語話者に関しては、かれらの英語力の側面が推測できる語彙テスト（VLT）との関連性から考察し、また、英語母語話者については、かれらの属性に関する情報を吟味した。いよいよ第6章において、具体的なテーマである比喩的表現の理解・解釈と母語・母語知識との関わりをみていくことになる。

第6章　比喩の理解・解釈、母語知識
―日本語話者が英語の比喩を理解するとき、
英語話者が日本語の比喩を理解するとき―

　本章は第1–5章で考察した様々な知見をベースにして比喩的表現がどのように理解・解釈されたか、実際のデータを用いて量的、質的に検証した、その結果を詳述する。理解・解釈のデータソースとして異なる母語話者（日本語母語話者と英語母語話者）の解答を用いている。検証において異言語母語話者間のクロスオーバー的検証を行うため、検査項目の特質と検査項目への解答（異なる母語話者から得た解答）の両面からみていく。検査項目の特質では前章で述べたような言語的側面として比喩が包含する表現上の特質とその根底に横たわる概念を念頭に置き、それに対して解答者がどのように反応したか、をみていくのである。なかでも、理解や解釈において、母語の相違によりどのように類似・相違するかが興味深いところである。つまり、日本語母語話者が英語概念の比喩を理解するとき、英語母語話者が日本語概念の比喩を理解するとき、両者が英語・日本語概念の比喩を理解するとき、逆に、理解しないときの様相にフォーカスしていく。さらに、コミュニケーションにおいて安全に使用できる比喩的表現はどのようなものであり、コミュニケーションに齟齬を来すのはどのような比喩的表現であるか、そこに母語知識がどのように絡んでいるか、比喩的表現の理解に母語知識の利用はどのようにメリット、あるいは、デメリットとなるかなど、円滑なコミュニケーションという観点から言語教育の面も含めて考察する。

1. 比喩的表現の理解・解釈の分析に向けて

　本章で分析対象として取り扱う実際のデータソースは第5章で紹介したM-Cog Tests の記述テストに参加した解答者による記述解答と面接に参加し

た解答者から得た聞き取り記録の両方である。英語概念基盤の比喩的表現、日本語概念基盤の比喩的表現（元の持ち味を保持するために英語にナマ直訳）、日英双方にまたがる概念基盤の比喩的表現という観点から、理解・解釈の諸相を明らかにする。そこでは入手したデータを分析して、日本語母語話者（以後 JNSs）、および、英語母語話者（以後 ENSs）が示す特徴（比喩の理解・解釈の類似・相違）を明らかにする。本章で中心となるのは前章で述べた総合的様相をさらに深化、掘り下げ、量的・質的データに基づいて詳細分析を行うことである。

分析手順は次の2段階を踏む。まず 1.2.–1.4. で予備分析（パイロット分析）を行い、それを踏まえて 2. 以降で本格分析を行う。予備分析する理由は準備した M-Cog Tests で検証目的が果たせるか、概略を知るためである。検証に用いる M-Cog Tests は記述式解答部分（項目 1–40、以後 MC40）と4肢選択方式（項目 41–59、以後 MC19）から成り立っているのであるが、解答における認知作用の解明には選択式解答部分よりも記述式解答部分のほうが内容の情報量が多く、解答の中身自体を多面的に精査することにより定性的分析が深められること、また、面接に参加した解答者の情報を踏まえて解答内容を質的にさらに深く掘り下げることが可能であること、などにより、かなり記述式解答の分析にウエイトを置くことになる。

まず、予備分析のほうであるが、予備分析で用いるデータは、M-Cog Tests の解答者として記述テストと面接の両方に参加した JNSs 34 名と ENSs 56 名を対象としている。かれらはテストと面接の両方に参加したので、面接に参加しなかった解答者に比べ、多くの詳細情報を本研究に提供している。それを本格分析の前にパイロット分析して、解釈に示された特徴の概略をつかみ、方向性を見つけておくのである。予備分析においても本格分析においても、JNSs と ENSs との双方の記述解答に出ている顕在的な解答内容とその奥に潜む潜在的な要素とに注目し、比喩的表現の理解と解釈にあらわれた JNSs と ENSs 両方の比較分析を行うことになる。本格分析では、初めのセクションで述べるパイロット分析を発展・深化させる方向で量的・質的分析を行う。ゆえに、冒頭部分は短く予備分析となり、後続部分は本格的な詳細分析となる。予備部分での被験者数は少ないものの、JNSs で

34名、ENSsで56名を確保しており、本格分析での被験者はJNSs147名、ENSs100名を確保しているので、量的考察には有効であると思われる。テスト項目は前章で紹介したM-Cog Tests記述解答40項目と4肢選択問題19項目である。

1.1. M-Cog Tests 項目

予備分析、本格分析で用いるM-Cog Testsは第5章で述べたM-Cog Tests項目の分類に示した項目と同じである。M-Cog Testsの項目は、表やグラフ等ではスペースが限られているので、スペースに限りがある場合には省略形を用いる。また、項目の類型・分類を行末に示しておく。次の表1は記述解答問題MC40、表2は4肢選択問題MC19である。

表1　記述解答問題MC40テスト項目一覧表

G: Groups / items（行頭の番号はM-CogTestsにおける出題番号 / 省略形）	類型・分類
G 1: Concepts/wordings sharing group: 7 items　言語表現・概念基盤共通 7項目	G1-
1. *Time is money.* / 1 Time money	S1
3. We are *at the crossroads.* / 3 crossroads	S1
4. *a bolt from the blue* / 4 bolt blue	S1
5. to *slip through one's fingers* / 5 slip through	S1
8. She was only saved from falling under the train *by a hair's breadth.* / 8 hair's breadth	S1
10. We could feel the *electricity* between us. / 10 electricity	S1
28. He's my *right arm.* / 28 right arm	S1
G 1: Concepts/wordings sharing group: 6 items　日英言語・概念基盤類似 6項目	G1-
2. to *bear fruit* / 2 bear fruit	S2
6. *a body blow* / 6 body blow	S2
9. The Mayors have been distinguished doctors for generations. It *runs in the blood.* / 9 runs blood	S2
15. *a brainwave* / 15 brainwave	S2
26. It is better to *tell a white lie* than to lose a friend. / 26 white lie	S2

30. You'll need *a strong stomach* if you are going to be a surgeon. / 30 strong stomach	S2
G2: E: Partial sharing group: 7 items　日英部分的共通、英語概念 7 項目	**G2**
13. *a loose tongue* / 13 loose tongue（グラフでは loosetongue）	E
16. to *be off one's head* / 16 off head	E
19. My *sides split.* / 19 sides split	E
20. to *spill the beans* / 20 spill beans	E
22. *double-tongued* / 22 double-tongued	E
24. I need to *pick your brains.* / 24 pick brains	E
29. He *has a keen mind.* / 29 keen mind	E
G2: J: Partial sharing group: 5 items　日英部分的共通、日本概念 5 項目	**G2**
7. At the age of 96, she *set out on a journey* to her husband. / 7 set out journey	J
11. I *cannot sleep with my feet turning toward* him. / 11 feet toward	J
12. Prime Minister made *iridescent* remarks on the matter. / 12 iridescent	J
18. You and I *are united with a red thread.* / 18 red thread	J
23. to *cast a shrimp to catch a bream* / 23 shrimp bream	J
G3: E: Difference groups: 6 items　日英異・英語概念 6 項目	**G3**
27. You have bought yourself *a white elephant.* No one will stay in this house. / 27 white elephant（グラフでは whiteelephant）	E
36. *Curiosity killed the cat.* / 36 curiosity cat	E
37. to *kick the bucket* / 37 kick bucket	E
38. Since Andrew started his own business, he has been making money *hand over fist.* / 38 hand fist	E
39. Simon is *getting cold feet* about advancing you the money. / 39 cold feet	E
40. What does it matter what your uncle thinks of you? He only visits you *once in a blue moon.* / 40 blue moon（グラフでは bluemoon）	E
G3: J: Difference group: 6 items　日英異・日本語概念（日本語からナマ直訳） 6 項目	**G3**
21. *a frog in the well* / 21 frog well	J
31. *a horse out of a bottle gourd* / 31 horse bottle gourd（グラフでは horsebottlegourd）	J
32. to *wet eyebrows with saliva* / 32 wet eyebrows	J
33. He is *a weak worm* / 33 weak worm	J
34. *a cry of a crane* / 34 cry crane	J
35. *the carp on a cutting board* / 35 carp cutting board（グラフでは carpcuttingboard）	J

G4: R: Extremely confusable/risky items between E & J: 3 items　日英言語表 現類似、意味・概念異 3 項目	G 4
14. to *come to a head* / 14 come head	R
17. to *pull someone's leg* (*s*) / 17 pull leg (s)	R
25. Tim must be *soft in the head* to do such a thing. / 25 soft in head	R

G1: 13（S はサブカテゴリー）、G2E: 7、G2J: 5、G3E: 6、G3J: 6、G4: 3（R は危険マーク、以後同じ）計 40

表 2　4 肢選択問題　MC19 テスト項目一覧表

項目番号　Expressions（本リストでは短縮表示 / グラフなどでの省略形）	類型・分類
41. have *a heart of stone* / 41 stone	G1
42. *which way the wind is blowing* / 42 wind	G1
43. *eye-opener* / 43 eye-opener	G1
44. *with both hands* / 44 both hands	G1
45. *rusty* / 45 rusty	G1
46. *pour out her heart to me* / 46 pour heart	G2,3 E
49. take *heart* from Robert's success / 49 take heart	G2,3 E
50. *cast her spell over* me / 50 cast spell	G2,3 E
56. Don't *cut off your nose to spite your face*./ 56 nose face	G2,3 E
57. *cannot get blood out of a stone* / 57 blood stone	G2,3 E
58. she *wears her heart on her sleeve* / 58 heart sleeve	G2,3 E
59. *gave* him *a piece of my mind* / 59 piece mind	G2,3 E
51. *on the tip of my tongue* / 51 tip tongue	G2,3 J
53. *count heads* / 53 count heads	G2,3 J
54. *scales come off my eyes* / 54 scales	G2,3 J
55. *pass its peak* / 55 pass peak	G2,3 J
47. *give an elbow snub* / 47 elbow snub	G2,3 J
48. *no background* / 48 nobackground	G4 R
52. *turn* his *head* / 52 turn head	G4 R

G1: 5、G2,3E: 7、G2,3J: 5、G4R: 2 計 19

1.2.　予備分析のデータ

予備分析におけるテスト・調査対象

JNSs 34 名（VLT 2000 語＆ 3000 語＋ M-Cog Tests ＋面接参加者）

ENSs 56 名（M-Cog Tests ＋面接参加者）

　予備分析として先ず、M-Cog Tests 項目の分類に沿って結果を表とグラフでみていく。ここでは、ごく簡単に概略をつかんでおく。表中の項目別結果の JNSs と ENSs 数値はそれぞれの項目の正答率（correctness ratio）（平均）である。当該項目に全員が正答すれば、その項目の正答率は 100（%）となる。

表3　MC40 記述解答問題 G1 ～ G4 グループ別項目と正答率（平均値）

Gs	概念基盤	グラフ分類	項目数	JNSs 正答率平均値	ENSs 正答率平均値
G1	共通	言語概念共通 G1	13	56.1	95.5
G2	同／類似	英語基盤 G2E	7	28.2	91.4
		日本語基盤 G2J	5	62.9	35.6
G3	異	英語的 G3E	6	30.6	93.2
		日本語的 G3J	6	64.3	29.3
G4	言語同／概念異	G4E/J	3	英語の意味で：4.9	英語の意味で：96.9
				日本語の意味で：89.2	日本語の意味で：0

　表3 MC40 の結果から概略、次のことが分かる。ENSs は共通項目（G1）、英語基盤での正答率が 90% 以上を超えている。JNSs は日本語基盤での正答率が 60% を超えており、共通項目も 56.1% である。ENSs の英語力は英語が非母語である JNSs 英語学習者のそれとは言語能力的に、また、英語が絡む文化的知識の面で格段の差があることは容易に予想されるので、本テストのように英語での出題で JNSs の解答が 60% を超えるというのは興味深い結果である。次に G1 から G4 のグループ別に結果を順次グラフでみていく。グラフでは JNSs の正答率を基準に降順で配置している。

グラフ1　言語・概念基盤共通・類似 G1

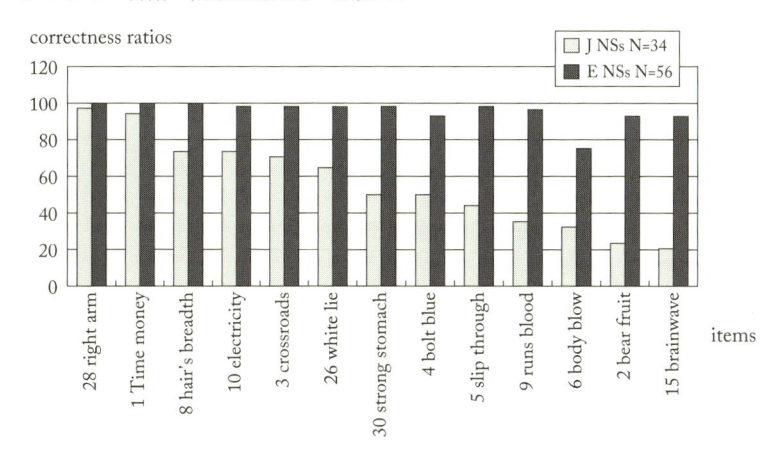

correctness ratios / items
(J NSs N=34, E NSs N=56)

28 right arm, 1 Time money, 8 hair's breadth, 10 electricity, 3 crossroads, 26 white lie, 30 strong stomach, 4 bolt blue, 5 slip through, 9 runs blood, 6 body blow, 2 bear fruit, 15 brainwave

JNSs は初めの2項目（1*Time is money* と 28He is my *right arm*）はほぼ100%近い正答率を示し、右に行くほど減少している。ENSs のほうは1項目（6 *body blow*）を除き、全て高い正答率を示している。

次のグラフ2は英語概念基盤の項目についてである。

グラフ2　英語概念基盤の項目 G2E, G3E

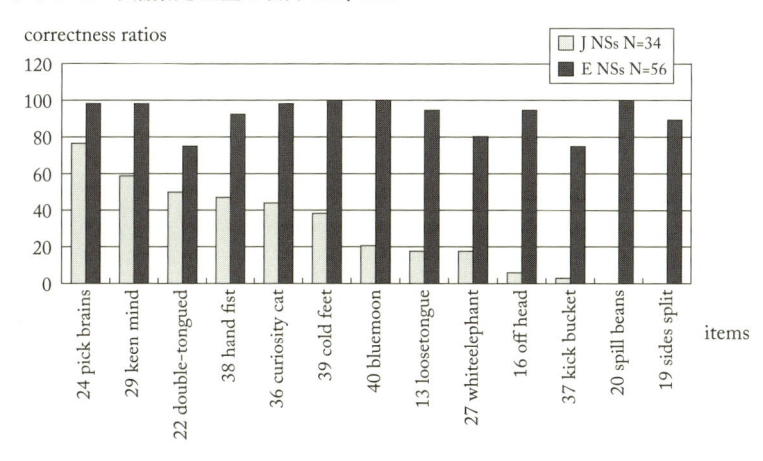

correctness ratios / items
(J NSs N=34, E NSs N=56)

24 pick brains, 29 keen mind, 22 double-tongued, 38 hand fist, 36 curiosity cat, 39 cold feet, 40 bluemoon, 13 loosetongue, 27 whiteelephant, 16 off head, 37 kick bucket, 20 spill beans, 19 sides split

ENSs のかなり高い正答率に比べ、JNSs は50%以下の正答率を示し、ゼロ

という項目もある。このグループは英語概念基盤の項目であるので、当然のことながら JNSs の正答率は低く、ENSs の正答率は高い。次はグラフ 3 である。

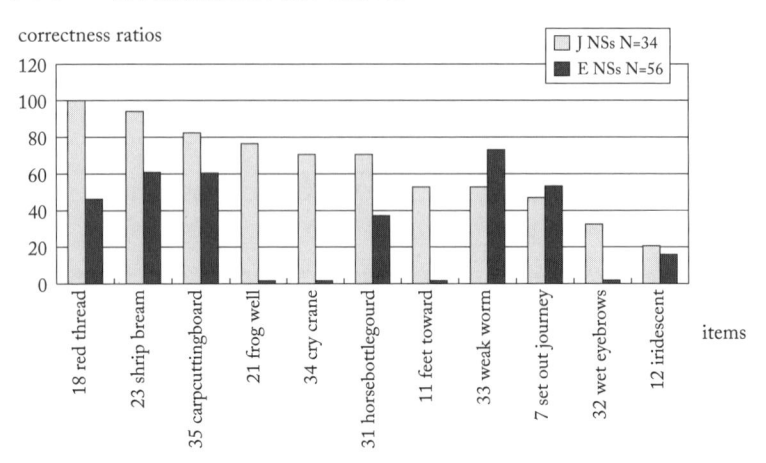

グラフ 3　日本語概念基盤の項目 G2J, G3J

グラフ 3 はグラフ 2 とは逆の現象を示している。日本語概念項目のグラフ 3 では当然ながら、JNSs の正答率の高い項目が多い。次はグラフ 4 である。

　このグループの項目は要注意である。JNSs、ENSs の解釈状況に偏りが出ている。JNSs は日本語で用いられている通常の意味で、ENSs は英語のそ

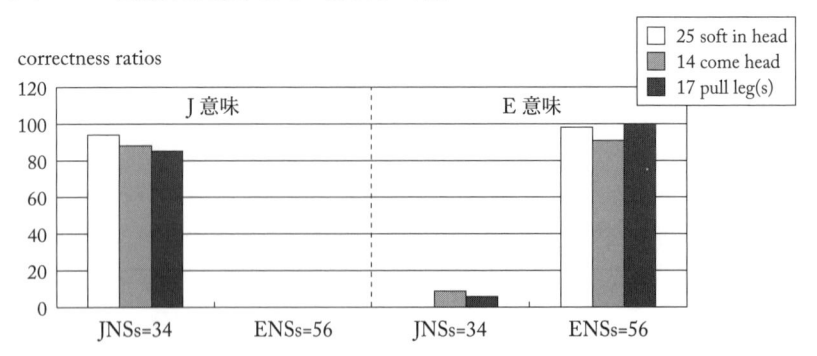

グラフ 4　言語表現類似、意味・概念異の項目 G4

れで解答している。

　次に4肢選択問題MC19項目の解答結果に移る。グラフ5もJNSsの正答率を基準に降順にしたものである。全般的特徴として、ENSsはほぼ80%以上の正答率に達しているのに対し、JNSsのほうは上下がある。少し詳しくみるためにJNSsの解答を80%、60%、40%を境に分類してみると次のようなことが分かる。80%以上の正答率の項目は47 *elbow snub*（G2, 3J）、55 *passed peak*（G2, 3J）、45 *rusty*（G1）、54 *scales*（G2, 3J）で日本語概念表現、79–60%の正答率の項目は46 *pour heart*（G2, 3E）、57 *blood stone*（G2, 3E）、50 *cast spell*（G2, 3E）、56 *nose face*（G2, 3E）で英語概念表現、59–40%の正答率の項目は44 *both hands*（G1）、42 *which way wind blows*（G1）、51 *on the tip of tongue*（G2, 3J）、49 *take heart*（G2, 3E）、52 *turn head*（G4R）で日英共通概念、英語的、日本語的表現、39%以下の正答率は58 *heart sleeve*（G2, 3E）、59 *piece mind*（G2, 3E）、48 *no background*（G4R）、53 *count heads*（G2, 3J）、41 *stone*（G1）、43 *eye-opening*（G1）で59%以下の項目と同じ性質のものが含まれている。JNSsの解答状況で特徴的な現象をまとめると、80%以上では共通基盤、日本語基盤、79–60%では英語基盤、それ以下では共通基盤、日本語基盤、英語基盤、日英差項目という風に雑多に出ている。この出題は4肢選択問題であり、選択肢の読解にも英語力が絡むと思われる。後ほど本格的

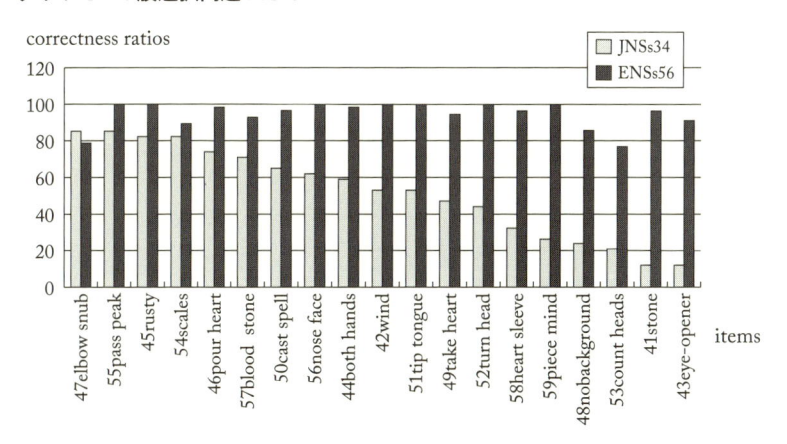

グラフ5　4肢選択問題MC19

分析において、JNSs147名の解答と併せて4肢選択の解答内容にも触れる。

　ここで、テストの信頼性に少々触れておく。MC40項目の記述式解答では理解や解釈の状況が4肢選択問題に比べ、質的分析を行うための詳細が得やすい。一方、4肢選択問題は解答が固定化するため量的データが収集できる。この特質を利用して4肢選択問題の結果を用いてテストの信頼性検証をみておきたいのである。なお、この4肢選択問題の結果は、次項でEFL学習者の(本研究では語彙力を中心にした)英語力と比喩的理解との関係性を探るデータにも用いる予定である。

　ENSsの解答は英語が関わるテスト項目で指標的役割を果たすことを期待している。そういう点から、4肢選択問題で56ENSs(18Au, 19Am, 19Br)解答に基づくクロンバックアルファ(Cronbach α)は.848であり、記述式解答のほうのクロンバックアルファ(Cronbach α)は.982であったことはテストとしてまずは安心である。比喩の理解を調べるテストは認知を数値化することが難しいのと同様、数値で割り切ることが難しいことを念頭に置きながらも信頼性検証の面から調べたのである。結果的にこのようなテストがメタフォリカルコンピテンスの検査の1つとして役立てられるのではないか、と考える。以上、テストには狙ったとおりの傾向が出ているので、2.以降での全体分析においてはこの方式に改良を加えながら踏襲していく。

　ここで、この研究で用いているテスト項目について、再度断っておきたいことがある。それは、M-Cog Testsを構成しているテスト項目は既にみてきたように言語概念を基盤にしたものであり、質的に異なる要素を抱えた項目で成り立っている。そのような性質のテスト項目について解答者がどのように反応するかをみることを狙っているので、項目間で均質性が保たれているわけではない。したがって、項目を横並びにしてテストの結果を単純に分析・検証しデータ化するには無理があるものの、可能なかぎりデータ化したいという願いも一方にはある。気をつけておきたいのは、ウィナー(Winner, 1988: 47)が子どものメタファー理解のところで言うようにメタファーを「純粋」に測るものさしはない(there is no "pure" measure of metaphor comprehension.)というコメントである。このような複雑な状況を踏まえた上で比喩の理解と解釈の分析を行っていることを付記しておきたい。

1.3. 理解・解釈に用いられたストラテジー

　面接のときにテスト項目の理解・解釈においてどのようなストラテジーを用いたか、項目ごとに聞き取り調査した。ENSs のとった主なストラテジーは、自分の既存の知識・自分が知っているものと比べてみる、すなわち、テスト項目の表現を既知のものと対比、リンク、意味の繋がりや連想に頼る（paralleling, linking, association）、よく似た英語のフレーズを探す、テスト時の知的作用、すなわち、認知プロセスの稼働、推測（cognitive process, guessing）、文脈（context）・内包している意味・コロケーションから類推する、視覚化する（visualizing, picturing）であった。表現を一見して字義通りの解釈では意味がとれないときは比喩的意味のほうに考えが行く、文の場合、語に分けてみて、語同士の繋がりをみる（例えば、同意語、反意語、語の入れ換え、セマンティックフィールドの模索など）という返答があり、興味深い。JNSs のストラテジーには出てこない「音」との結びつき（押韻）・対比も含まれていることも ENSs の特徴であった。

　一方の JNSs のストラテジーとして挙げられるのは、直観に頼る、日本語に直訳、日本の諺や知っていることに結びつける（母語知識の応用）、言葉から刺激されて頭の中で絵を描いてみる（映像化・ビジュアル化）、単語＋単語で意味を繋げて全体の流れをつかむようにする、である。注目したいのは、日本語に直訳して解釈を試みたが単語の意味が分からないと何もできない、という面接での返答であった。

　以上から、ストラテジーを大きく 3 分類してみる。1 つは持ち合わせている知識の応用（直観も含めて、母語・母語知識、スキーマの活用）と 2 つは視覚化（ビジュアル化）であり、他の 1 つは認知作用（主に、アナロジーの作用）である。最後のアナロジーの作用は全ての解釈に使用される。今回の解釈においてもそうであり、母語知識を活用する際にも視覚化する際にも作用するので、はっきりアナロジーだけを切り離して線引きすることは難しい。ゆえに、今回の分析では知識の応用を K（Knowledge）とし、視覚化を V（Visualization）とし、両方の作用が強く認識されたという情報が面接で得られたものを K ＋ V として分類した。表 4 は解釈に用いられたストラテジーを K、V、K ＋ V に分類したものである。

ENSsでは日英共通概念と英語概念基盤で正答率が高く出ており（90％以上）、自分の母語知識から生成されるK、K＋V、Vストラテジーの使用が多く、日本語概念基盤では約30％前後（あるいは、それ以下）となっている。低い寄与率ではあるが、他言語基盤の表現の理解にこのストラテジーが用いられていることに注目したい。他方、JNSsでも日英共通概念と日本語概念基盤で正答率が他に比べて高くなっており（60 - 90％前後）、英語概念基盤では約30％前後となっている。双方は互いに裏表の関係になっている。ここでも、母語基盤でない表現にこのストラテジーが用いられていることが分かる。

表4　理解・解釈に用いられたストラテジー

ストラテジー(%)	K			
項目グループ	G1	G2E; G3E	G2J; G3J	G4
項目数	6	8	4	2*
JNSs=34	62.3	31.3	46.5	J意味:89.7; E意味:5.8
ENSs=56	94.6	90.2	33.5	J意味:0; E意味100

*17 *pull leg(s)*, 26 *soft in head*

	K + V			V	
項目グループ	G1; G2E	G2J; G3J	G4***	G1; G2E; G3E	G3J**
項目数	4	6	1	8	1
J NSs=34	43.4	74.1	J意味:91.2 ; E意味:8.8	38.9	70.6
E NSs=56	96.4	30.6	J意味:0; E意味:91.1	95.3	33.9

***14 *come head*　　　　**31 *horse bottlegourd*

1.4. 文脈効果

テスト項目には単語レベル、句レベル、文レベルが含まれている。文レベルの提示は他の提示に比べ情報量が多い。それが解釈に作用して正答率を上げたかもしれないので、文脈効果となったかどうかを調べてみる。次表は単語レベル（1 - 2 語、あるいは、短い語句）、数語から成る中程度の長さ（数語から成るフレーズ）、文脈付き（文、あるいは、文脈に埋め込み）に分けて

文脈効果の様相を調べたものである。

表 5　文脈効果

特徴	単語 or 短い語句		フレーズ（中程度の長さ）		
項目グループ	G 1	G 2 (E)	G1	G2,3E (3)+ G4 (1*)	G 3 (J)
項目数	2	2	3	4	6
J NSs=34	26.5	33.8	39.2	17.8	64.2
E NSs=56	83.9	84.8	94.7	90.2	28.3

*14 to *come head*

特徴	文 or 文脈付き				
項目グループ	G 1	G 2 (E)	G 2 (J)	G 3 (E)	G4 (E/J)
項目数	8	4	5	4	2**
J NSs=34	69.9	38.2	62.9	37.5	E 意味 : 5.8; J 意味 : 85.3
E NSs=56	98.7	91.5	36.4	97.8	E 意味 : 100; J 意味 : 0

**17 to *pull ... leg(s)*; 25 *soft in head*

　表 5 から、JNSs にも ENSs にも短い語句（1–2 語）の出題に比べ、中程度の長さ（数語）のフレーズ・語句や文レベル・文脈付き（表現を文に埋め込み）のほうが理解を助け、正答率が高くなったことが読み取れる。ただし、JNSs の G3、G2 の日本語概念基盤（J）の項目では、中程度の長さの項目と文脈付き項目の正答率がそれぞれ 64.2、62.9 と出ている。これは、解答者が文脈による周辺状況からの類推というよりも日本語知識を用いたことにより、大差のない結果になったのではないかと思われる。面接者 34 名の中に次のような情報を提供したケースがある。かれらはテスト項目を見て、直感的に「あ、これは日本語で、、、（中略）の意味になる！」と思い、それに基づいて答えたという。

　上記で得られた分析を参考にしながら、次項 2. 以降で本格的な量的・質的分析に入る。

2. 比喩の理解・解釈、諸相の分析・検証

　本項以降で検討するのは、JNSsによる比喩的表現の理解・解釈とENSsによるそれとの、1.でみたよりも詳しい比較検証である。検査項目に用いるツールは第5章で紹介した日本語あるいは英語概念基盤をもつ比喩的表現（本章表1、表2）である。行うのはJNSs、ENSsはどのような理解・解釈の様相を示すのか、その交差比較である。その比較・検討を通じて、一般的結論として、日本語母語話者が英語による比喩をどのように理解・解釈する傾向があるのか、また、英語母語話者が日本語の比喩（英語に翻訳）をどのように理解・解釈する傾向があるのか、を考察する。

2.1. 分析対象
本格分析における分析対象者・検査ツールは
　　JNSs 147名、VLT 2000語 & 3000語 + M-Cog Testsに参加。内、面接参加者は34名。
　　ENSs 100名、全員がM-Cog Testsに参加。内、面接参加者は56名である。

2.2. 量的・質的分析
　本項では、理解・解釈にあらわれた様相（全体的結果とそれぞれの項目別特徴）、次いで、理解・解釈に用いられたストラテジーの順にそれぞれ量的・質的分析を行っていく。以後、どちらかというと、JNSs147名の全体的様相に重点を置くが、ENSs100名のそれを対比させながら議論する。両者のデータを対比する前に、情報提供者であるENSsの英語圏による解釈の相違があるかどうかをみておく必要がある。その理由は、英語圏により差異があれば単純比較でなく、英語圏別の個別比較を行う必要があると思われるからである。まずENSs間の記述統計量をみる。次いで、英語のネイティブスピーカー（ENSs: Australian ENSs, AuENSs、あるいは、Auと略、British ENSs, BrENSs、あるいは、Brと略、American ENSs, AmENSs、あるいは、Amと略）の地域性（居住している英語圏で使われている英語の地域差）による解釈

の差異について、40項目の正答率（MC40）に相関性があるかどうかを第5章5.2で既に紹介した結果も用いながら考察する。

表6　3英語圏正答率の記述統計量（第5章表23）

英語圏	n	平均値	標準偏差
AuENSs	31	72.50	33.09
BrENSs	37	77.44	33.42
AmENSs	32	75.96	32.58

Note. MC項目数 $N = 40$

全般的状況として平均値と標準偏差に少々差異が出ている。他方、分散分析のほうであるが、有意確率は（両側有意水準($p<.05$)（以下踏襲）で、分散状況に問題はない（$F(2/117) = .15$ ($p = .86$)）。

　次に、相関性についてであるが、こちらは高い相関係数を示している。差異があまりないということは我々外国語としての英語学習者にとって安心材料となる。これらの表現を用いてENSsと接触するとき、英語圏に応じて対応の仕方を変えるべきかどうかという点から言うと、もし相関性が高ければ、使用において、この3英語圏のどの英語母語話者に対してでも、個人差は別にして一般的にあまり支障を来さないであろうということが推測できる。英語圏話者の相関係数を表7に示す。

表7　3英語圏ENSs間の相関係数（第5章表24）

英語圏	AuE	BrE	AmE
AuE	—		
BrE	.97**	—	
AmE	.96**	.97**	—

Note. **$p < .01$

　表7が示すとおり相関係数は高いものである。筆者は英語の変遷上長い時・空間を経た現在、3英語圏で差異が生じているのではないかと危惧していたが、英語のもつ特性そのもの（勿論、少なからず変化が生じているであろうが、イディオム、諺といった表現や言語の特性に影響を及ぼす認知に

差異が生じるかもしれない比喩的表現の理解など)に大きな時・空間的影響はこの結果では示されていない。英語の学習者としては、特定の語彙・表現・発音においてイギリス英語(British English)、アメリカ英語(American English)、オーストラリア英語(Australian English)として区別すべき点はあるが、比喩的表現の理解と使用という点からみるならば一応大雑把な対応が可能であると捉えていいのではないか、と思われる。すなわち、ここに掲げたような表現ならば、どの英語圏の英語母語話者に対してでも大差なく接触できるのではないか、というのがこのデータから得られる結論である。

2.2.1. 4択選択問題(MC19、テスト項目41-59)の結果

4肢選択問題は概略的様相をみるために、さらには、できればメタフォリカルコンピテンスを測るために設けた出題であるので、MC40による詳細に入る前に概観しておきたいのである。4択問題MC19の結果をグラフ6に、JNSsの結果を降順で並べ、ENSsの結果も交えて示す。

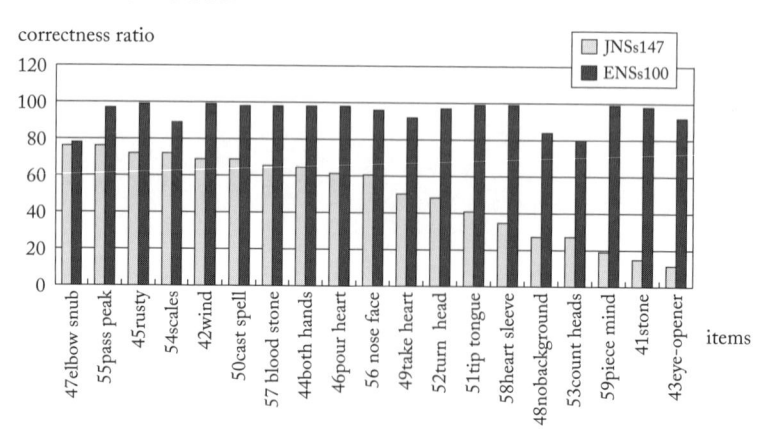

グラフ6　4択選択問題 MC 19

このMC19の結果から、ある程度の解釈の様相を掴むことができる。1つ目は指標とするENSsに比べたJNSsの正答率の状況、すなわち、どの項目がJNSsにとって難しいか、2つ目はG1からG4に区分した項目で顕著

に正答率が両者間で異なるのはどの項目であるか、3つ目はメタファー理解力(メタフォリカルコンピテンス)の量的測定ツールとしての役割が果たせるか、などである。これを順次みていく。

　全体的に、一目瞭然、英語が母語である ENSs の正答率は高く、所々、小さい凹凸はあるものの ENSs の解答は比較的一様である。一方の JNSs は約半数の項目で 60% を超えている。その 60% を超える正答率の項目とは 47 *elbow snub*, 55 *pass peak*, 45 *rusty*, 54 *scales*, 42 *wind blows*, 50 *cast spell*, 57 *blood stone*, 44 *both hands*, 46 *pour heart*, 56 *nose face* である。ここには G1, G2,3J, G2,3E が含まれている。50% 台から 40% 前後の項目は 49 *take heart*, 52 *turn head*, 51 *tip tongue* で、G2, 3E, G2, 3J, R が含まれ、39% 以下の項目は 58 *heart sleeve*, 48 *no background*, 53 *count heads*, 59 *piece mind*, 41 *stone*, 43 *eye-opener* で、ここには G1, G2, 3E, G2, 3J, R が含まれている。4肢選択問題は前述したように、解答に総合的な英語力が絡み、単純に比喩的理解力によってのみ解答されるわけではないものの、ENSs の正答率が示す比喩的解釈の一様性に留意しておきたい。

　2つ目はこの4択問題は記述式の解答から得ようとするような詳細にわたる比喩的解釈の様相を見いだそうとするものではないが、G1 から G4 に区分した概念基盤のどの項目の正答率が他と比べて高いか低いかが大雑把にではあるが掴める。JNSs にとって聞きなれたイディオム、例えば、47「肘鉄」、54「目から鱗」、55「病が峠を越えた」などは高く、不慣れなイディオムは概ね正答率が低い。ただし、選択肢の難易度が解答に影響することがあり、それが多肢選択問題の性質でもある。また、この出題では、EFL にとって不慣れと思われる英単語に日本語で基本的な意味を表す注を付した。それが、多少正答率に影響したかもしれない。ただし、比喩的解釈はその基本的な意味から発展させ、認知的に解釈の幅を広げる必要があるので、どの程度の影響があったかという点は新たな研究が必要である。

　3つ目はこの4択問題の出題目的は量的データを得ることであった。本章 1.2. で述べたように、JNSs 解答者のメタファー理解力(メタフォリカルコンピテンス)を量的に測るデータとして比較検討の材料とする。ENSs のこの4択問題 19 項目の信頼性を ENSs による解答結果からみると、クロンバッ

クアルファ (Cronbach α) は.99 であったので、メタファー理解力 (メタフォリカルコンピテンス) の量的測定ツールとして用いて差し支えないと思われる。次の2項で JNSs の語彙力とメタファー理解力 (メタフォリカルコンピテンス) についてさらに敷衍する。

2.2.2. M-Cog Tests にあらわれた JNSs のメタフォリカルコンピテンス

M-Cog Test 19 (MC19) と M-Cog Test 40、ただし、40項目に日英で意味の文化差が大きい項目が7項目あるので、それを除いた33項目 (MC33)、表では MC33 に絞って、VLT と併せた統計処理をすると次の結果が得られた。その記述統計量、相関係数、信頼性データを順次みていく。表8は MC19(19点満点)と VLT (120点満点)の記述統計量である。

表8　MC19 と VLT120 点記述統計量

Measure	平均値	標準偏差	n
MC19	9.40	2.99	147
VLT120	86.59	19.47	147

相関係数は次のとおりである (表9)。こちらは中程度の相関性が認められる。表9に MC33 とあるのは、MC40 項目において文化差の強い、あるいは、JNSs の正答率が5%以下であった7項目を除き無難な33項目 (第5章に同) に絞ったからである。

表9　VLT120、MC19、MC33 の相関係数 ($N = 147$)

Measure	VLT120	MC19	MC33
VLT120	—		
MC19	.51**	—	
MC33	.44**	.47**	—

Note. **$p < .01$

次に信頼性検証のほうであるが、ここでのクロンバックアルファ (Cronbach α) は.61 であった。αはできれば.7以上 (さらに、理想的には.8以上) を

求めたいところであるが、αは一応の目安という統計上の考えもあり、本研究のようにテスト項目が同質のものでないという特徴があるということを念頭に置き、今回の結果は .7 を超えているわけではないが、非常に低いわけでもない。テスト項目の性質からαの値は一応の参考にとどめて置くことにしたい。

次に、表 10 は VLT と MC33 記述項目の結果である。記述式問題のほうは 4 肢選択式問題に比べて抽象的要素が多くなるため、クロンバックは低くなると思われる。案の定、Cronbach α は .32 であった（標準化された項目に基づいた Cronbach のアルファは .61）。ただし、疑似 R^2 乗（Cox と Snell）は .99 であった。

表 10　VLT と MC33 の記述統計量

Measure	平均値	標準偏差	n
VLT	86.59	19.47	147
MC33	16.41	4.45	147

次に、VLT、MC40 のうちの MC33、MC19、VLT についてであるが、記述統計量は表 11 のとおりであり、信頼性統計についてのコメントが続く。

表 11　項目統計量

Measure	平均値	標準偏差	n
MC33	16.41	4.45	147
MC19	9.40	2.99	147
VLT	86.59	19.47	147

表 11 は MC40 の 40 項目のうち、文化差により解答に大きく差が生じる項目を除く 33 項目を検査対象としていることは前述のとおりである。ここではクロンバックアルファ（Cronback α）はテスト項目の性質上 .4 にしかならなかったが、標準化された項目に基づいたクロンバックアルファ（Cronbach α）のほうは .7 を超えた（標準化された項目に基づいた Cronbach のアルファ

は .73)。また、疑似 R2 乗(Cox と Snell)は .88 であった。

表9にみたように、上記3テストの間の相関性であるが、語彙力とメタフォリカルコンピテンスとの関連性は中程度であることが認められる。

2.2.3. MC19 と MC33 にあらわれた JNSs のメタフォリカルコンピテンス

ここで、JNSs147名について、MC19で示された比喩的表現の理解(メタフォリカルコンピテンス)とMC33(記述解答問題40項目のうちから文化差の少ない33項目を抽出、第5章に同)の記述解答項目の結果について、MC19にあらわれた理解度の高低とMC33記述解答にどのような関連性があるかをみるために、MC19にあらわれた結果とMC33に示された解答結

グラフ7　MC19数値にあらわれたメタフォリカルコンピテンスと記述解答との関係散布図

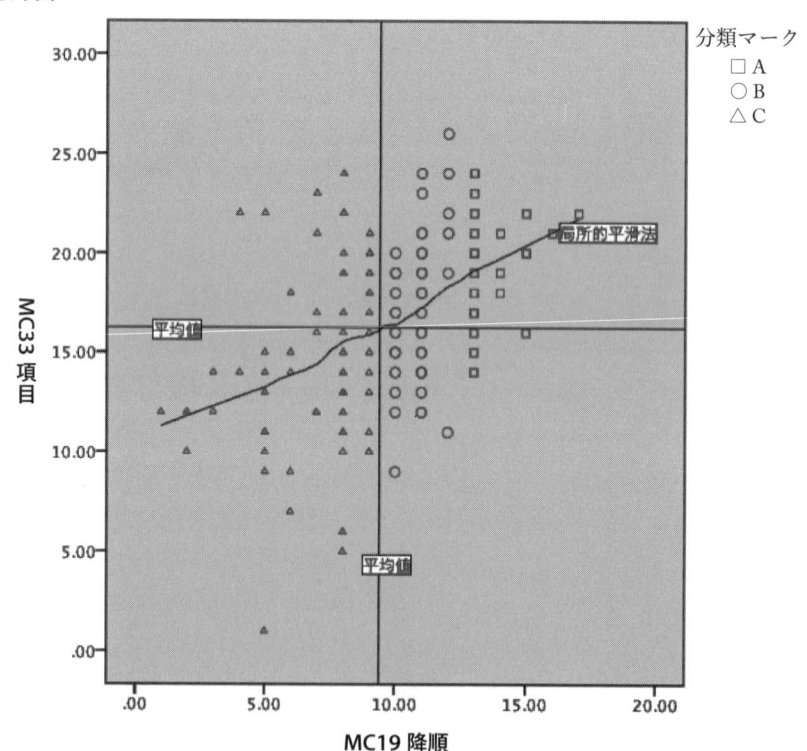

果とを散布図にしてみる。グラフ 7 は MC19 にあらわれた数値（メタフォリカルコンピテンス）を次の A、B、C 群分けにして、記述解答 33 項目との関係をみるための散布図である。グラフの A（□）は MC19 で 70％ 以上の平均点を獲得した群、B（○）は MC19 で 69–50％ の平均点を獲得した群、C（△）は MC19 で 49％ 以下の平均点であった群である。やはり、A 群の殆どが記述解答問題の MC33 で高く、B 群は約半分、C 群は A 群 B 群に比べてかなり低いことが一目瞭然になっている。

　グラフ 7 では日本語的発想・文化作用により解釈された 7 項目を取り除いたいわば無難な項目であった。では、MC40 項目から取り除いた 7 項目はどのような状況であろうか。MC40 項目のうち MC33 に入れなかった残りの 7 項目の状況を調べてみる。その 7 項目は G4 の 3 項目、すなわち、母語話者の殆どが自分の母語知識に起因する解釈で解答した項目 (14 *come head*, 17 *pull leg(s)*, 25 *soft in head*) と G1 から G3 において JNSs の英語的解釈が 5％ 前後か、それ以下であった 4 項目 11 *feet toward*, 16 *off head*, 20 *spill beans*, 37 *kick bucket* である。

　表 12 は左側 3 コラムにメタフォリカルコンピテンスの測定に用いた MC19 と MC40、VLT の解答状況（すべて正答率の平均）を A 群 B 群 C 群に分類（グラフ 7 の分類に同じ）表示したものである。そして、右側のコラムに目下検討する 7 項目の状況を表示している。そのうち「日・外れ意味」は日本語的発想の解釈と直観に基づいた解釈（場合によってはかけ離れた意味を解答したもの）を集計したものであり、「英語の意味で」のコラムは当該表現を英語の意味で答えた正解状況であり、「解答無」は無解答状況の集計となっている。7 項目あるので 7 が最高数値である。「日・外れ意味」（日本語の意味、日本語から外れた意味）の A、B、C 群はそれぞれ、6.11 (87.3%)、5.53 (79%)、5.63 (80.4%) となっており、A 群の数値が高いようにみえるが、それは、解答無コラムにおける数値（解答無は 3.7%）が示すように、この群の解答者は殆どが解答に参加したが、中には正解でなかった解答者がいたので、それが結果的に数値を上げたものであって、この A 群が他に抜きん出て日本語知識を応用した解答者が多くいたというわけではない。むしろ、この群に英語による解答率が高いことに注目したい。「英語の意味で」のコラ

ムが示すように英語の意味を知っている解答者がかなりあり、英語の意味での解答が多かったということである。

表12　MC19 の解答と MC40 解答にあらわれた日本語的解答の状況

MC19 降順区分	n	MC19降順 19点満点	MC40 40点満点	VLT 120点満点	MC40 のうちの7項目(7が最大) 日・外れ意味	英語の意味で	解答無
A 70%以上	23	13.78	19.52	98.96	6.11(87.3%)	0.43(6.1%)	0.26(3.7%)
B 69–50%	51	10.78	16.92	94.02	5.53(79.0%)	0.24(3.4%)	1.24(17.7%)
C 49%以下	73	7.04	14.73	77.51	5.63(80.4%)	0.25(3.6%)	1.03(14.7%)
全体	147	9.39	16.24	86.59	5.70(81.4%)	0.27(3.8%)	0.98(14.0%)

以上の結果から言えることは、メタフォリカルコンピテンスには語彙力・語彙知識の果たす役割が大きいこと、母語知識の活用はどのレベルの解答者にもあてはまるということである。さらに、個別の表現にどのように母語知識が関わるか、母語知識が大きく関わるのはどの項目であるかなどについて、詳しくは 2.3.1. 以降で分析・考察する。

2.3. 言語表現、言語概念（G1–G4 グループの項目）にあらわれた解答状況

次の表 13 は JNSs と ENSs の解答を各概念別正答率で表したものである。

表13　G1–G4 グループ別の正答率平均値

Gs	概念基盤	グラフ分類	項目数	JNSs 正答率平均値	ENSs 正答率平均値
G1	共通	言語概念共通 G1	13	55.7	95.4
G2	同／類似	英語基盤 G2E	7	34.3	91.1
		日本語基盤 G2J	5	60.2	34.3
G3	異	英語的 G3E	6	25.2	90.3
		日本語的 G3J	6	56.6	23.5
G4	言語同／概念異	G4E/J	3	英語の意味で：5.5 日本語の意味で：79.2	英語の意味で：93.3 日本語の意味で：0

テスト結果を英語母語話者と非母語話者の対比でクロスオーバー的に考察するため、この研究では英語での出題とした。英語による出題であるために言

語能力において JNSs は英語母語話者に太刀打ちできずハンディーを負う。それを考慮に入れた上でこの結果を読み取る必要があり、それを念頭に置いて議論を進めたい。1 つの目安として、70% の正答率を念頭に置きたいところであるが、60%、場合によっては、50% を超える正答率というのも JNSs の立場からみてもう 1 つの目安としてもっておきたい。その意味で G1 から G3 の 55% を超える正答率は JNSs という立場からいうとそう低いものではない。一方、G3 の英語概念ベースの 25% 台は低い。ただし、G2 の日本語概念ベースの正答率は高い。G4 は言語表現が類似、意味・概念が両言語で異なる項目への解答であり、JNSs の殆どが日本語の意味で解釈した（正答率 79.2）。繰り返しになるが、このテストは英語での出題であるため、英語のネイティブスピーカーのような高い正答率は出にくい。55% を超えるのは JNSs としてかなりな正答率とみてよい。

　一方の ENSs はさすが、G1 共通概念、G2 英語概念基盤、G4 英語の意味での解釈の正答率が高い。G3 日本語概念基盤への正答率は 23.5、G4 の日本語概念はゼロである。やはり、母語での意味が解答者の意識の表面にあらわれ、優先するのであろう。同じことは、JNSs が英語概念の表現を解釈する場合にもあてはまる。英語概念の表現は低い正答率であるが、共通概念と日本語概念のほうは 55% を超えている。G4 の日本語の意味での解釈は 80% に近い。パイロット分析の表 3 と比べて、表 13 の英語概念基盤の項目には少々違いがあるものの、概ね似通った様相を示している。

　次節で母語知識利用のメリット・デメリットを念頭に置きながら、JNSs と ENSs の比喩の理解・解釈の仕方について、G1 から G4 のグループごとに結果をみていく。

2.3.1. 言語表現・概念基盤共通・類似の項目 G1

　グラフ 8 は言語・概念基盤共通・類似項目 G1 の解答結果である。

　英語による出題である本テストの解釈において指標になる ENSs の正答率（グラフの中で correctness ratios と表示）は、グラフ 8 にみるとおり、1 項目 *a body blow* を除き、全て 90% を超えている。ENSs の解答の中で、この *a body blow* が他に比べ低いのは、「あとからじわりと効いてくる打撃」という

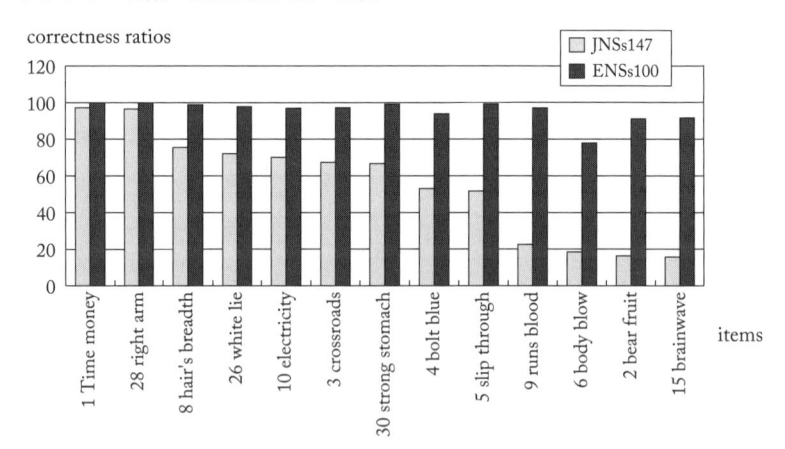

グラフ 8　言語・概念基盤共通・類似 G1

解釈よりも字義通りの解釈が多かったこと、語レベルの出題であったことによる。この項目に関しては JNSs の解答でも同じであった。

　一方の JNSs の正答率（correctness ratios と表示）は 1. *Time is money.* と 28. He's *my right arm.* を筆頭に順次低くなっている。解答を精査するため、グラフでは JNSs の正答率を降順に、このグループの 13 項目について、ここでは (1) 80%、(2) 60%、(3) 30%、(4) それ以下という区切りにして議論を進める。

(1) 80% 以上：2 項目：1. *Time is money.*, 28. He's my *right arm.*
　2 項目とも文レベルでの出題。面接参加者の JNSs の解釈情報では、ほとんどの解答者が「'時は金なり' は学校で習った」「身近な表現である」と言った。項目 1. *Time is money.* の表現は元来、西洋的概念（フランクリンの格言）でありながら、時を経て既に日本語に定着した表現となっているのであろう。次に 28. He is my *right arm.* の「右腕」に関しては、日々の生活で接触度が高い表現である。「右」の表す意味合いはそもそも「右」は位の高いことを表したが、のち、左がそれに取って代わった歴史（左大臣、右大臣の名称と位の上下関係入れ替わり）があるものの、日本語では、右は上位（例：「彼の右に出る人はいない」）、正当性、善、保守であるのに対し、左は部が

悪い（例：「左前になる」、「左翼」など）。英語も同様の傾向がある。さらに、英語の表現は通常、arm の代わりに hand (a right handed man) であるが、腕は手と機能的、メトニミー的に隣接しており、語が違っても ENSs の解答者は「手」の延長と受け取った。かように、この 2 項目は概念的に日英で共通性があり、母語知識が（意識的、無意識的に）プラスに作用して、両言語話者群ともに正答率が高かった、と言える。

(2) 79% ～ 60%：5 項目：8. She was only saved from falling under the train *by a hair's breadth.*, 26. It is better to *tell a white lie* than to lose a friend., 10. We could feel *electricity* between us., 3. We *are at the crossroads.*, 30. You'll need *a strong stomach*, if you are going to be a surgeon.（surgeon に注：外科医）

　全て文レベルでの出題。英語を用いての出題であるので、ENSs に比べ JNSs はハンディーがある。それでも、60% を超える正答率であることに日本人英語学習者の健闘ぶりを讃えたい。おそらく、これらの出題が文レベルのものであり、周辺状況を利用したことが正答率を上げたと思われる。例えば、8. She was only saved from falling under the train *by a hair's breadth.* では saved や train から当事者 she が陥っている状況が類推できるし、hair が表すイメージは極めて微小である状況から危険を免れた状況が推測できる。

　26. It is better to *tell a white lie* than to lose a friend. の white lie は「白々しい嘘」と混同されるのではないかと危惧していたが、解答の中にはなかった。文の前後関係から、意味的にそうならない、後続の「友人を失う」と照らし合わせて、「嘘も方便」と解釈したという情報が面接で得られた。10. We could feel *electricity* between us. への反応として「ビビッと来る」という解答・面接でのコメントが多くあり、それは的を射たものである。これは電気のもつ性質からのアナロジーと日本語知識とを結び付けた解答である。3. We are *at the crossroads.* の十字路は「交差点」とする文字通りの解釈もあったが、「選択に迫られている状況のイメージ」が多かった。次に、30. You'll need *a strong stomach*, if you are going to be a surgeon. であるが、ここで、英語教育の面から、注意すべき点が浮かび上がる。それは、従属節の中の be going to be a surgeon で「外科医に行く」と解釈した解答があったことである。直接的に比喩の部分の解答とは関係しないが、本研究で行った語彙力と理解との

関連性がここでも実感できる現象である。

(3) 59%〜30%：2項目：4. *a bolt from the blue*, 5. to *slip through one's fingers*

　この2項目は句レベルでの出題。4では日本語成句の「青天の霹靂(へきれき)」に結びつけた解答が多かったものの、解答者の中には深く考えず、直感で答えたと思われるものもある。例えば、4. *a bolt from the blue* において、SMAPの「青い稲妻」と解答した例(JNSs解答者の約20%)である。その歌詞を調べたが直接本調査とは関係なく、日常接触する言葉からの影響が出たものと思われる。一種の母語知識からの援用である。JNSsの解答者の年齢層が若く、流行歌、ファッションなど、時の流行に左右されるトレンド現象があらわれたものと思われる。この点は表現を指導する際に留意したい事柄の1つである。5. *slip through* は日本語イメージと重ねやすい(JNSs 51.7%)。ただし、ENSsでは99.1%と高い正答率である。

(4) 29%以下：4項目：9. The Mayors have been distinguished doctors for generations. It *runs in the blood.*, 6. *a body blow*, 2. to *bear fruit*, 15. *a brainwave*

　初めの1項目は文レベル、後3項目は句レベルの出題。ここにあらわれた顕著な特徴は単語の意味が分からないので、解釈できない、というコメントが多かったことである。例えば、9. The Mayors have been distinguished doctors for generations. It *runs in the blood* の distinguished、2の bear, fruit. 15の brain など。もう1つの傾向は語彙力と語のセマンティックフィールドの偏りである。2. to *bear fruit* の bear を動詞と受け取ったものの、その意味を自分の知っている語の意味 (endure, 耐える) に解釈し、辻褄の合わない解釈に至った解答、また、動詞とは認識せず名詞の「熊」という意味に解釈し、さらに fruit を「実」と解したのはよかったものの、「熊の実」という一見可愛らしい意味に解釈した解答がごく少数ながらあったことである。9のIt *runs in the blood* では「血の中で走る」とした解答があり、ここでは、語彙に加えて文法力も関わることがみてとれる。15の brainwave はかなりの数の字義通りの解釈があった。ここでもう1つ、重要なことは、表現の前後に置かれている語などの周辺情報が意味の理解の手立てを提供するので、やはり、文レベルの方が解釈し易い、ということであろう。

2.3.2. （部分的に共通）英語概念の項目 G2E、G3E

グラフ9に結果を示す。ここでは ENSs の高い正答率に比べ、JNSs のそれはかなり低い、あるいは、殆どゼロに近い状況の項目もある。ENSs の正答率はほぼ100% 近い項目が多いのであるが、中に注目すべき項目がある。それは 22. *double-tongued*, 27. *a white elephant*, 37. to *kick the bucket* である。これについては下の JNSs の解答状況の箇所で併せて述べる。

グラフ9　英語概念基盤の項目 G2E, G3E

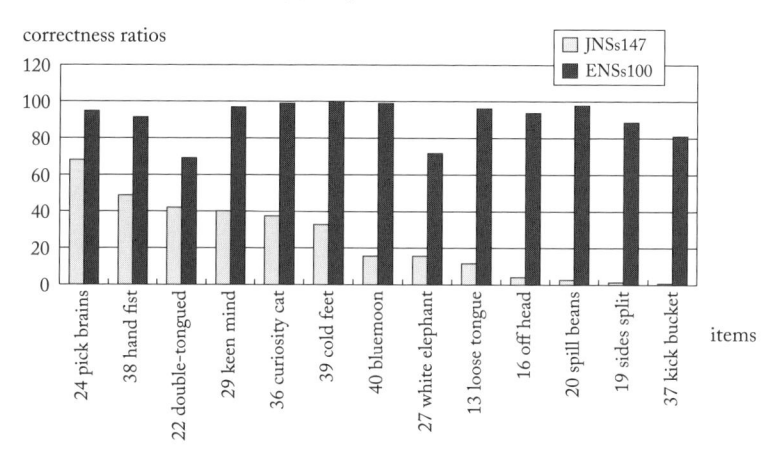

correctness ratios

（縦軸：0～120、JNSs147 と ENSs100 の棒グラフ）

items: 24 pick brains, 38 hand fist, 22 double-tongued, 29 keen mind, 36 curiosity cat, 39 cold feet, 40 bluemoon, 27 white elephant, 13 loose tongue, 16 off head, 20 spill beans, 19 sides split, 37 kick bucket

ここに示されたかなり低い JNSs の解答状況を精査するために、このグループの項目も JNSs 降順でグラフにしたが、30% を境に2分割してみていく。

(1) 30% 以上：6項目：24. I need to *pick your brains*., 38. Since Andrew started his business, he has been making money *hand over fist*., 22. *double-tongued*, 29. He *has a keen mind*., 36. *Curiosity killed the cat*., 39. Simon is *getting cold feet* about advancing you the money.

6項目のうち、1項目 22. *double-tongued* を除き、文レベルの出題である。一番目の表現 24. I need to *pick your brains*. では「お知恵を借りたい」とする解釈が多かった。そこに至ったルートを JNSs に面接で聞き出すと、need で必要性の把握、brains で頭・頭に入っている知恵を必要 (need) としている表

現であると解釈した、という。すなわち、頭・脳という「容器」に入っている重要な物を取り出す「スキーマ」が作用している。

2番目の表現38. Since Andrew started his business, he has been making money *hand over fist*. では、文の前後関係から金の儲け方を類推（アナロジー）した、とする情報が面接で得られた。肝心の *hand over fist* について、面接においてENSs の多くがジェスチャーで示したしぐさは、片方の拳の上方に他方の手を数センチほど空間を置いてかざし、それを交互に繰り返すしぐさであったのに対して、他方の JNSs はこのようなメトニミー的に解釈するのとは違う解釈ルートを辿ったようである。22. *double-tongued* は ENSs でも予想外な解釈をした解答があった。「二枚舌」でなく、「バイリンガル」とする解答である。AmENSs, AuENSs, BrENSs にも少なからず共通してみられる現象であった。double で「二」、tongue で「言葉」つまり、「言語」という解釈になり、比喩的作用というよりアナロジーによる解釈に至ったらしい。JNSs にもこの解釈は共通する (JNSs 解答者の 29%)。ただし、JNSs の中に、「二枚舌」とする正答率がかなりある (42%) ので、この点は JNSs の言語力が評価できる。

29. He *has a keen mind.* では keen の意味が分からないので類推できない、という JNSs のコメントがあった。全体を通してのことであるが、やはり、ある程度の語彙力が理解の根底をなす、ということであり、もう1つ、重要なことは、表現の前後に置かれている語などの情報が意味理解の手立てを提供する、つまり、解釈のサポートをするということである。

36. *Curiosity killed the cat.* では、JNSs に字義通りの意味で解釈した解答が多かった。39. Simon is *getting cold feet* about advancing you the money. の注目すべき解釈として JNSs の「風邪ひき」という解釈がある。かれらのとったアナロジカルな解釈ルートからみると、足が冷えると風邪を引くから、というのであった。おそらく、cold と言えば、成句に catch (a) cold があるので、直観でこの語との結び付きに走ったのであろう。

(2) 29% 以下：7項目：40. What does it matter what your uncle thinks of you? He only visits you *once in a blue moon*., 27. You bought yourself *a white elephant*. No one will stay in this house., 13. to *have a loose tongue*, 16. to *be off one's head*, 20.

to *spill the beans*, 19. My *sides split*., 37. to *kick the bucket*.

　この 7 項目のうち、1 番目の 40. What does it matter what your uncle thinks of you? He only visits you *once in a blue moon*. と 19. My *sides split*.、27. You bought yourself *a white elephant*. No one will stay in this house. は文レベルでの出題で、他は句レベルの出題である。40 の *once in a blue moon* では JNSs 解答者は成句として認識したというより、only からヒントを得て、「たった一度」という解答に至った（面接で確認）。つまり、ここでは成句、あるいは、表現の全体像から解釈するのでなく、解釈の際に含まれている部分（中でも、自分に解釈できるパーツ）を利用して解答（面接で裏付け）したのである。

　13. *a loose tongue* は「お喋り」というより「嘘つき」という解答が多かった。日常の「お喋り」の中に嘘が混じるかもしれないので興味深い。16. to *be off one's head* と 37. to *kick the bucket* は表現の指す意味は異なるが解釈のルートが似ている。これらの表現では、成句に入っている語をパーツに分けて解釈した形跡が見られる。例えば、16. to *be off one's head* では、off を軸にして、電気のスイッチをオンオフにするイメージで、「頭（のスイッチ）を off にする」、つまり、「頭を休める」となり、37. to *kick the bucket* では kick（蹴飛ばす）＋ bucket（バケツ）で腹立ちまぎれに「バケツを蹴飛ばして、気分を晴らす」という解答（JNSs 解答者の 72%）に至ったのである。解答の際に、まず日本語に翻訳し、日本語知識を適応して解答したというインタビューでの情報が多かったので、母語知識はメリット・デメリットの両面をもつことが確認できる。ENSs に少数、この古い成句を知らないという解答（ENSs 解答者の 4%）やバケツを蹴る（ENSs 解答者の 1%）があった。時代の流れかもしれない。19 と 20 は如実に日本語知識をベースにしたと思われる解答が多かった。19. *My sides split*. では sides を「自分の側」、つまり、自分の属するグループと解釈し、「グループ割れを起こした」「仲間割れを起こした」とする解答が多かった（JNSs 解答者の 14%）。この解答では sides の複数形は無視された格好になっている。また別の解答で複数形を考慮に入れた解答でも、「太ったので服の両サイドが破れた」とするもので、「大笑いした」とする解答は極少数であった（正答率 1.4）。「両サイド」に解釈された次のようなイラスト付き解答（次のページの図）もあった。JNSs の解釈の一様相を示すので紹

介する。この解答では sides を自分の両側と解釈したものであり、その時点までの解釈は天晴である。

---

　20. to *spill the beans* は文字通りに節分の「豆まき」とする解答が圧倒的にJNSs に多く、比喩的に解釈された解答でも、やはり、spill と beans に分けて考えた形跡が強く、メタファーとしては to *spill the beans* を「豆のような小さい・細かいものをこぼす」と解し、「豆をこぼす」となり、「厄介なもの・トラブルをまき散らす」とされた解答が多かった。そこから先に進んで、beans を「秘密」に結びつけるルートは薄いようであった。もう1つ、spill の意味について ENSs はこれを漏らしてはならぬ、あるいは、零してはならぬものを事故って零してしまう意味に解釈する (to cause to pour out accidentally, esp. over the edge of a container; to spread beyond limits; (lit) to cause (blood) to flow by wounding or killing.) (*Longman Dictionary of English Language and Culture*, 1992: 1278) となるのであるが、JNSs にとってこのようなニュアンスまで至ることは難しいかもしれない。しかし、ここで注目したいのは、to *spill the beans* の本来の意味に到達した JNSs の解答がごく少ない (正答率 2.7) ものの、JNSs 解答者が比喩として beans を捉えたその捉え方に注目したい。興味深い違いは beans を spill するその出所の違いが解釈の違いの原因の1つになっているからである。英語の意味での *spill the beans* は「口」から出るのに対して、JNSs の解答では「手」から出るものとしての beans であり、機能としては「ことば」を出す(発する)のか、「もの」を出す(ばらまく)のか、の相違であり、両方とも厄介なものには相違ないからである。

筆者のこの解釈は原義に忠実でないという点で賛否分かれるところではあろうが、メタファー分析にとっては、解釈に「容器メタファー」が作用している点と移動の観点とにおいて興味深い。ただし、イディオムには長年培われた意味を伴うので、原義に沿わざるをえない。

ENSs が抱くイメージ 　　　　　JNSs が抱くイメージ

27. You bought yourself *a white elephant*. Nobody will stay in this house. における JNSs の解釈において、ENSs と大きく異なるのは前後関係を考慮した意味の解釈がなされなかったことである。比喩的に *a white elephant* は「無用の長物」ではあるが、それと後続の「家」との繋がりを JNSs の多くの解答者が見いだせないので、さっぱり「意味が分かりません」というのが面接での情報である。一方、この表現は英語に入ってはいるものの、象はアフリカ、アジアに生息するものであり、しかも色は「白」であり、仏教的ニュアンスが濃い。このような要因があるものの ENSs は前後関係から比較的簡単に (正答率 71.7) 解釈したが、JNSs はこのテスト項目に含まれる複雑さが影響したためか、かなり低い正答率(15.6)であった。

　補足になるが、ENSs の正答率で注目すべきは 22. *double-tongued* と 37. *to kick the bucket* である、と前述した。*double-tongued* は既に述べたので、ここで少し *kick the bucket* について触れる。この表現は古い慣用句であり、既に廃れているのではないかと思っていたところ、まだかなり健在であった。ENSs はこのような古い表現をどこで聞き及ぶかというと、やはり、テレビ (殊に、コメディー)、年長者から、というのが面接者からの情報である。

　上述のように、母語知識に引きずられる傾向、あるいは、自分の持ち合わせているスキーマを利用した解答が多い点に注意しておきたい。

2.3.3. 日本語概念の項目 G2J, G3J

　グラフでは JNSs の正答率を降順にしてみてきているが、ここではまず、顕著な特徴があらわれている ENSs の正答率について降順で一瞥しておく。60% 以上、あるいは、その前後の項目は 33. He's *a weak worm.*（弱虫）、23. to *cast a shrimp to catch a bream*（蝦で鯛）、7. At the age of 96, she *set out on a journey to her husband.*（旅立つ）、次いで 18. You and I are *united with a red thread.*（赤い糸で結ばれている）、最も低いのは 32. to *wet eyebrows with saliva*（眉唾）である。これらは日本語概念を基盤にした表現を直訳した場合の実験として他の日本語からの直訳・ナマ表現とともにテスト項目に入れたものである。そのような場合、英語母語話者にどのように解釈されるかという観点から考察すると比喩と文化的要素との関わりが分かるのではないかという目論みがあり、関連する箇所で日英間解釈差異に注目していきたい。

　以後、JNSs の解答状況に中心を置いて、前項同様 ENSs の解答状況を交えながら交差比較するのであるが、このグループを JNSs の正答率 60%、30% を境にして 3 分割してみていく。

グラフ 10　日本語概念基盤の項目 G2J, G3J

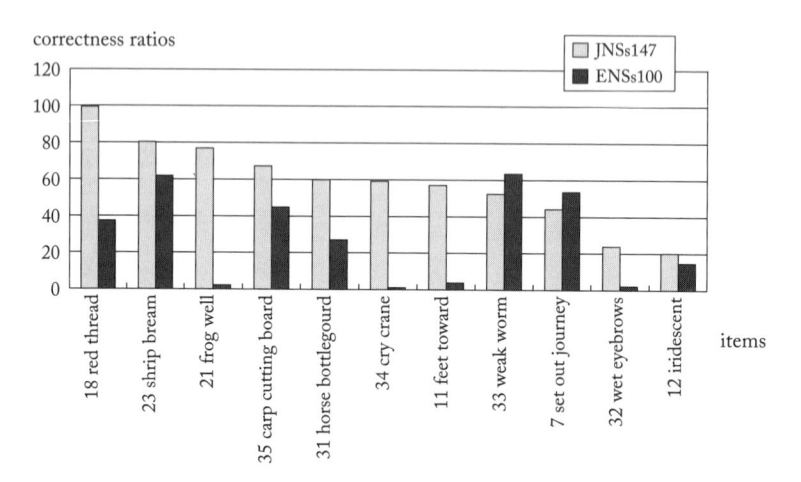

(1) 60% 以上の正答率：4 項目：18. You and I *are united with a red thread.*, 23. to *cast a shrimp to catch a bream*, 21. *a frog in the well*, 35. *a carp on the cutting board*.

初めの 18 は文レベル、他の 3 項目は句レベルの出題である。

18. You and I *are united with a red thread.* では JNSs の正答率は 100% である。それほどに、この「赤い糸」という表現は日本語では普遍的である。ENSs の正答率は 40% を少し切る程度であり、それほど低くはない。ただし、解答の中身に比喩的理解に関して注目すべき要素が含まれている。この項目は文レベルで提示されており、文の前方で united 自体が "You" と "I" 二者間の結びつきを示唆し、どのような関係であるかを後方の red と thread から解釈する仕掛けとなっている。JNSs が所謂「赤い糸で結ばれている」という運命的な結びつきを 100% 解答したのに対して、ENSs はそのような日本語的解釈をした解答もあるが、それ以外に、家族・血縁の結びつきとした解答があった。これは、前項の to *spill the beans* でみたように、ある一定の地点までは JNSs と ENSs に共通のアナロジーで理解されるが、その先が枝分かれする解釈ルートに似ている。Red という色は「血液」のイメージに繋がる。次に血液のイメージで刺激された連想が具体的な「血の繋がり」、すなわち、「家族」・「血縁」というドメインに向かうのか、抽象的な意味合いの濃い「情熱」、すなわち、恋人同士というドメインに向かうのか、ENSs 内で解釈が分かれたのである。原義を知らない場合、このような連想・マッピングも起こりうる。ただし、厳密な解釈では原義が優先する。原義を知らないとコミュニケーションは微妙なところで頓珍漢なものになる。

23. to *cast a shrimp to catch a bream,* 35. *a carp on the cutting board* に関しては、この 2 項目はメトニミーを使っており、それぞれのターゲットの語は見る人にかなりはっきりしたイメージを与える（図参照）。

23 は大小の比較により理解・解釈がたやすくなるだろうし、35 は英語に a fish on the chopping board（「俎板にのった魚」）の表現がある。この日本語表現は、単なる「魚」でなく、「鯛」「鯉」が使われる。日本人にとって鯛や鯉のもつ文化的イメージは強い。「鯛」は白身の刺身として珍重され、祝魚、「鯉」は「鯉の滝登り」（立身出世のイメージ）、鯉幟（図）、鯉のあらいなど、日本人の言葉と文化との繋がりを盛り込んだ表現である。英語圏ではそうでもない。鯛は魚の一種、鯉はアグレッシブな魚であり闘争性が認識されるものの、生臭さで食用には嫌われる。鯛も鯉も ENSs には文化的な意味合いは

23　蝦で鯛を釣る　　　　　　　**35　俎板の鯉**

薄い。いわば、魚の一種と受けとめられるが、日本語では微妙に他の魚と区別する。しかし、この表現ではメトニミーの作用により理解されたことが面接で確認できた。

21. *a frog in the well* は「井の中の蛙、大海を知らず」の諺に繋げた JNSs の解答者(面接でも確認)がいて、やはり、母語知識との繋がりは強いものがあることが確認できた。ENSs の解答では、「汚染」とするものがあった。清潔であるべき井戸の水に蛙がいるとその水は汚染されている、つまり、「汚染源」というわけである。また、狭い所に閉じ込められている「閉塞感」、「出口無し no way out」の意味にも受け取られた。ここでは「容器スキーマ」が働いている。ただし、この出題は単に、*a frog in the well* という句レベルでの出題であったため、やむをえない解答かもしれない。

JNSs が抱く鯉のイメージ

21 a frog in the well

(2) 59 〜 30% の正答率：5 項目：31. *a horse out of a bottle gourd*, 34. *a cry of a crane*, 11. I *cannot sleep with my feet turning toward* him., 33. He's *a weak worm.*, 7. At the age of 96, she *set out on a journey* to her husband. 初めの 2 項目は句レベル、他の 3 項目は文レベルの出題である。

31. *a horse out of a bottle gourd* は JNSs の大半には母語知識から、また、生活環境で瓢箪という植物を知っている解答者にはメトニミーの作用により、さらに、瓢箪と馬とのサイズの比較、小さいものから大きなものが出てくる突飛さからアナロジーで理解された。ENSs も同様であった。

「瓢箪からこま」の「こま」に将棋の「こま」とする説もあるが、本書では中国の故事に倣い「駒」を当てた。倣った故事とは、中国・唐代の張果老という仙人はいつも白い驢馬に乗って一日数千里走り、休むときはその白驢

31 a horse out of a bottle gourd

を瓢箪に収め、必要なときに瓢箪から取り出すという故事であり、さらに、その図柄が残っているというこの故事の説得性の高さ、また、小さな将棋のこまとするよりも、馬 (元々は驢馬) のほうがイメージとしてインパクトが強いこと、などを考慮して「駒」としたのである。

　次に、34. *a cry of a crane* と 11. I *cannot sleep with my feet turning toward* him. についてである。これらは日本文化、日本の習慣が織り込まれた表現なので、JNSs の大半には素直に理解されたが、ENSs には殊の外、解釈されにくかった。日本人にとっての鶴のイメージ (下図参照)、鶴の文化的背景と ENSs にとっては単なる鳥の一種としての鶴の占める意味合いとの違いである。ただし、ENSs 解答者の中に鶴の習性に思いを至らせた人が少数ではあるがいて、それによるアナロジーを働かせ、鶴の発する甲高い声、それが群の中で目立つ存在となるので権威的な発言の意味となるなど、と日本語的解釈をした。興味深いアナロジーである。

JNSs が抱く鶴のイメージ

　11 の「足を向けて寝られません」の表現は体の上部と下部を用いた日本的比喩である。英語でも up は上 (up is best/more)、down は下というイメージスキーマがあるものの、ENSs はこの表現の理解には適用されなかった。

「喧嘩して相手（彼）と同じ方向には寝られない」というような解答がかなりあった（ENSs 解答者の 11%）。日本人にとって映画（西部劇）の一場面で男が机に足をのせて相手に靴底を向けるシーンにはかつては違和感を覚えたものであり、文化的差異があらわれるしぐさである。ENSs は「恩義がある」という解釈には至らなかった。33. He's *a weak worm.* は JNSs では中程度の正答率であったが、ENSs の正答率が 80% にもなったわけは、この出題が文レベルであり、worm の指す目的物が he であることが文中に入っているので、人の属性を比喩的に表現したものであると連想・マッピングできたからである。序でながら、JNSs の解答者の中に worm の意味が分からないので、答えられないという語彙力が関係することも追記しておく。

　7. At the age of 96, she *set out on a journey* to her husband. については「死」を婉曲表現する日本語的表現であるが、ENSs も面接で英語でもそのような言い方をする、と言ったので、英語環境で使用しても違和感のない表現である。

(3) 29% 以下の正答率：2 項目：32. to *wet eyebrows with saliva*（saliva に注付き）、12. Prime Minister made *iridescent* remarks on the matter.（iridescent に注付き）

　1 項目は句レベル、他は文レベルの出題。32 と 12 の JNSs の正答率はあまり高くない。その大きな理由として、JNSs の語彙力の問題が絡む。解答に書かれたコメントの中に、単語（eyebrows, Prime Minister, remarks）の意味を知らないので解答できない、とするものがあった。ENSs では 32. to *wet eyebrows with saliva* はコメディーなどで役者が眉に唾をつけて眉を整える仕草があるので、その仕草から「身繕い」とする解答が多少あった。筆者もアメリカ人お笑いタレントが身繕いをするジェスチャーとしてこの仕草をした情景を見たことがある。

　12. Prime Minister made *iridescent* remarks on the matter. の「玉虫色」は政治に興味がある人には馴染み深い表現であるが、JNSs の若者にはそうでもないかもしれない。しかし、2011 年 11 月中頃の報道でよく用いられたので若者にも浸透したかもしれない。それは、野田佳彦首相がハワイで行われる APEC（アジア太平洋経済協力会議、2011 年 11 月 12 日）に出席するにあた

> 2011年11月TPPについてメディアで用いられた「玉虫色」表現の例：
> 朝日新聞：与党内の反対派に配慮した結果、どちらとも読める「玉虫色」の表現に
> (2011.11.19.「記者有論」鶴岡正寛)
> インターネット：TPP交渉参加問題野田首相の「玉虫発言」に与野党から批判の声
> (2011.11.14. http:sankei.jp.msn.com/)
> 2013年12月増税についてインターネットで用いられた表現の例：
> 「玉虫色」の軽減税率・消費税10％の確定避ける官邸の思惑も…
> (2013.12.12. http://jp.reuters.com/)

玉虫、玉虫色の
http://ja.wikipedia.org/wiki/玉虫色より

り、TPP（環太平洋経済連携協定）参加について急遽表明した政治姿勢・発言がアメリカ向け・国内向け、与党内の賛成派・反対派のどちらの側にも都合よく解釈される曖昧発言であったためにテレビ、新聞、インターネット報道で盛んに首相の発言を「玉虫色」という表現で批判した。最近でも2013年後半に安倍内閣が進める10％消費税増税・軽減税率導入時期に関する自民・公明党の合意案がそれぞれに都合よく解釈できる「玉虫色」合意案であるとマスコミは報道した（囲みに要約掲載）。

　さて、本研究において注目しておきたいことは、「玉虫色」を日本語的に解釈したENSs解答者の場合、玉虫の羽の色合い（図参照）が見る角度により様々な異った色に見えるという意味合いを類推し、さらに、政治家の発言に言及していることから、アナロジカルに正解した例である。捉え方によっては洋の東西を超えて通じることがあるのだ、と意を強くしたが、研究としては、同種の表現として他にどのようなものがあるか、データを収集する必要があることも心に留めておきたい。

2.3.4. 言語表現類似、意味・概念異なる項目G4

　母語知識の影響はこのグループの正答率を表すグラフ（グラフ11）にかなりはっきり出ている。ENSs、JNSsともに自分の母語寄りの解釈をとったのである。右端から2つ目の小山はJNSsで英語の意味での解答者が少数いた

ことを示す。英語の意味での JNSs の正答率は 14. *come head* が 2.1%、17. *pull leg(s)* が 8.2%、25. *soft in head* が 6.1%％であった。かれらに面接で何故英語の意味で解答したか理由を尋ねると、このテストは英語で出題されており、英語の意味で解答を期待されていると思った、この表現の英語の意味を授業で習ったのでそれを用いて英語の意味で解答した、という情報であった。このことから、どのような環境でその当該表現が使われているか、英語での意味を知っている英語学習者はその状況に合わせて賢明に解釈を調整するようである。英語教育に携わる者としてこの点を銘記しておきたい。

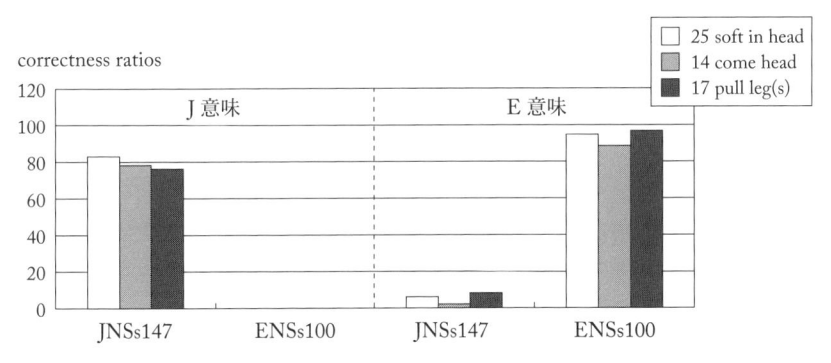

グラフ 11　言語表現類似、意味・概念異の項目 G4

correctness ratios

このグループの詳細状況であるが、JNSs は総じて日本語概念をベースにした（正答率で 80% あるいは、それに近い）、ENSs は英語概念をベースにした（正答率で 90% あるいは 100% に近い）解答となっている。解答の内容をみてみると、次のようになる。14. to *come to a head* では、JNSs で圧倒的に多い解釈は「怒る」という意味の「頭に来る」、「何かいい考えが思い浮かぶ」、「トップになる」、「先頭にくる」の意味に解釈され、英語本来の意味の「機が熟する」、事態が「危機的状況になる」、「土壇場に来る」とは異なった解釈に至った。メタファー的に言えば、come to で「ある状況になる」という地点までは似た認知作用を起こしているが、それ以降で違いが発生したと思われる。続く a head のメトニミー的な意味の解釈が 1 つは「血が頭に昇って正気を失い、怒る」となったり、もう 1 つは頂上と解釈して「トップ」、

つまり、「地位」が上、列などの「先頭」と解釈された。これは成句としての意味が英語で定着していないならば、納得のいく解釈であるが、既にある一定の意味が存在するので、原義ではそうはならない。ここが英語学習の場合の辛いところである。

17. to *pull someone's leg* (s) では、JNSs は前述したとおり、英語で既に習い覚えている「冗談を言う」「からかう」という解答も多少あったが、大半は日本語で言うところの「足を引っ張る」という解釈であった（正答率 96.8）。英語の成句は leg が単数であるが、敢えて、出題では日本語を絡める形で複数形も提示した。上の 14. to *come to a head*、および、次の 25. Tim must be *soft in the head* to do such a thing. ともども、同じ言葉遣いでの表現が日本語に存在する場合は、英語独特の意味があることを知らない時にはどうしても、母語知識に引きずられる傾向になる現象が生じることを確認できた。ENSs は全員が英語通りの解答であった。

25. Tim must be *soft in the head* to do such a thing. では、JNSs は日本語の意味の「柔軟な考え」が圧倒的であった（正答率 94.8）。この項目では文の後半部分に to do such a thing という非難の言葉に繋がっているにもかかわらず、局所的に *soft in the head* だけでこの解釈に至ったと判断できる（面接で確認）。ENSs は全て、soft を英語概念の stupid の意味に解釈した。

上の 3 項目は、JNSs、ENSs の双方において自分の母語をベースに解釈する傾向が強いことを実証する検査項目として選定したものであり、予想通りの結果が得られた。研究の上では予想通りの結果で満足できるのだが、今度は表現の実際の使用場面を考えると危惧の念が残る。つまり、以上のような種類の表現が日本語、英語による意思疎通の場合、用心しないとコミュニケーション齟齬を来す要因になるかもしれない、ということである。では、齟齬を避けるにはどうすればいいか。それには、双方が表現にはそれぞれの母語のもつ意味合いによって、たとえ同じ言葉遣い（と思われるような）表現であっても異なる意味解釈に至るという認識をまず第 1 の（ベーシックな）注意としてもつべきであり、そのような表現を使う場合には、話し相手の文化状況を考慮したり、文脈に入れて使用するなど、齟齬の危険性を下げるような工夫をするというのが第 2 の（プラグマティックな）注意点としておく、と

いうことである。文脈に入れるという観点から言えば、上述の 34. *a cry of a crane* を次のように使うのも一案であろう。

A sales promotion team was discussing their sales point for marketing. Everyone shouted their own sales point. The discussion became heated debates. It went haywire. The head of the team who had been listening to their discussion quietly uttered his decisive words. It was *a cry of a crane*. The team's debate subsided.
(要約：セールス向上チームが市場向けセールスポイントを議論していた。それぞれが自分のセールスポイントを主張し議論は白熱。収集がつかない状況になった。その議論を黙って聞いていたチームの主任が「鶴の一声」を発した。議論はおさまった）

　上記の分析の中で適宜触れた文脈効果については、次項においてデータを交えて述べる。

2.4.　文脈効果
　表現がどのような状況で MC40 に出現しているか、つまり、単独表現であるか、文に埋め込まれた(文脈を伴う)状況であるか、という使用環境を表 14 に示す。
　正答率からみると、ENSs の方にかなりはっきりとした傾向があらわれている。短い語・句による項目に比べ、数語、文レベルの方が、そして、共通概念や英語概念基盤の項目の方の正答率が高い。ENSs にとって未知の日本語概念の表現においても文レベルの正答率が高い（最下段中程 34.3％）。一方の JNSs も ENSs に類似した傾向がある。共通概念の文レベルへの正答率（下コラム、文 or 文脈付き左端の JNSs 71.1％）と日本語概念基盤の項目への正答率（上コラム右端 JNSs 56.6％、下コラム中程 JNSs 60.2％、下コラム右端 JNSs 79.6％）が高い。この結果から読み取れることは、やはり、周辺情報を提示した方が理解の難度を低め、ミスコミュニケーション緩和になるということである。この要素はスムーズな意味の伝達に繋がる重要性として留意し

表 14　文脈効果

特徴	単語 or 短い語句		フレーズ（中程度の長さ）		
項目グループ	G 1	G 2 (E)	G1	G2,3 (E3); G4 (1*)	G 3 (J)
項目数	2	2	3	4	6
J NSs=147	17.1	26.9	40.4	2.4	56.6
E NSs=100	84.8	82.7	94.7	90.3	23.5

*14 to come head

特徴	文 or 文脈付き				
項目グループ	G 1	G 2 (E)	G 2 (J)	G 3 (E)	G4 (E/J)
項目数	8	4	5	4	2**
J NSs=147	71.1	31.3	60.2	33.7	E 意味 : 7.2 ; J 意味 : 79.6
E NSs=100	98.4	88	34.3	97.3	E 意味 : 95.8 ; J 意味 : 0

**17 to pull ... leg(s); 25 soft in head

ておきたい。

2.5. 理解・解釈に用いられたストラテジー

　理解・解釈においてどのような手立て、ストラテジーが用いられたのか、非常に興味深いところであるが、認知の詳細を完全に別個のものとして分類し、線引きし、解明するのは難しい。何故かというと、「ひと」の認知には様々な要素・作用が複雑に絡み合っており、1つ1つ別個のものとして区分する、あるいは、取り出すのが困難だからである。しかし、研究としては、解明する必要があるので面接者にどのような理解・解釈の仕方をしたか、聞き取り調査した。面接で重点を置いたのは、次の点である。

　（1）　解答者が検査項目の理解・解釈において、母語知識、母語知識スキーマを活用したか、どのように活用したか、
　（2）　検査項目の表現を読んでどのようなメンタルイメージを抱いたか、
　（3）　検査項目が聞いたことのない不慣れなものである場合、どのような理解・解釈の方法（ストラテジー）をとったか、等である。

検査項目毎に、以上の点についての答えを聴取した。ENSs と JNSs から得

た理解・解釈ストラテジーに関する応答をまとめると、次のようになる。

ENSs の場合：
1) 最も多いストラテジーは、自分の既存の知識、自分が知っているものと重ね合わせ(paralleling, linking)、自分が知っているものと比べて連想をつなぐ(association)。
2) 1)同様多いのは、自分の知っているよく似た表現(similar English phrases or expressions)を探す。
3) テスト時に頭に浮かんできたものを使って理解・解釈した、つまり、知的作用(cognitive process)である。例えば、2つの語の間の関係性(relation between two terms: *a horse out of a bottle gourd* の horse と bottle gourd)ではサイズの比較をするなど。
4) 頭に浮かんだ推理作用(guess work)。それが文字通りの意味(literal meaning)であるか、比喩的(figurative/metaphorical meaning)であるか判断。例えば、*a carp on the cutting board*, I *cannot sleep with my feet turning toward* him では、文字通りの意味で解釈しても意味をなさないので、類推(guessing)作業をした。
5) 前後関係、すなわち、文脈(context)から類推した。例えば、You have bought yourself *a white elephant*. No one will stay in this house. における「白象」の解釈の場合。
6) 文脈からの類推と同時に、英語での含蓄的意味(connotation in English)を探った。すなわち、語の結びつきから含蓄的意味(connotation)へ進んだ。例えば、*a cry of a crane* を help と理解した。(help に向かうのは大いに cry のなせる技であろう。ただし、crane が「重機」とは解釈されなかったのはさすが ENSs らしい)。
7) 視覚化(visualizing)、映像化(picturing)した。例えば、*a frog in the well* を絵にしてみた。
8) その当該表現から刺激を受けて「音」(sounds や rhythm)と結びつけた。これは JNSs にはみられない傾向であった。
9) 語を分け、それぞれの語の意味を 字義どおり (literally) に理解・解釈

し、語の繋がり（synonyms, antonym, semantic tie, substitute the words）を試してみた。
10) 文を小分け（break down）にしたのち、イメージを連結（conjuring images）した。例えば、*a carp on the cutting board* では、carp = 魚 + on the cutting or chopping board という具合に。これは上の7と関係するイメージの連結（image association）。

JNSs の場合：
1) 直感に頼る。日本語に直訳してみる。
2) 日本語の言い回しや諺で同じものがないか探す。日本語知識に頼る。
3) 全体の表現を単語に分けて、想像できるものを当てはめてみる。例えば、crossroads の場合、この単語は分からないので cross と road に分けて理解・解釈した。
4) 3)を行うか、逆に、単語と単語をつなぎ、意味を繋げて全体の流れをつかむ。
5) 表現から絵を描いた。また、映像を思い浮かべて理解・解釈した。
6) ただし、単語を知らないと何もできない。

　JNSs、ENSs の双方が最も多く使用したのは、自分のもっている知識に頼ったこと、既に知っている言語表現と擦り合わせをしたこと、である。これは、母語スキーマの使用に繋がるので、スキーマ、あるいは、母語スキーマの活用という面から考察に値する。次に、その場におけるオンライン認知作用、認知プロセス（cognitive process）を働かせたことについても、認知プロセスの中で際立つストラテジーとして、語や表現から得られる刺激をビジュアル化する手立てを採り、イメージ連想（image association）にもっていったことなど、メタフォリカル、あるいは、アナロジカル連想の面から考察に値する。
　JNSs と ENSs で大きく異なっているのは、JNSs が単語に拘泥していて視野が狭い（partial perception）のに比べ、ENSs はもっと包括的に表現全体を受けとめ、それに関連する音声・コロケーションにまで及ぶ幅広い視野

（broader/global perception）で解釈に臨んでいる点である。母語ではこのように自由自在に視野を広げたり、中心的・周辺的知的拡張に繋がったりする。

　JNSs と ENSs には上のような相違があるが、両者に共通する主要なストラテジーとして次の 2 ストラテジーに集約してみる。1 つは母語知識・母語スキーマの活用、もう 1 つは視覚化・ビジュアル化である。解答者がどのストラテジーを採ったかについては、認知作用は互いに絡み合うので線引き（分類）が難しいと前述したが、面接者から聞き出した情報を基に大胆に次のようにまとめてみた。しかし、繰り返しになるが、母語知識・母語スキーマストラテジーの中に、また、視覚化・ビジュアル化ストラテジーの中に、それぞれ、それに近いストラテジーを含むものとする、すなわち、はっきりと一線を画することは難しいことを断っておく。次表の分類では、母語知識・母語スキーマストラテジーを K、視覚化・ビジュアル化ストラテジーを V とした。また、微妙に双方のストラテジーを交えたという解答があり、それを K + V とした。この分類に用いたのは予備検査で面接に応じた解答者（JNSs=34、ENSs=56）の情報が基盤になっており、それを基に面接に参加しなかった解答にも適用して全体を集計した（表 15）。表 15 にみるとおり、ENSs は G1, G2, G4（英語基盤の項目）の解釈に K と V を万遍なく用いてい

表 15　理解・解釈に用いられたストラテジー

ストラテジー (%)	K			
項目グループ	G1	G2E; G3E	G2J; G3J	G4
項目数	6	8	4	2*
J NSs=147	62.3	24.5	44.4	J 意味:79.6 ; E 意味:7.2
E NSs=100	95.3	89.1	30.8	J 意味: 0 ; E 意味:95.8

*17 *pull leg(s)*, 26 *soft in head*

ストラテジー(%)	K + V			V	
項目グループ	G1; G2E	G2J; G3J	G4***	G2E; G3E	G3J**
項目数	4	6	1	8	1
J NSs=147	41.4	67.2	J 意味:78.2 ; E 意味: 2.1	38.7	59.9
E NSs=100	95.3	27.1	J 意味: 0 ; E 意味: 88.4	94.2	27

***14 *come head*　　　**31 *horse bottlegourd*

るが、G3 の日本語基盤ではどちらかというと、母語知識活用が多くみられる。このテストは英語による出題であるので、JNSs はその点、ENSs に比べハンディーがあり、単純比較は控えたほうがよいかもしれないが、JNSs は G1 と G3（日本語基盤の項目）、G4 の日本語での解釈において K と V が多く使われている（大半が 50% を超えている）。G2（英語基盤の項目）では解釈を活性化させるほどの知恵が回らず、ビジュアル化も十分行われなかったようである。予備検査結果の表 4 と比べて、英語概念基盤のほうに少々の違いがあるものの、概ね似通った様相を示している。日本人英語学習者の比喩的表現の理解を調べる本研究にとって上の結果は興味深いデータとなった。

2.6. 表現の理解・解釈に影響する母語・母語知識、母語の根底にある文化

EFL 学習者の場合を考えて、母語知識（あるいは、母語の根底にあって意識的・無意識的に理解・解釈に影響する文化的要素）と比喩的表現（あるいは、すべての認知）との関わりを図示すると次図のようになると思われる。

根底に母語知識（mother-tongue knowledge）があり、言語その他の表現を理解するのにアナロジーなど論理的類推（analogical thinking/reasoning）がなされ、イメージとの連携（image associations など）が行われる。EFL 学習者

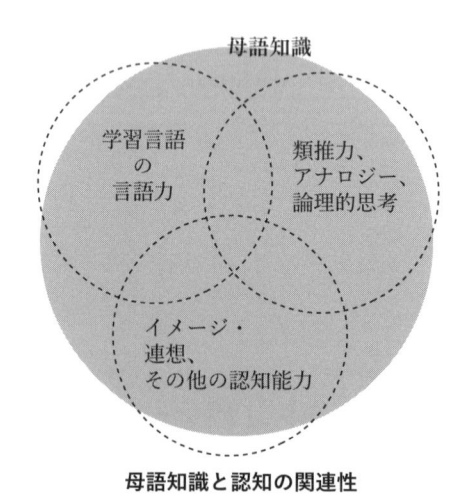

母語知識と認知の関連性

の場合には、英語は母語ではないのでその学習言語の言語能力は大きな作用をなす。これらが相俟って比喩的表現(その他の表現も)が理解されるのであろう。それぞれの母語はある表現にはメリットになり、また別の表現にはデメリットとなる。母語は重要であると同時に、他言語の表現理解(特に、文化的要素が深く関わる表現)に時としてデメリットとなることがあることを認識してコミュニケーションを行うことを心がけたい。

　理解においてアナロジーの果たす役割は大きいが、アナロジー(論理的思考)には万人に共通する普遍的類推(universal analogy)部分と文化差、個人差(specific analogy)の部分とがある。今回の比喩的表現の解釈にも、ある一定のところまでは、普遍的類推(universal analogy)で解釈されたのだが、その先、微妙な点で個々の論理的思考(specific analogy)、あるいは、文化的要素の影響(cultural effects)を受けてしまうことが解答の中から浮かび上がった。例えば、You and I *are united with a red thread.* の解釈において、家族・血縁関係か、運命的な(恋人)関係なのか、にあらわれたような枝分かれ(branching-off)現象である。

　解答をアナロジーの観点から母語知識利用のデメリット(危険性)を再度まとめると、次のように言える。当該言語に特有の微妙な文化的要素がアナロジー(論理的思考)に影響し、その際、自分の固有の文化知識を織り込んで解釈してしまう。そうすると、原義とは(大いに、あるいは、多少)異なった解釈になる。今回の研究で示された典型的な例が、類似した言語表現でありながら異なった意味合いをもつ表現の場合であり、当然のことながら、それぞれの母語のもつ意味合いで解釈される。この部分の研究はさらに発展させる必要がある。

　次の項で、テストにおいて解答者が解釈の際に用いたと思われる母語、母語に基盤をおいたアナロジー、母語文化の反映を整理し、それを図示しながら、母語知識利用のメリット・デメリットのまとめに入る。

3. 理解・解釈における母語知識の利用

　本項では母語知識の関与(メリット・デメリット)について、解釈にあらわ

れた結果を、アナロジー、母語知識、母語知識に起因する文化的要素（あるいは、母語知識を利用した解釈）などの観点からまとめる。

3.1. 母語知識利用のメリット・デメリット

どのような表現に母語知識の干渉度が高いか、母語知識利用のメリット・デメリットについて、母語知識利用安全領域を考えるために、JNSs と ENSs 双方の解釈結果の代表例を用いて図にまとめてみる。大きくは次の 5 分類（母語知識利用のメリット・デメリット 1 から 5）に分ける。まず、母語知識利用のメリット・デメリット 1 である。

この領域において ENSs では理解・解釈の様相がほぼ一致した。JNSs では母語知識の利用は大半の表現では概ねメリットであった。

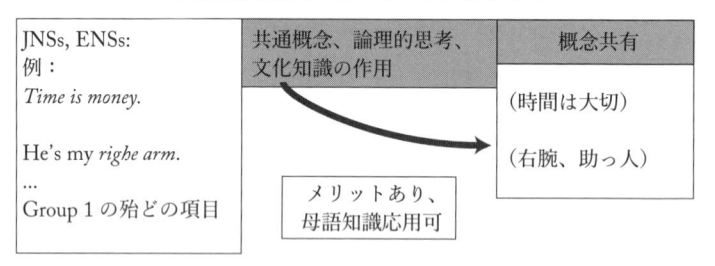

母語知識利用のメリット・デメリット 1

| JNSs, ENSs:
例：
Time is money.

He's my *righe arm.*
...
Group 1 の殆どの項目 | 共通概念、論理的思考、文化知識の作用

メリットあり、母語知識応用可 | 概念共有

（時間は大切）

（右腕、助っ人） |

JNSs の場合には母語知識の影響というより、語彙知識の強弱により理解・解釈に影響が出る表現もあるので、次の表の項目に＊印を付けた。この領域に検査項目のうち、次の囲みの表現が入る。

囲みのあとにまとめるのは、ある程度メリットがあり安全であると判断できる表現（母語知識利用のメリット・デメリット 2）である。この領域には概して、メトニミックな表現、イメージがクリアーな表現が含まれている。そこでは論理的思考、イメージスキーマの利用により、母語知識の適応は比較的安全だと思われる。

日英概念基盤共有項目 M-Cog Tests G1 の 13 項目

概念・論理的思考・文化的要素が日英で分かち合える表現
1. *Time is money.*　　3. We are *at the crossroads.*
4. *a bolt from the blue* 5. to *slip through one's fingers*　　*6. *a body blow*
8. She was only saved from falling under the train *by a hair's breadth.*
*9. The Mayors have been distinguished doctors for generations. It *runs in the blood.*
10. We could feel the *electricity* between us.　　*15. *a brainwave*
26. It is better to *tell a white lie* than to lose a friend.
28. He's *my right arm.*
*30. You'll *need a strong stomach* if you are going to be a surgeon.

＊印：語彙知識の強弱により解釈に影響

母語知識利用のメリット・デメリット 2

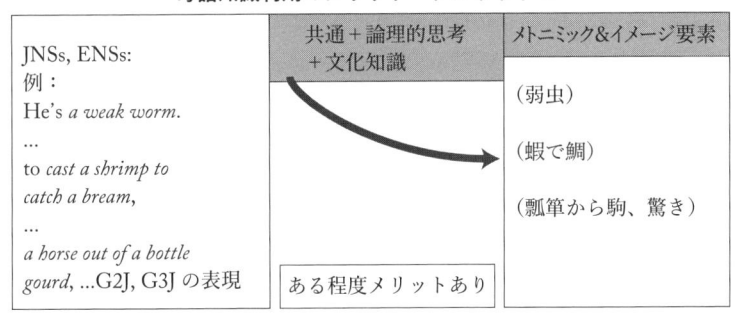

JNSs, ENSs: 例： He's *a weak worm.* ... to *cast a shrimp to catch a bream,* ... *a horse out of a bottle gourd,* ...G2J, G3J の表現	共通＋論理的思考 ＋文化知識 ある程度メリットあり	メトニミック＆イメージ要素 （弱虫） （蝦で鯛） （瓢箪から駒、驚き）

　次は論理的思考の面では母語知識の利用はメリット、ただし、適応はアンビバレントな表現（母語知識利用のメリット・デメリット 3）である。論理的思考によりかなりの程度で原義に近いところまで到達する。ただし、文化的要素やスキーマの作用による影響を受け、途中で理解・解釈が枝分かれし、原義に解釈されるか、自己の文化寄りになるか、に分かれる。コミュニケーションの場では注意が必要な表現である。

　次はメリット・デメリットが相半ばするアンビバレントな表現（母語知識利用のメリット・デメリット 4）である。この領域は上述の領域にある程度似ている。上述の例では論理的思考による理解・解釈の役割が大きいのに比べ、この領域はどちらかというと、文化背景的要素が強く影響する表現であ

母語知識利用のメリット・デメリット3

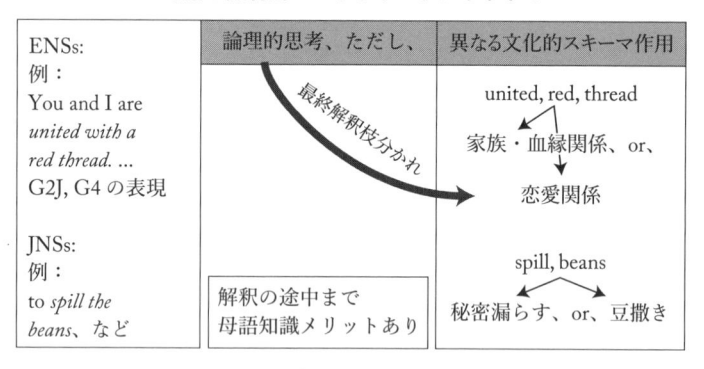

| ENSs:
例：
You and I are *united with a red thread*. ...
G2J, G4 の表現

JNSs:
例：
to *spill the beans*、など | 論理的思考、ただし、
最終解釈枝分かれ

解釈の途中まで母語知識メリットあり | 異なる文化的スキーマ作用
united, red, thread
→ 家族・血縁関係、or、
→ 恋愛関係

spill, beans
→ 秘密漏らす、or、豆撒き |

母語知識利用のメリット・デメリット4

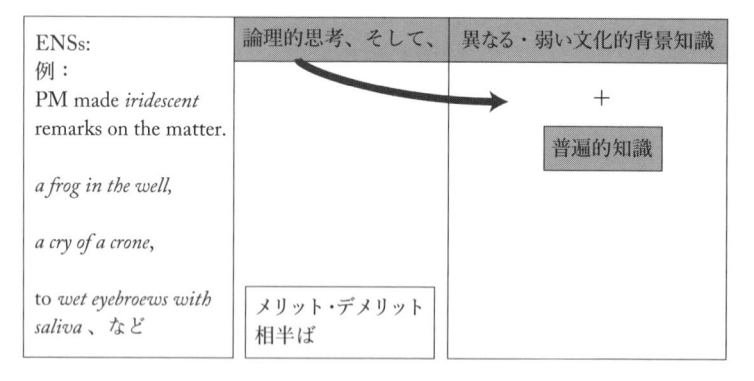

| ENSs:
例：
PM made *iridescent* remarks on the matter.

a frog in the well,

a cry of a crone,

to *wet eyebrews with saliva*、など | 論理的思考、そして、

メリット・デメリット相半ば | 異なる・弱い文化的背景知識
＋
普遍的知識 |

る。

　図示した「母語知識利用のメリット・デメリット」2から4の領域に入るMC40の比喩的表現について、母語知識利用の可能性の面からポジティブ（P）、ミディアム（M）、ネガティブ（N）の3段階に分けてみる。最後のN段階の表現は「母語知識利用のメリット・デメリット5」に含める。

英語概念基盤の表現でJNSsにとって
P: 24. I need to *pick your brains*.
M: 38. Since Andrew started his business, he has been making money *hand over*

fist., 22. *double-tongued*, 29. He *has a keen mind.*, 36. *Curiosity killed the cat.*, 39. Simon is getting *cold feet* about advancing you the money.

日本語概念基盤の表現で ENSs にとって

P: 23. to *cast a shrimp to catch a bream*, 7. At the age of 96, she *set out on a journey* to her husband., 35. *a carp on the cutting board*

M: 33. He's a *weak worm.*, 18. You and I *are united with a red thread.*, 31. *a horse out of a bottle gourd*

日本語概念基盤の表現で JNSs にとって

P: 18. You and I *are united with a red thread.*, 23. to *cast a shrimp to catch a bream*, 21. *a frog in the well*, 35. *a carp on the cutting board*, 31. *a horse out of a bottle gourd*, 34. *a cry of a crane*, 11. I *cannot sleep with my feet turning toward* him.

M: 33. He's a *weak worm.*, 7. At the age of 96, she *set out on a journey* to her husband., 32. to *wet eyebrows with saliva*, 12. PM made *iridescent* remarks on the matter.

　最後に、注意すべきデメリット・危険領域の表現（母語知識利用のメリット・デメリット 5）である。この領域では日・英で類似した「ことば」が含まれている比喩的表現であるので、自分の母語に頼る傾向が非常に強くなり、自分にとって都合のよい文化的スキーマに傾斜する。すなわち、JNSs は日本語寄りの解釈をとり、ENSs は当然のことながら英語の原義で、ある

母語知識利用のメリット・デメリット 5

| JNSs, ENSs:
例：
to *come to a head*,

to *pull someone's leg(s)*,

(being) *soft in the head*, | 論理的思考 +
母語知識、そして、

解釈枝分かれ

デメリットに注意 | 異なる文化的知識の
適用・スキーマ イフェクト

日本語概念 & 文化

英語概念 & 文化 |

いは、英語的な解釈する。JNSs はコミュニケーションの場では注意が必要である。このような観点から母語知識利用に関しては N 段階に入れる。

両言語で「ことば」が類似している性質をもつ表現が自然と母語寄りになる表現例をチャートにすると、次のようになる。

```
            両言語で似た表現、異なる概念
    ENSs                                          JNSs
  英語の原義     ⇔ to come to a head ⇔        英語の原義を知ら
  で解釈        ⇔ to pull someone's leg (s) ⇔   ない場合は日本語
                ⇔ being soft in the head ⇔     的解釈
                ⇔ to spill the beans ⇔
```

まとめとして、母語知識利用のデメリット・危険領域をさらに絞り込み、2 点に極限する。1 点目は論理的思考を働かせて、ある一定程度まで解釈が成功しても、そこから先の理解・解釈が原義と異なる場合の解答であり、慣用的な要素により意味が固定されている表現の場合である。2 点目は両言語で「ことば」が類似しているので、自然と理解・解釈が母語寄りになる場合である。その枝分かれを典型的な 2 例で再度チャートにすると、

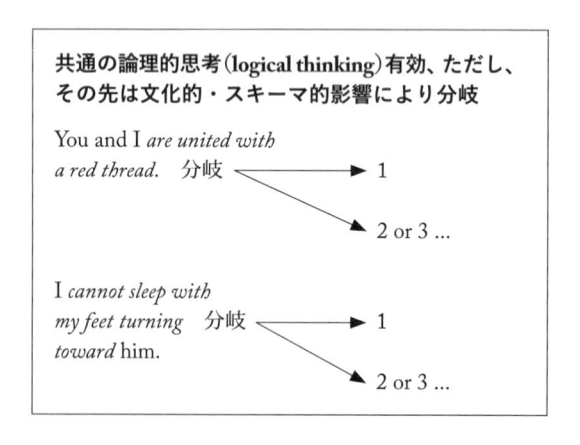

```
共通の論理的思考 (logical thinking) 有効、ただし、
その先は文化的・スキーマ的影響により分岐

You and I are united with
a red thread.    分岐 ─────→ 1
                        ╲
                         ╲──→ 2 or 3 …

I cannot sleep with
my feet turning  分岐 ─────→ 1
toward him.             ╲
                         ╲──→ 2 or 3 …
```

3.2. メリット・デメリットの分岐点となる原因

 上記の分析から、影響（メリット・デメリット）の分岐点にやはり、母語知識から生成される認知作用が挙げられる。論理的思考、推論（logical thinking, analogical reasoning）を作用させ、普遍的知識によってある程度のところまで解釈は成功するが、その先、それだけでは行き届かない（例えば、慣用的意味であるとか、文化背景によって醸し出される意味合いとか）微妙なニュアンスがそれぞれの言語に存在する。それが、当該言語特有の宝とも言えるものである反面、他言語話者にとってハードルとなり、そのハードルを越えるのは中々難しい。ハードルを越えるには、語彙力の養成、アナロジーの働かせ方・比喩の仕組みや文化などの学習が比喩的表現の理解においても理解促進の一助となるであろう。

 ENSs と JNSs の比喩的表現の解釈における特徴から得られた考察を最後にまとめておく。ENSs、JNSs ともに直感的解釈をする。JNSs は殊に自分に身近な知識を活用しやすい。また、両者ともに母語知識を活用する。たとえそれまで遭遇したことのない表現でも、普遍的知識を利用して解釈が可能になる場合があるが、その場合、母語知識にはメリット・デメリット両面がある。日本語母語話者の場合には外国語としての英語（EFL）学習であるので英語の母語話者のようにはいかないが、できれば、文章なりパッセージなりの英語の捉え方を細切れ・狭いスパン（partial view）でなく、広いスパン（broader/global view）で捉える訓練が必要であろう。

4. 理解・解釈に関わる文化度・T ⇄ S の関係

 解釈に関しては多面的に考察する必要がある。上で述べたのは最も重要だと思われる諸現象である。それ以外にも議論すべき点はいくつか残っている。そのうち、ターゲット（T）とソース（S）の関係を考察する。比喩的表現で重要な役割を果たす喩えを用いて言い表したいこと（目標領域 T、あるいは、主題）と喩え（基盤領域 S、あるいは、喩辞）との関係についてである。

4.1. M-Cog Test 項目に含まれた文化・ターゲット⇄ソース(T-S)の関係

　ここではテスト項目に含まれた文化的要素と併せて、比喩の理解において比喩的表現に含まれている基盤概念(S)と目標概念(T)との相互作用も考える。作用の関係性について、主題と喩辞の結びつきの強弱が理解に関係し(平・楠見, 2010)、単語に対する親密度(山崎他, 2001)が比喩の理解に影響を与えるとされる。ここで、あるいは、他の箇所で喩辞という表現を用いているが、研究者により自分の研究に適した用語を用いることがある。喩辞とは喩えの部分で、本書では大抵の場合、大きく基盤領域という用語を用い、特に語にフォーカスする場合には喩辞も用いた。もう1つの主題は喩えられる部分で、本書ではこちらも大抵の場合、大きく目標領域という用語を用いて話を進めてきた。

　単語に対する親密度も比喩の理解に関係があると考えられる。単語の意味が分からないと手も足も出ないというのがJNSs解答者の声である。本書で使ったM-Cog Testsテスト項目の中の不慣れな単語に注を付けてJNSsに対して便宜を図ったことにも言及した。テスト項目に含まれている文化的諸要素が解釈に影響を及ぼしていることは個々の例でみてきた。表現に備わっているソース・起点(S)⇄ターゲット・目標(T)の強弱が理解・解釈にどのように作用したかをデータとして表16から表19に分類してみる。

　T-S間での刺激の強弱であるが、例えば、*Time is money*であれば、「時間」(T)の大切さを具体的なもの、すなわち、「お金」という目に見える具体的な言葉(S)を用いて表しているので、T-S間のリンクは強い。しかし、語レベルでの出題の場合で片方(多くはS)しか提示されていないときには刺激が弱いことがある。あるいは、たとえ文中に刺激要素として入っていても、EFL学習者がそれまで聞いたことがないような表現、例えば、*once in a blue moon*とか*kick the bucket*のような表現では、刺激が得られなかったり、原義以外の刺激になったりする。次に示す集計表は文化度とT-Sをセットにしたもので、T-S間の刺激を強い順に◎→○→●→△→▲のマークで分類し、それを中軸に置き、左右に文化度、項目の分類基盤、表現、147JNSsと100ENSsの正答率を一覧表にしたものである。この一覧表から次のようなことが読み取れる。

表 16 に示した最初の 10 項目ブロックは T-S 刺激が強く、147JNSs の正答率の平均が約 72% になった表現である。ENSs はさらに強く作用し約 98% になった。このブロックに入っている表現は日英共通の概念基盤であり、英

表 16　M-Cog Test 40 項目の文化度・T-S 間刺激

文化度	Gs	基盤	T-S度	24 items	147JNSs	100ENSs
易	1	共通	◎	1 Time money	97.3	100
易	1	共通	◎	28 right arm	96.6	100
中	1	共通	◎	8 hair's breadth	75.5	98.9
易	1	共通	◎	10 electricity	70.1	97
易	1	共通	◎	3 crossroads	67.4	97.1
中	1	英語	○	26 white lie	72.1	97.9
易	2E	英語	○	24 pick brains	68.1	94.8
易 中	1	共通	○	30 strong stomach	66.7	99.1
中	1	共通	○	4 bolt blue	53.1	93.8
中	1	共通	○	5 slip through	51.7	99.1
10 items ave.					71.9	97.8
中	2J	共通	○	7 set out journey	44.2	53.6
中	2E	英語	○	22 double-tongued	42.2	69.2
中	2E	英語	●	29 keen mind	40.1	96.9
中	1	共通	●	9 runs blood	22.5	97
中	1	共通	○	6 body blow	18.4	77.9
中	1	共通	○	2 bear fruit	16.3	91.1
6 items ave.					30.6	81
中	3J	日本語	△	33 weak worm	52.4	63.4
中	3E	英語	△	38 hand fist	48.9	91.4
中	3E	英語	△	36 curiosity cat	37.4	98.9
難(JNSs に)	3E	英語	△	39 cold feet	32.7	100
中	1	英語	△	15 brainwave	15.7	91.6
難(JNSs に)	3E	英語	▲	40 blue moon	15.6	98.9
中	3E	英語	▲	27 white elephant	15.6	71.7
難(JNSs に)	2E	英語	△	13 loose tongue	11.6	96.1
8 items ave.					28.7	89

語概念基盤では 26 *white lie*、24 *pick your brains* である。文化度は難度が低いものから中程度のものである。この 6 項目のように概念基盤の部分に共通性がある表現は比較的無難に理解されると看做せる。

その次の 6 項目ブロックは T-S 刺激は最初の 10 項目ほどの強さはないが、中程度、およびその少し上位の程度のものである。このブロックに入っているのは、概念基盤が共通の表現と英語概念基盤の表現で、JNSs の約 30%程度の正答率平均に比べ、ENSs は約 80% の正答率平均であった。文化度は中程度であり、安全に理解されるためには要注意の表現が含まれる。

その次の 8 項目ブロックは T-S 刺激は下がり、文化度も JNSs にとっては難度が高くなる表現である。ここでは、主として英語概念の表現であり、JNSs の理解には注意を要する表現である。

次に掲げる表 17、表 18 は慣用度が高い表現、例えば、表 17 の to be *off one's head*, to *spill the beans* と、表 18 のように日英で解釈に差が予想される表現、例えば、to *pull someone's leg*(s) などである。

表 17、表 18 では、ENSs の正答率平均が概して 90%超えであったのに比べ、JNSs のそれは非常に低い。これは本研究で予想していたことではある。

表 17　英語の意味での解釈集計（JNSs 降順）

文化度	Gs	基盤／慣用表現	T-S 度	4 items	147JNSs	100ENSs
難(JNSs に)	2E	共通慣用度高	◎	16 off head	4.1	93.7
難(JNSs に)	2E	共通慣用度高	◎	20 spill beans	2.7	97.8
難(JNSs に)	2E	英語慣用度高	△	19 sides split	1.4	88.6
難(JNSs に)	3E	英語慣用度高	△	37 kick bucket	0.6	81.1
4 items ave.					2.2	90.3

表 18　英語の意味での解釈集計（JNSs 降順）

文化度	Gs	基盤／日英差	T-S 度	3 items	147JNSs	100ENSs
難日英差	2E/J	日本語／英語	○	17 pull leg(s)	8.2	96.8
難日英差	2E/J	日本語／英語	◎	25 soft in head	6.1	94.8
難日英差	2E/J	日本語／英語	◎	14 come head	2.1	88.4
3 items ave.					5.5	93.3

特に注意しておきたいのは、T-S 刺激が強いにもかかわらず、それが有効に作用しなかった点である。何故か。これらの表現はある一定の地点までアナロジカルな解釈で解答者に認知的分析を可能にさせる（本章 3.1.、3.2.）が、意味としては定着したものがあるのでその原義が優先される。最後までアナロジーだけでは貫徹できない例である。このような例は慣用度が高い固定化した表現に多くみられるということは既に述べた。次に、日本語概念基盤の表現をみてみよう。

　表 19 の最初の 4 項目は JNSs においてそんなに正答率の低いものではない。ENSs においても最初の 3 項目は非常に低いというわけではない。これらはメトニミックな要素をもつ表現である。その次の 4 項目は ENSs において、上の表 17、18 の JNSs の結果とは裏返しの現象が出ている。JNSs に比べ、ENSs は非常に低い。中程の 3 項目において JNSs は 60% 近い正答率であり、理解に関する危険性の面から、JNSs には ENSs に比べ中程度の安全性が確保できると言える。最後の 2 項目は JNSs、ENSs ともに正答率は低い。その項目の 1 つ 32. to *wet eyebrows with saliva* は古い日本語の諺の字義通りの翻訳であり、もう 1 つの 12. PM made *iridescent* remarks on the matter. は JNSs にとってはテスト項目内にある語彙的な難しさから、ENSs にとっては文化的要素から理解要注意項目である。このブロックでの T-S 関係は日本語・

表 19　日本語概念基盤

日本語の意味での解釈集計（JNSs 降順）

文化度	Gs	基盤	T-S 度	9 items	147JNSs	100ENSs
難 (ENSs に)	2J	日本語	◎	18 red thread	99.3	37.4
中	2J	日本語	◎	35 carp cutting board	67.3	44.9
難 (ENSs に)	2J	日本語	○	23 shrimp bream	80.3	61.9
難 (ENSs に)	3J	日本語	○	21 frog well	76.9	2.2
易中	2J	日本語	○	31 horse bottle gourd	59.9	27
難 (ENSs に)	3J	日本語	○	34 cry crane	59.2	1.1
難 (ENSs に)	3J	日本語	○	11 feet toward	57.1	3.8
難 (ENSs に)	3J	日本語	△	32 wet eyebrows	23.8	2.2
中	3J	日本語	△	12 iridescent	20.1	14.7
9 items ave.					60.4	18.4

日本語知識と相俟って日本語母語話者に有利に作用したものと思われる。

　以上の結果を参考にして、文化度、T-S 関係、解釈をチャートにしたものを図(JNSs 英語学習者による比喩的表現の解釈分布)にしてみる。一目瞭然、表現の文化度の面から容易いもの、T-S 度の関係の深いものが右上に位置しており、それらは理解・解釈し易い傾向のものである。一方、左コラムの表現のように、たとえ T-S 度が高くても、文脈を伴っていても、総じて極度に慣用的である英語の表現の場合には JNSs には理解・解釈が困難である。真中のコラムはその中間ということになる。

4.2.　母語知識の影響(メリット・デメリット)

　以上、言語表現とその基盤にある概念との関連から選定したテスト項目を用いて比喩的表現の理解・解釈の様相を母語話者と非母語話者を対比しながら、テスト項目の中の語句の刺激、例えば、T-S の関係、ネットワークの強さ、スキーマ、イメージスキーマ、情報量の関係、そして、表現に含まれる文化との関連などを軸にしてみてきた。母語知識の影響はメリット・デメリットの両方が JNSs、ENSs の双方に確認できた。人はそれぞれ自分寄りの理解・解釈になる傾向があろうが、文化を超えて比喩的表現を使用するには概念基盤の共通性に活路が見出せそうである。また、言語教育では、それぞれの文化の、あるいは、言語と文化の独自性を尊重すべきであるということも真摯に心に留めておきたい。全ての表現にナマ直訳を振ることは危険であるが、この実験で用いた程度のメトニミックな表現やイメージのはっきりした比喩的表現の中には、敢えて単独で、安全性の面からは文脈に入れて用い、色彩豊かな言語表現になるように挑戦しても面白いものがあるのではないか、と思われる。

JNSs 英語学習者による比喩的表現の解釈（分布）
表現の文化度・T-S 関係・JNSs 解釈

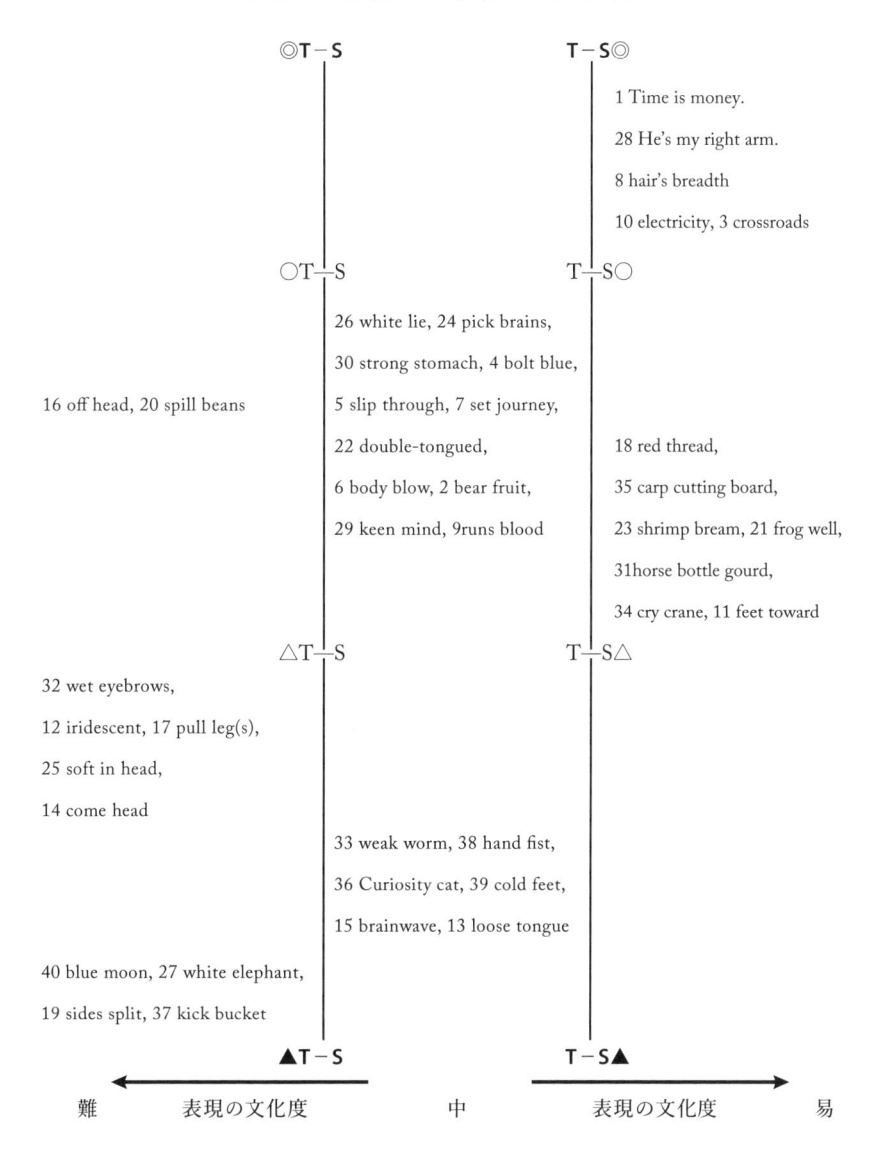

```
                    ◎T－S                    T－S◎
                      |                        | 1 Time is money.
                      |                        | 28 He's my right arm.
                      |                        | 8 hair's breadth
                      |                        | 10 electricity, 3 crossroads
                    ○T－S                    T－SO
                      | 26 white lie, 24 pick brains,
                      | 30 strong stomach, 4 bolt blue,
16 off head, 20 spill beans
                      | 5 slip through, 7 set journey,
                      | 22 double-tongued,      | 18 red thread,
                      | 6 body blow, 2 bear fruit,  | 35 carp cutting board,
                      | 29 keen mind, 9runs blood  | 23 shrimp bream, 21 frog well,
                      |                        | 31horse bottle gourd,
                      |                        | 34 cry crane, 11 feet toward
                    △T－S                    T－S△
32 wet eyebrows,
12 iridescent, 17 pull leg(s),
25 soft in head,
14 come head
                      | 33 weak worm, 38 hand fist,
                      | 36 Curiosity cat, 39 cold feet,
                      | 15 brainwave, 13 loose tongue
40 blue moon, 27 white elephant,
19 sides split, 37 kick bucket
                    ▲T－S                    T－S▲
         ←                                              →
    難      表現の文化度        中      表現の文化度       易
```

第 7 章　比喩的表現の理解・解釈
　—今後に向けて—

　EFL 環境における比喩的表現の理解・解釈に関する研究について今後も取り組むべき課題は多い。そのうち、本書の締めくくりとして、データベース構築に向けての一案を述べる。その案において、これまで収集した表現の整理をし、理解と運用面から安全な表現と危険な表現をリストアップする。次いで、比喩的表現の理解と運用の研究を深化させ、発展させる方法として、他にどのような研究方法があるのか考えておきたい。その考えの 1 つはイディオムが比喩的表現によく用いられるところから、第 6 章 4. で述べたようなイディオムの理解・運用の研究を比喩的表現の理解・運用の研究に応用できないか、という可能性の探求である。比喩・比喩的表現の解釈に関する研究はさらに深化、発展させるべき余地がまだ多く残っている。メタファーやイディオムの習得にはそれ独自のものとして、現在よく行われているように暗記によらねばならないのか、何か便利な手立てはないのか等々、EFL 学習の面から研究すべきことがらは数え上げれば切りがない。

1.　データベース構築に向けて

　筆者の先行研究、今回の研究、および、別途実施した小規模調査から得た結果を基に、比喩的表現の理解・使用の安全性（あるいは、危険性）領域のデータベース構築に向けての準備をする。本章で述べるのはまだその第一歩であり、今後データの蓄積が必要であることを断っておく。
　筆者の過去の調査から、英語で提示した比喩的表現のうちどのような表現が日本語・日本語知識に大きく影響されずに理解されるかが浮かび上がってきた。それは、やはり、言語的に同・類似する表現であった。すなわち、

(a)言語的に殆ど同じ表現、例えば「右腕」(*right arm*)のような日本語に存在する表現に英語の表現が重なり合う場合、(b)(言語的にぴったり同じではないが)概念的にマッピング、あるいは、対応づけできる場合、例えば「血筋」(*run in the blood*)のような表現。データベースにはこのような性質をもった表現の収集がまず第1である。これらはおそらく英語学習者、あるいは、英語をコミュニケーションツールとして使用する人が無理なく理解し、安心して使える表現ということになろう。ただし、一方で、別の面からの考察も必要である。それは異言語間で誤解を生むかもしれない表現、あるいは、微妙な差異を生む表現である。このような領域には、(c)場合によっては解釈上に差異が生じるかもしれないが、かなりの成功率が期待できる表現、例えば、「赤い糸」(*a red thread*)、(d)使用上注意が必要な表現、すなわち、異言語間で意味が異なる(慣用的)表現、例えば、「頭に来る」と「危機的状況になる」(*come to a head*)という類いの表現である。今回のデータベース構築に際して、筆者がこれまで行った研究のストックに加えて、(a)から(d)を裏付ける別の調査を小規模ながら行った。その調査で30程度のイディオム(下線部)について日本語に同・類似表現が「ある」か「ない」か、解答者に二者択一を求めた。そこでは日本人が英語と日本語の表現についてその同・異をどのようにみているかについて考察した。解答者は大学の学部・大学院生合計28名である(表1)。「ある」の高い支持率を得たのは言語間で同じ表現が存在するものであった。イディオムや比喩的表現は無数に存在するので、全てを網羅することは今のところできていない。ここに掲げるものは一応の目安としておきたい。

表1　日本語の表現に「ある」「ない」調査結果

日本語にある／ない	テスト項目(出題番号／表現)＊注付　N=28
ある 100%	15. Please give me a hand with a suitcase. It's heavy. 17. I have an open mind toward anything to anyone. I will decide after I have seen him. 28. I can't get this Latin grammar* into my head. 44. When the skating champion tumbled on the ice, he lost heart and could not complete his performance.

	45. She lost heart to the new arts teacher. 25. It made my blood boil to see him stealing our roses and then presenting them to his girlfriend. (42 を参照) 48. He has been the backbone of the team for the whole of the season.
ある 86 〜 80%	11. He will finish the fence for you very quickly. He is an old hand at that kind of work. 18. Richard has a closed mind on the subject of politics. 23. When Anne told me she had been married to my brother two years ago, I couldn't believe my ears. 31. Paul praised* my painting while sitting for me, but I found out that he had made fun of it behind my back. He is two-faced. 32. If you will lend me your ear for a minute, I will explain how this machine works. 36. I came home with a light heart. I had paid off all my debts* at last. 37. The schoolboy listened to his examination results with a sinking heart. He realized that he would never get into university.
ある 79 〜 60% （分からない含む）	13. Her name was on the tip of my tongue just now. It will come back to me. 27. No one in his right mind would do a thing like that! 41. They talked about advanced mathematics* together. It was completely over my head. 42. He is angry at the way they behaved to the old woman. They have got his blood up. (25 を参照) 43. The owner has always been a kind and easy-going man, but when I accidentally broke his window, he really showed his teeth.
中間程度 ある 33%; ない 67% （分からない含む） ある 29%; ない 71%	21. When he saw the ghost, his hair stood on end. 22. He pricked up his ears when they mentioned the salary. 26. She saw a masked man climbing through her bedroom window. It made her blood run cold. 33. I've been scratching my head over this game for half an hour, but I don't see how I can win. I give up. 34. You scratch my back and I'll scratch yours. 35. When his eighteen-year-old son wanted to start a business with his girlfriend, his father put his foot down and told him he wouldn't allow it. 24. You really got his back up with your criticisms* of his house.

	12. If you could see our electricity bill*, it would <u>make your hair curl</u>.
	14. All the time we were staying there, the girl didn't <u>lift a finger</u> to help her mother.
ある 約20%; ない 80%超	46. He hated quarreling and <u>had no stomach</u> for a fight.
ある 17%; ない 83%	38. It <u>crossed my mind</u> that the man might have stolen the money.
ある 0 ; ない 100%	47. <u>The way to a man's heart is through his stomach</u>.
ある 0 ; ない 71%	16. He gave me <u>a leg-up</u> when I was starting a new business.

1.1. データベースの資料作成

　前章で行った分析を基盤にして次のような表現を母語知識の適応メリット・デメリットに分類し、データベース構築の基礎資料とする。その分類は筆者の過去と現時点での調査に基づくものであり、文脈付きで使用するか、単独・語句での使用とするかなどによって安全性と危険度に影響があることを断っておく。また、分類(2)と分類(3)の境目は微妙である。

　次のリストの中で［A］は大規模調査に基づくもの、［B］は小規模調査に基づくものである。それぞれの表現は慣用的な表現、イメージのはっきりした(イメージスキーマが働き易い)表現、アナロジカルな(知的類推が可能)な表現、そのいずれか、あるいは、複合的にそれらが該当する表現である。

(1) 母語知識の適応「メリット」：理解・使用において安全性の高い表現
[A]
Time is money.

We are *at the crossroads*.

She was only saved from falling under the train *by a hair's breadth*.

We could feel the *electricity* between us.

He's my *right arm*.

It is better to tell *a white lie* to lose a friend.

To turn away your own son, you must have *a heart of stone*.

If I'd been in your place, I'd have accepted his offer *with both hands*.

He's a little *rusty* today.
His illness has *passed its peak*.
A little pot is soon hot.
Wake not a sleeping lion.
If you climb the ladder, you must begin at the bottom.
to *slip through one's fingers*,
to *keep one's head down*,
to *count heads*,
to *hold one's head high*,
to *stand in someone's way*,
[B]
Please *give* me a *hand* with a suitcase. It's heavy.
I have *an open mind* toward anything to anyone. I will decide after I have seen him.
I can't *get* this Latin grammar* *into my head*.＊注：ラテン語の文法
When the skating champion tumbled on the ice, he *lost heart* and could not complete his performance.
She *lost heart* to the new arts teacher.
It made my *blood boil* to see him stealing our roses and then presenting them to his girl-friend.
He has been the *backbone* of the team for the whole of the season.

(2)母語知識の適応「メリット」：理解・使用においてある程度安全な表現
[A]
I need to *pick your brains*.
He has *a keen mind*
The Mayors have been distinguished doctors for generations. It *runs in the blood*.
You'll need *a strong stomach* if you are going to be a surgeon.
At the age of 96, she *set out on* a *journey* to her husband.
You and I *are united with a red thread*.

Curiosity killed the cat.

He's a *weak worm.*

Fish stinks at the head.

You cannot eat your cake and have your cake.

The bird has flown away.

The rotten apple injures its neighbours.

to *cast a shrimp to catch a bream,*

to *see which way the cat jumps,*

a bolt from the blue,

a brain wave,

to *bear fruit,*

a body blow,

a pain in the neck,

a frog in the well,

a horse out of a bottle gourd,

the carp on the cutting board,

Charles had always had romantic ideas about being a cowboy, so his first day at the ranch was a real *eye-opener* for him.

You cannot *get blood out* of a stone.

Her name was *on the tip of my tongue* just now. It will come back to me.

John proposed to Mary. She gave him *an elbow snub.*

[B]

He will finish the fence for you very quickly. He is *an old hand* at that kind of work.

Richard has *a closed mind* on the subject of politics.

When Anne told me she had been married to my brother two years ago, I *couldn't believe* my ears.

Paul praised* my painting while sitting for me, but I found out that he had made fun of it behind my back. He is *two-faced.* *注：ほめる

If you will *lend* me your *ear* for a minute, I will explain how this machine works.

I came home with *a light heart*. I had paid off all my debts.* *注：借金

The schoolboy listened to his examination results with *a sinking heart*. He realized that he would never get into university.

(3)母語知識の適応「メリット・デメリット」：理解・使用において安全・危険性が相半ばする表現

[A]

Prime Minister made *iridescent* remarks on the matter.

You bought yourself *a white elephant*. No one will stay in this house.

Since Andrew started his business, he has been making money *hand over fist*.

Although the sun shines, leave not your coat at home.

a loose tongue,

double-tongued,

to *throw out the baby with the bath water*,

[B]

No one in his *right mind* would do a thing like that!

They talked about advanced mathematics* together. It was completely *over my head*.* *注：高等数学

He is angry at the way they behaved to the old woman. They have *got his blood up*.

The owner has always been a kind and easy-going man, but when I accidentally broke his window, he really *showed his teeth*.

When he saw the ghost, his *hair stood on end*.

He *pricked up* his *ears* when they mentioned the salary.

She saw a masked man climbing through her bedroom window. It made her *blood run cold*.

I've been *scratching my head* over this game for half an hour, but I don't see how I can win. I give up.

(4)母語知識の適応「デメリット」：理解・使用において危険性の高い表現

[A]

My sides split.

I *cannot sleep with my feet turning toward* him.(特に、JNSs と ENSs 間において)

Tim must *be soft in the head* to do such a thing.(特に、JNSs と ENSs 間において)

Simon is *getting cold feet* about advancing you the money.

What does it matter what your uncle thinks of you? He only visits you *once in a blue moon.*

to be *off one's head,*

to *let the cat out of the bag,*

to *spill the beans,*

to *kick the bucket,*

to *wet eyebrows with saliva,*

a cry of a crane,

to *come to a head,*

to *pull someone's leg (s)* (特に、JNSs と ENSs 間において)

[B]

You *scratch* my *back* and I'll scratch yours.

When his eighteen-year-old son wanted to start a business with his girlfriend, his father *put his foot down* and told him he wouldn't allow it.

You really *got his back up* with your criticisms* of his house.＊注：批評

If you could see our electricity bill*, it would make your *hair curl.*＊注：電気代

All the time we were staying there, the girl *didn't lift a finger* to help her mother.

He hated quarreling and *had no stomach* for a fight.

It *crossed my mind* that the man might have stolen the money.

The way to a man's heart is through his stomach.

He *gave me a leg-up* when I was starting a new business.

計 95 表現

2. イディオムと比喩的表現の研究に関する課題

イディオム、比喩的表現の理解・解釈についてであるが、比喩的表現の理

解において、部分(パーツ)から全体(ホール)を類推したり、あるいは、全体を部分に小分けして意味を類推したりする解釈の方法がとられることを第3章、第6章で指摘しておいた。部分の総和が必ずしも全体の意味になるわけではない点に留意しながら考察を続ける。

　通常、EFL 学習者はイディオムの意味を丸暗記することを余儀なくさせられているが、部分⇄全体の関係からイディオムや比喩の意味を理解する手掛かりが得られないものかという期待を筆者は抱く。第3章でギブズ(Gibbs 他，1989b)の次の説明を紹介した。イディオムが分割可能(decomposable)な場合、個々のパーツにそれぞれ独立した意味を割り当て全体の比喩的表現の解釈を形成するように意味をパーツに結びつける。これに対して、山梨(2000/2003)が言語表現の構成要素の意味はその表現全体の意味の発現を動機づけていることは確かであるが、問題点は構成要素の意味が部分から全体に統合することによって予測できない場合もある、と述べているので、イディオムの性質と仕分けをする必要がある。これも今後の課題の1つになる。

　上述のようなことがらを念頭に置いて、次に、本書で使ったテスト項目の中からイディオマティックな表現を抜き出して次の2点、部分⇄全体の関わりとプロダクティビティーをみておこう。

2.1. 部分(パーツ)⇄全体(ホール)の関わり

　部分(パーツ)⇄全体(ホール)の作用で表現が理解・解釈されたかどうか、第3章6で述べた分析性(analyzability)の1つの要素としての「部分」(パーツ)の作用についてごく簡単に触れる。本書で用いた表現のうちから、部分(パーツ)作用が関わると思われる 29 項目を抜き出して調べた。結果を表2から表6に示す。それをみると、ENSs の正答率ではグループ1、グループ2と3の英語概念基盤の正答率は 90% を超えており、JNSs のグループ2の日本語概念基盤の正答率は 75% を超えている。同じく JNSs のグループ1とグループ3の日本語概念基盤の正答率は 50% を超えている。ただし、非母語の概念基盤の項目のほうは、JNSs、ENSs ともに 20% 前後である。この結果から類推できることは、パーツの発する情報は解答者に届く場合と届かない場合とがあるということではないかと思われ、パーツの発する意味に

頼るのはやはり部分的な効果ということであり、解答者の多くは部分(パーツ)と全体(ホール)をリンクさせて解釈したのではないかと思われる。しかし、この研究はまだ不十分であるので、さらに新たな研究が必要である。

表 2　部分(パーツ)⇌全体(ホール)その 1

部分⇌全体検査(10 項目)	構成要素	JNSs	ENSs 降順	Gr
28. right arm (1 文)	right+arm	96.6	100	1
30. strong stomach (2 文)	strong+stomach	66.7	99.1	1
5. slip through	slip+thru+fingers	51.7	99.1	1
8. hair's breath	hair+breadth	75.5	98.9	1
26. white lie (1 文)	white+lie	72.1	97.9	1
3. crossroads	at+crossroads	67.4	97.1	1
10. electricity	feel+electricity	70.1	97.0	1
9. runs blood	run+in+blood	22.5	97.0	1
4. a bolt blue	bolt+blue	53.1	93.8	1
2. bear fruit	bear+fruit	16.3	91.1	1
ave.		59.2	97.1	

表 3　部分(パーツ)⇌全体(ホール)その 2

部分⇌全体検査(5 項目)	構成要素	JNSs	ENSs 降順	Gr
20. spill beans	spill+beans	2.7	97.8	2E
29. keen mind (1 文)	has+keen+mind	40.1	96.9	2E
13. loose tongue	loose+tongue	11.6	96.1	2E
24. pick brains (1 文)	pick+brains	68.1	94.8	2E
19. sides split (1 文)	sides+split	1.4	88.6	2E
ave.		24.8	94.8	

表 4　部分(パーツ)⇌全体(ホール)その 3

部分⇌全体検査(6 項目)	構成要素	JNSs	ENSs 降順	Gr
39. cold feet (1 文)	cold+feet	32.7	100	3E
36. curiosity cat (1 文)	curiosity+kill+cat	37.4	98.9	3E
40. blue moon (2 文)	once+blue+moon	15.6	98.9	3E
38. hand fist (2 文)	money+hand+fist	48.9	91.4	3E

37. kick bucket	kick+bucket	0.6	81.1	3E
27. white elephant（2 文）	white+elephant	15.6	71.7	3E
ave.		25.1	90.3	

表 5　部分（パーツ）⇌全体（ホール）その 4

部分⇌全体検査（4 項目）	構成要素	JNSs	ENSs 降順	Gr
23. shrimp bream	shrimp+bream	80.3	61.9	2J
35. carp cutting board	carp+cutting board	67.3	44.9	2J
18. red thread（1 文）	united+red+thread	99.3	37.4	2J
31. horse bottle gourd	horse+bottle gourd	59.9	27.0	2J
ave.		76.7	42.8	

表 6　部分（パーツ）⇌全体（ホール）その 5

部分⇌全体検査（4 項目）	構成要素	JNSs	ENSs 降順	Gr
33. weak worm（1 文）	he+weak+worm	52.4	63.4	3J
21. frog well	frog+in+well	76.9	2.2	3J
32. wet eyebrows	wet+eyebrows+saliva	23.8	2.2	3J
34. cry crane	cry+crane	59.2	1.1	3J
ave.		53.1	17.3	

2.2.　プロダクティビティーの問題

　イディオムのプロダクティビティー（productivity）を調べるために M-Cog Tests の項目をパロディー化（目標領域の語、あるいは、起点領域の語を別の語に取り替えて 1 項目に付き 3 パロディー作成）し、英語の母語話者（Dr. Sunil Manghani, Reader at York St. John University）に原義に近いかどうかの判定を依頼した。例えば、Time is money. のパロディーの 1 つは Time is treasure. というふうに。この実験ではどのようなパロディーを作るかによって差異が生じることが予想され、この結果が全てというわけではないので、一応の参考と言う程度にしておきたいが、結果の代表的な 20 項目をここに挙げておく。以下のリストでは前章で既に言い換えで使った項目の重複を避け、M-Cog Tests 記述式に用いたテスト項目のうちから言い換えの際の参考になると思われる表現を左端に、その右横にパロディー化で入れ替えた語・

句、そして判定の順に併置する。判定に用いた記号、○は原義に同じ、あるいは、近い、△は原意に近いが表現としてしっくりこない、×は原義とは異なる、を示す。

[○]

She was only saved from falling under the train *by a hair's breadth*.
　⇒ by a paper's thickness. ○（ただし、刺激的でなくなる）

He has *a keen mind*. ⇒ a sharp brain, a quick mind ○

You and I *are united with a red thread*. ⇒ with an invisible chain ○

Tim must be *soft in the head* to do such a thing. ⇒ weak in the brain ○（ただし、head を brain に代えるとあまりに科学的表現になりすぎる。ここでは英語の意味での解釈を想定）

to be *off one's head* ⇒ lose one's head ○（ただし、「酔い」の意味が失われる）

to *slip through one's fingers* ⇒ run through ... ○

to have *a loose tongue* ⇒ a loose mouth ○

[△]

We *are at the crossroads*. ⇒ at the cross-way. △（ただし、比喩的要素少なくなる）

You'll need *to have a strong stomach* if you are going to be a surgeon. ⇒ a strong liver, ... △（「アルコールに強い」になる）

I need to *pick your brains*. ⇒ get your brains. △（意味は出るがいまひとつしっくりしない）

It is better to tell *a white lie* than to lose a friend. ⇒ a black lie ... △（「悪意のある」になる）

Curiosity killed the cat. ⇒ Nosiness ... △（ただし、耳に馴染まない）

[×]

Time is money. ⇒ Time is treasure, leisure. ×（この表現は時間の大切さを意味するものであるので、treasure ではその意味が出ない、また、ビジネスなどでお金を稼ぐニュアンスであり、それをレジャー（leisure）で使うことを意味するものではない）

Simon is getting *cold feet* about advancing you the money. ⇒ cold hands ×（セットフレーズでなくなる）

Prime Minister made *iridescent* remarks on the matter.
　⇒ multi-layered remarks... ×（色合いが消えている、詩的でなくなる）

to *spill the beans* ⇒ spill the peas ×（比喩的意味合いなくなる）

to *bear fruit* ⇒ grow fruit ×（比喩的でなくなる）

a *bolt from the blue* ⇒ a thunder from the sky ×（比喩的でなくなる、「どこからともなく」の意味が出ない）

a *brain wave* ⇒ a mental wave ×（比喩的要素低くなる）

to *kick the bucket* ⇒ boot the bucket, kick the pail, strike the bar ×（字義的になる）

　以上から分かることは、やはり英語の母語話者は慣用表現をセットフレーズとして受けとめる傾向が強いということ、表現が表現として馴染んだものかどうかということ、字義的意味と比喩的意味を峻別している、ということである。パロディーにおいて耳に馴染むかどうか、語の組み合わせ・コロケーションがしっくりするか、意味をなすか、その加減が問題なのであろう。母語話者であればどの表現が分析性・プロダクティビティーの高い表現であるか、容易に分かるのであろうが、非母語話者にとって判断が難しい。

2.3. 最後に

　以上、様々な観点から比喩的表現・メタファー、イディオム・慣用表現、および、その理解・解釈を分析してきた。イディオムとメタファーの関係について、イディオムにはメタファー的(quasi-metaphorical)な振る舞いをするものがあるという側面から、比喩的表現とイディオムは、やはり、互いに肩を並べた研究対象にするのがよいように思われる。

　比喩的表現・メタファーとその理解・解釈が、概念メタファー、イメージスキーマ、あるいは、その他の範疇などで全てをスパッと切り分けられればスッキリするのであるが、全てにわたってというのは無理である。それぞれの言語、「ひと」の認知、文化、伝統などダイナミックで微妙な要素を包括的に考慮しなければならないからである。本書の研究はほんの少しではある

が、それに挑戦した。この研究はこれで終わりなのではなく、萌芽段階であり、検討すべきことがらがまだ多く残っている。未解明のことがらについてもさらなる研究が必要であり、今後の研究とその発展に期待したい。

付録
Metaphor Cognition Test　JPN 用

This questionnaire (M-Cog Test) aims to investigate how we understand (or interpret) English (including the translations from Japanese) expressions literally, or figuratively if they have figurative meanings. The use of dictionaries is not allowed, because our intuition and imagination are focussed on in this study.

Before you start to answer, please provide the following information.
Bio data:
　Sex: (Circle: Male / Female)

　School/University/Affiliation & Major or specialized field:
　(　　　　　　　　　　　　　　　　　　　　　　　　　　　　)
　Age: (Circle your age): under 20; 21–25; 26–30; 31–35; 36–40; 41–45; 46–50; 51–55; 56–60; over61

　Your mother tongue (Circle: Japanese / language (s) other than Japanese)
　　　　　　If it is not Japanese, would you specify it?
　　　　　　(　　　　　　　　　　　　　　　　　　　)
Notice:
Fees: A small gratitude fee (　　yen) is provided for answering this questionnaire to reward your time and effort. When you have received it, would you please sign the receipt section?

Interview: In order to gain further understanding I would like to ask participants in this questionnaire to also participate in an interview. The number of participants in the interview will be 30. The interview will largely focus on eliciting further data from your initial response, for example, what image (s) you pictured in your mind when you read the expressions, etc. It will take about 40 minutes. The fee for an interview is (　) yen. If you are willing to participate, please indicate this in the following section.

Will you participate in an interview?
　(Circle:　I will participate in it. / I will not participate in it.)
To arrange the date, time and place, please provide the following information.
　Contact number, e-mail, or facsimile number, etc.
　(　　　　　　　　　　　　　　　　　　　　　　　　　　　　)
　Convenient date and time (　　　　　　　　　　　　　　　　)

Would you allow me to tape record our talks? (Yes / No)

Receipt

I hereby acknowledge the receipt of (   ) yen   in respect of having answered the questionnaire (M-Cog Test).
Please PRINT your name here (   )
Your signature (   )
Date (, 2006 / 2007 / 2008)

M-Cog Test   **JPN**
Instructions for Part A:

   Write the meanings (especially, the figurative meanings, if any) of the *italicized portions* of the following expressions (whole phrases, whole sentences, or parts) in the space provided for Meaning, and explain briefly in the space below Meaning, in what sense, e.g. on what occasions or in what situation the expressions can be used. In the event that you don't know the meaning (s), as best you can please give specific reasons. The use of dictionaries to answer the questions is not allowed.

   斜字体の表現の意味を日本語、あるいは、英語で Meaning と示されたスペースに書いてください。もし比喩的な意味がある場合には、そちらの方に重点を置いてください。また、どのような時にその表現が使われるかについても、意味を書いたあと、できれば簡単に説明してください。意味が分らないときはその理由（例えば、ある単語の意味が分らないから、、、とか、その他、理由）を書いてください。下線部に注があります。あなたの想像力を働かせて表現の意味を解答していただくほうがこのテストの目的に適う答え方ですので、<u>辞書は使わないで</u>ください。

(1) *Time is money.*   **Meaning:**

(2) to *bear fruit*   **Meaning:**

(3) We're *at the crossroads.*   **Meaning:**

(4) *a bolt from the blue*   **Meaning:**

(5) to *slip through one's fingers*   **Meaning:**

(6) *a body blow*   **Meaning:**

(7) At the age of 96, she *set out on a journey* to her husband.
   Meaning:

(8) She was only saved from falling under the train *by a hair's breadth*.
   Meaning:

(9) The Mayors have been distinguished doctors for generations. It *runs in the blood*.
   Meaning:

(10) We could feel the *electricity* between us.   **Meaning:**

(11) I *cannot sleep with my feet turning toward* him.
   Meaning:

(12) Prime Minister made *iridescent* remarks on the matter. (*iridescent:* 玉虫色の)
   Meaning:

(13) to *have a loose tongue*   **Meaning:**

(14) to *come to a head*   **Meaning:**

(15) *a brainwave*   **Meaning:**

(16) to *be off one's head*   **Meaning:**

(17) to *pull someone's leg (s)*   **Meaning:**

(18) You and I *are united with a red thread*.   **Meaning:**

(19) My *sides split*.   **Meaning:**

(20) to *spill the beans*   **Meaning:**

(21) *a frog in the well*   **Meaning:**

(22) *double-tongued*   **Meaning:**

(23) to *cast a shrimp to catch a bream* (bream: 鯛)

Meaning:

(24) I need to *pick your brains*.   **Meaning:**

(25) Tim must be *soft in the head* to do such a thing.   **Meaning:**

(26) It is better to *tell a white lie* than to lose a friend.   **Meaning:**

(27) You have bought yourself *a white elephant*. No one will stay in this house.
Meaning:

(28) He's my *right arm*.   **Meaning:**

(29) He *has a keen mind*.   **Meaning:**

(30) You'll need *a strong stomach* if you are going to be a surgeon. (surgeon: 外科医)
Meaning:

(31) *a horse out of a bottle gourd* (bottle gourd: 瓢箪^{ひょうたん})
Meaning:

(32) to *wet eyebrows with saliva* (saliva: 唾^{つば})
Meaning:

(33) He is *a weak worm*.   **Meaning:**

(34) *a cry of a crane*   **Meaning:**

(35) *the carp on a cutting board*   **Meaning:**

(36) *Curiosity killed the cat.*   **Meaning:**

(37) to *kick the bucket*   **Meaning:**

(38) Since Andrew started his own business, he has been making money *hand over fist*. (fist: 拳^{こぶし})   **Meaning:**

(39) Simon *is getting cold feet* about advancing you the money.   **Meaning:**

(40) What does it matter what your uncle thinks of you? He only visits you *once in a blue moon*. **Meaning:**

Instructions for Part B:
Choose an appropriate answer to convey the right meaning of the *italicized portion* in each sentence, and write its number in the designated box.

(41) To turn away your own son! You must *have a heart of stone*.
   1. be pitiless, 2. hold a hard stone, 3. have a decisive mind, 4. be sorrow

41)

(42) I shall *wait and see which way the wind is blowing* before committing myself.
   1. predict the weather, 2. wait for the weather forecast,
   3. wait to see how others decide before making a decision,
   4. wait for the wind blow in my face.

42)

(43) Charles had always had romantic ideas about being a cowboy, so his first day at the ranch was a real *eye-opener* for him.
   1. good news, 2. realization of his dream,
   3. revelation, 4. opener to open a bottle.

43)

(44) If I'd been in your place, I'd have *accepted* his offer *with both hands*. You won't get a better one.
   1. accepted most eagerly, 2. held up his both hands,
   3. grabbed with both right and left hands,
   4. put out my hands to receive the letter.

44)

(45) *He's* a little *rusty* today.
   1. He cannot cut wood skillfully.
   2. He is not thinking/acting as well as he does normally.
   3. He is cruel. 4. His knife does not cut well.

45)

(46) When we were alone, she *poured out her heart to me* about her broken marriage.
   1. told ill of her husband, 2. advised me on marriage,
   3. took out her secret letters, 4. confided her true feeling.

46)

(47) John proposed to Mary. She *gave* him *an elbow snub*.

1. accepted,   2. rejected,   3. said she would think about it,
4. raised her elbow.

47)

(48) I don't want her to marry Steven. *He has no background.*
1. He is not rich enough.   2. He does not have a job.
3. He comes of a poor family.   4. He has not prepared well enough.

48)

(49) You *can take heart from Robert's success.* If he can pass the exam, so can you!
1. are envious of Robert,   2. can insult Robert,
3. can imitate Robert's success,   4. can be encouraged

49)

(50) She *cast her spell over me.*
1. looked at me,   2. took my heart,
3. told me the spelling,   4. showed her magic.

50)

(51) Her name was *on the tip of my tongue* just now. It will come back to me.
1. very nearly remembered,   2. stuck at my throat,
3. kept in my mind,   4. out of my consciousness

51)

(52) Jack's election to the presidency of our union has *turned his head*. He has started talking about himself in the third person as if he were royalty.
1. turned his head around to look at the audience,
2. devoted himself to the election business,
3. thought himself to be an important person,
4. raised his head and began to talk.

52)

(53) You are the only person on the committee who understands the subject, so what is the point of *counting heads*? You must decide.
1. relying on the committee members,
2. counting how many people there are,
3. thinking about the subject,
4. accepting the view of the majority.

53)

(54) While I listened to his story, *the scales fell from my eyes.*
1. my glasses fell off,   2. tears ran from my eyes,
3. my understanding suddenly became clear,   4. my eye sight got worse.

54)

(55) *His illness has passed its peak.*

1. He is over the worst,   2. He is dying,
  3. He climbed the mountain,   4. He needs more treatments.

  55)

(56) *Don't cut off your nose to spite your face.*
  1. Don't damage your nose to cure an injury in your face.
  2. Don't damage yourself in anger.
  3. There's no way to cure your injury.
  4. Don't hit your nose but your face.

  56)

(57) *You cannot get blood out of a stone.*
  1. It is impossible to get blood from a stone.
  2. You cannot get blood from a cruel person.
  3. Bad blood harms you.
  4. You cannot get something from someone who is unwilling to give it.

  57)

(58) I always know when Anne has quarreled with her boyfriend; *she wears her heart on her sleeve.*
  1. She shows her feelings strongly.   2. She hides her feelings.
  3. She wears clothes with long sleeves.
  4. She tries to calm her boy-friend down.

  58)

(59) When James didn't trouble to see the girl home after the party, I *gave him a piece of my mind.*
  1. scolded him,   2. praised him,   3. gave him money,   4. consoled him.

  59)

Thank you very much for participating in this study.

参考文献

阿部泰明（1998）.「1 意味論の基礎」郡司隆男他（編）『言語の科学 4、意味』：1–36 東京：岩波書店.
Aitchison, J. (1987). *Words in the Mind*. Oxford: Basil Blackwell.
Alvarez, A. (1993). On translating metaphor. *Meta: Translators' Journal* 38: 479–490. http://www.erudit.org/
Arbib, M.A. and Hesse, M.B. (1986/1990). *The Construction of Reality*. Cambridge: Cambridge University Press.
Aristotle: *The Arts of Rhetoric* translated by H. C. Lawson-Tancred. (1991). England: Penguin.
Aristotle: *Poetics* translated by Malcolm Heath. (1996). England: Penguin.
Azuma, M. (2005). *Metaphorical Competence in an EFL Context*. Tokyo: Toshindo Publishing.
東眞須美（2008）.「日本人英語学習者のメタフォリカルコンピテンスに関わる母語（日本語）知識の功罪」科研費補助金基盤研究（C）研究成果報告書（未刊行）.
Bachman, L. (1990). *Fundamental Considerations in Language Testing*. New York: Oxford University Press.
Blair, H. (1783/1839). *Lectures on Rhetoric and Belles Lettres*. Vol.1,14th Lecture. London: Charles Daly.
Boers, F. (2000). Metaphor awareness and vocabulary retention. *Applied Linguistics* 21/4: 553–571. Oxford University Press.
Boers, F. (2001). Remembering figurative idioms by hypothesising about their origin. *Prospect* 16/3: 35–43. Prospect Publishing.
Boers, F. and Demecheler, M. (1998). A cognitive semantic approach to teaching prepositions. *ELT Journal* 52/3: 197–204. Oxford University Press.
Bottini, G., et al. (1994). The role of the right hemisphere in the interpretation of figurative aspects of language: A positron emission tomography activation study. *Brain* 117: 1241–1253. Oxford University Press.
Britannica. (1990). Fifteenth Edition *Encyclopaedia Britannica*, Inc. Volumes 1, 8 and 26. Chicago: The University of Chicago.
British National Corpus, BNC. http://sara.natcorp.ox.ac.uk/
Caldwell, M. (1845). *A Practical Manual of Elocution Embracing Voice and Gesture*. http://www.lib.u-tokyo.ac.jp/tenjikai2005/tenji/index-k.html.
Cameron, L. and Low, G. (1999a). *Researching and Applying Metaphor*. Cambridge:

Cambridge University Press.
Cameron, L. and Low, G. (1999b). Metaphor. *Language Teaching*. 32/2: 77–96. Cambridge University Press.
Cameron, L. (2003). *Metaphor in Educational Discourse*. London: Continuum.
Carrell, P. L. (1984). Schema theory and ESL reading: classroom implications and applications. *Modern Language Journal* 68/4: 332–343. Wiley.
Carrell, P. L. (1987). Content and formal schemata in ESL reading. *TESOL Quarterly* 21/3: 461–481. TESOL, Inc.
Carrell, P. L. and Eisterhold, J. C. (1983). Schema Theory and ESL reading pedagogy. *TESOL Quarterly* 17/4: 553–573. TESOL, Inc.
Carter, R. (1998). *Vocabulary*. London: Routledge.
Carter, R. (2004). *Language and Creativity*. London: Routledge.
Charteris-Black, J. (2002). Second language figurative proficiency: a comparative study of Malay and English. *Applied Linguistics* 23/1: 104–133. Oxford University Press.
陳騤 Chen, K. (1729). Wen Zhe,『文則』. 白松堂.
Chomsky, N. (1965). *Aspects of the theory of syntax*. Cambridge, Massachusetts: MIT Press.
Chomsky, N. (1980). *Rules and Representations*. New York: Columbia University Press.
Chomsky, N. (1980). *Studies on Semantics in Generative Grammar*. Berlin and New York (reprinted in 1972): The Hague Mouton.
Cope, E. M. (1877). *The Rhetoric of Aristotle with Commentary*. Cambridge: At the University Press.
Corder, S.P. (1983). A role for the mother tongue. In: Gass, S. M. and Selinker, L. (Eds.). *Language Transfer in Language Learning*: 85-97. Rowley, MA: Newbury House Publishers.
Dagut, M. B. (1976). "Can metaphor be translated?" *Babel: International Journal of Translation* XXII-1: 21–33. Bahri Publications.
Danesi, M. (1993). Metaphorical competence in second language acquisition and second language teaching: The neglected dimension. In: Alatis, J. E. (Ed.). *GEORGETOWN UNIVERSITY ROUND TABLE ON LANGUAGE AND LINGUISTICS 1992*: 489–500. Washington, D.C.: Georgetown University Press.
Deignan, A., Gabrys, D. & Solska, A. (1997). Teaching metaphors using cross-linguistic awareness-raising activities. *ELT Journal 51/4*: 352–360. Oxford University Press.
Deignan, A. (1999). Corpus-based research into metaphor. In: Cameron, L. and Low, G. (Eds.). *Researching and Applying Metaphor*: 177–199. Cambridge: Cambridge University Press.
Dobrzynska, T. (1995). Translating metaphor: Problems of meaning. *Journal of Pragmatics* 24: 595–604. Elsevier.
Dulay, H., Burt, M. and Krashen, S. (1982). *Language Two*. New York: Oxford University Press.

Dulay, H. and Burt, M. (1974). Natural sequences in child second language acquisition. *Language Learning* 24: 37–53. Language Learning Research Club, The University of Michigan. /Wiley Online. DOI : 10. 1111/j. 1467-1770. 1974. tb00234. x

Dulay, H. and Burt, M. (1974). Errors and strategies in child second language acquisition. *TESOL Quarterly* 8: 129–136. TESOL, Inc.

Fauconnier, G. (1985). *Mental Spaces*. Cambridge, Massachusetts: MIT Press. Rev. Ed. New York: Cambridge University Press.

Fauconnier, G. (1997/2002). *Mappings in Thought and Language*. Cambridge: Cambridge University Press.

Fillmore, J. C. (1982). Frame Semantics. In: Geeraeters, D. (Ed.) (2006). *Cognitive Linguistics*: 373–400. Berlin: Mouton de Gruyter.

Fillmore, J. C. (1985). Frames and the semantics of understanding. *Quaderni di Semantica* 6/2: 222–254. CLUEB.

Fontanier, P. (1821–27). *Les figures du discours*. Vol. 1, Part 1, Chapter 3.

Franklin, B. (1748). Advice to a Young Tradesman. http://www.lib.muohio.edu/multifacet/books/

Fraser, N. (1998). *The Biological Neuron*. http://vv.carleton.ca/~neil/neural/neuron-a.html

Gardner, H. (1974). Metaphors and modalities: How children project polar adjectives onto diverse domains. *Child Development* 45: 84–91. Blackwell.

Gass, S. M. (1983). Language Transfer and Universal Grammatical Relations. In: Gass, S. M. and Selinker, L. (Eds.). *Language Transfer In Language Learning*: 69–82. Rowley, MA: Newbury House Publishers.

Gass, S. M. (1988). Second Language Acquisition And Linguistic Theory: The Role of Language Transfer. In: Flynn, S. and O'Neil, W. (Eds.) *Linguistic Theory in Second Language Acquisition*: 384–403. Boston: kluwer academic publishers.

Gentner, D. and Jeziorski, M. (1994). The shift from metaphor to analogy in Western science. In: Ortony, A. (Ed.). *Metaphor and Thought*: 447–80. Cambridge: Cambridge University Press.

Gibbs, R. W. (1980). Spilling the beans on understanding and memory for idioms in conversation. *Memory & Cognition* 8/2: 149–156. Psychonomic Society, Inc.

Gibbs, R. W. (1984). Literal meaning and psychological theory. *Cognitive Science* 8: 275-304. Cognitive Science Society, Inc. / Wiley Online Library. DOI: 10.1207/s15516709cog0803_4

Gibbs, R. W. (1994). *The Poetics of Mind: Figurative Thought, Language and Understanding*. New York: Cambridge University Press.

Gibbs, R.W. (1995). Idiomaticity and human cognition. In: M. Everaert, E. Linden, A. Schenk and R. Schreuder (Eds.) *Idioms: Structural and Psychological Perspectives*: 97–116. New Jersey: Lawrence Erlbaum Associates Publishers.

Gibbs, R. W. (1999). Researching metaphor. In: Cameron, L. & Low, G. (Eds.). *Researching and Applying Metaphor*: 29–47. Cambridge: Cambridge University Press.

Gibbs, R. W. (2001). Evaluating contemporary models of figurative language understanding. *Metaphor and Symbol* 16/3–4: 317–333. Taylor & Francis.

Gibbs, R.W., Nayak, N. Bolton, J. and Keppel, M. (1989a). Speakers' assumptions about the lexical flexibility of idioms. *Memory & Cognition*. 17/1: 58–68. Psychonomic Society, Inc.

Gibbs, R.W., Nayak, N. and Cutting, C. (1989b). How to kick the bucket and not decompose: Analyzability and idiom processing. *Journal of Memory and Language* 28: 576–593. Elsevier.

Gibbs, R.W. and O'Brien, J. (1990). Idioms and mental imagery: The metaphorical motivation for idiomatic meaning. *Cognition*, 36: 35–68. Elsevier.

Gibbs, R. W. and Steen, G. J. (Eds.). (1999). Introduction. In: *Metaphor in Cognitive Linguistics*: 1–8. Amsterdam: John Benjamins Publishing Company.

Giora, R. (1977). Understanding figurative and literal language: The graded salience hypothesis. *Cognitive Linguistics* 8/3: 183–206. Mouton de Gruyter.

Giora, R., et al. (2000). Differential Effects of Right- and Left-Hemisphere Damage on Understanding Sarcasm and Metaphor. *Metaphor and Symbol* 15(1&2): 63–83. Taylor and Francis.

Giora, R. and Stringaris, A. K. (2000). Neural substrates of metaphor. In: Hogan, P. (Ed.). *The Cambridge Encyclopedia of the Language Sciences*: 489–492. Cambridge: Cambridge University Press.

Giora, R. (2007). Is metaphor special? *Brain and Language* 100: 111–114. Elsevier.

Glucksberg, S. (2001). *Understanding Figurative Language*. New York: Oxford University Press.

Goddard, C. (2002). Polysemy: a problem of definition. In: Ravin, Y. and Leacock, C. (Eds.). *Polysemy*: 129–151. Oxford: Oxford University Press.

Goossens, L. (1990). Metaphtonymy: the interaction of metaphor and metonymy in expressions for linguistic action. *Cognitive Linguistics* 1/3: 323–340. Mouton de Gruyter.

Gulland, D. M., and Hinds-Howell, D. G. (1994). *The Penguin Dictionary of English idioms*. Penguin.

早瀬尚子(1996).「カテゴリー化と認識」河上 (編)『認知言語学の基礎』: 22-54 東京：研究社.

Honeck, R. P. and Hofman, R. R. (Eds.). (1980). *Cognition and Figurative Language*. New Jersey: Lawrence Erlbaum.

http://ja.wikipedia.org.wiki/

http://jp.reuters.com/

http://www.dest.gov.au/sectors/school_education/default2.htm

http://www.nc.uk.net

http://curriculum.qca.org.uk/

http://www.mext.go.jp/

Hymes, D. H. (1971). On communicative competence. In: Brumfit, C.J. & Johnson, K. (Eds.) *The Communicative Approach to Language Teaching.* Oxford: Oxford University Press.

五十嵐力（1909）．『常識修辭学』東京：文泉堂書房、服部書店．

池上嘉彦（1972）．「サピアー＝ウォーフの仮説」『英語文学世界』9：10–13．東京：英潮社出版株式会社．

池上嘉彦（1975）．『意味論』東京：大修館書店．

池上嘉彦（2008）．『言語・思考・現実』東京：講談社．

石橋幸太郎（編）．（1981）．『現代英語学辞典』東京：成美堂．

今井邦彦（1997）．「1 言語とは何か」松本裕治他（編）『言語の科学、言語の科学入門』：1–43．東京：岩波書店．

井上逸兵（2002）．「言語相対論」辻（編）『認知言語学キーワード事典』：70．東京：研究社．

伊藤恵美子（2003）．「中間言語語用論の潮流」www.lang.nagoya-u.ac.jp/nichigen/-kyoiku/research/

岩崎民平・小稲義男（編）(1998)．*Kenkyusha's NEW COLLEGIATE ENGLISH-JAPANESE DICTIONARY.* Tokyo: Kenkyusha.

JACET 教材研究員会（編）．(1993)．『JACET 基本語 4000 *(JACET 4000 Basic Words)*』．Tokyo: JACET.

JACET 基本語改訂委員会（編）．(2003)．『大学英語教育学会基本語リスト *(JACET List of 8000 Basic Words)*』．Tokyo: JACET.

Johnson, K. & Morrow, K. (1981). *Communication in the Classroom.* London: Longman.

Johnson, M. (1987). *The Body in the Mind.* Chicago: The University of Chicago Press.

Johnson, J. and Rosano, T. (1993). Relation of cognitive style to metaphor interpretation and second language proficiency. *Applied Psycholinguistics* 14: 159–175. Cambridge University Press.

Johnson, M. G. & Malgady, R. (1980). Toward a perceptual theory of metaphoric comprehension. In: Honeck, R. P. & Hoffman, R. R. (Eds.). *Cognition and Figurative Language*: 259–282. New Jersey: Lawrence Erlbaum.

門田修平（編著）(2001)．『英語リーディングの認知メカニズム』*How the Mind Works in EFL Reading.* 東京：くろしお出版．

河上誓作（編著）(1996)．『認知言語学への招待』*An Introduction to Cognitive Linguistics.* 東京：研究社．

Kellerman, E. (1986). Cross-linguistic influence in third language acquisition. Multilingual Matters.

Kellerman, E. (1995). Cross-linguistic Influence: Transfer to Nowhere. *Annual Review of Applied Linguistics* 15: 125–150. Cambridge University Press.

菊池大麓 (1880).『修辭及華文』(Translation of *Rhetoric and Belles Lettres*).Tokyo: Monbusho, 文部省.
小稲義男他（編）(1980/1990).『研究社新英和大辞典』東京：研究社.
小西友七（編）(1998). *Taishukan's GENIUS ENGLISH-JAPANESE DICTIONARY.* 東京：大修館書店.
Kövecses, Z. (2002). *Metaphor.* Oxford: Oxford University Press.
Kövecses, Z. (2003). *Metaphor and Emotion.* Cambridge: Cambridge University Press.
Kövecses, Z. (2007). *Metaphor in Culture.* Cambridge: Cambridge University Press.
楠見孝 (1994).『比喩の処理過程と意味構造』. 東京：風間書房.
楠見孝 (2001).「メタファ研究の総括、21世紀に向けて：認知心理学の立場から」『日本認知言語学 論文集 2』: 268–271.
楠見孝 (2002).「アナロジーとメタファー」. 辻（編）『ことばの認知科学事典』365–370. 東京：大修館書店.
小松達也(2008).『訳せそうで訳せない日本語』東京：ジャパンタイムズ.
黒岩周六 (1882).『雄辯美辭法』東京：興論社出版.
Lacey, S., Stilla, R. and Sathian, K. (2012). Metaphorically feeling: Comprehending textual metaphors activates somatosensory cortex. *Brain & Language* 2012. www.elsevier.com/locate/b&l
Lado, R. (1957). *Linguistics across cultures.* Ann Arbor: University of Michigan Press.
Lakoff, G. (1987). *Women, Fire, and Dangerous Things.* Chicago: University of Chicago Press.
Lakoff, G. (1994). The contemporary theory of metaphor. In: Ortony, A. (Ed.). *Metaphor and Thought*: 202–251. Cambridge: Cambridge University Press.
Lakoff, G. & Johnson, M. (1980). *Metaphors We Live By.* Chicago: The University of Chicago Press.
Lakoff, G. & Johnson, M. (1999). *Philosophy in the Flesh.* New York: Basic Books.
Lakoff, G. & Johnson, M. (2003). *Metaphors We Live By*, 1980 増補版. Chicago: The University of Chicago Press.
Lakoff, G. and Turner, M. (1989). *More Than Cool Reason: A Field Guide to Poetic Metaphor.* Chicago: University of Chicago Press.
Langacker, R. W. (1987). *Foundation of Cognitive Grammar.* Stanford University Press.
Langacker, R. W. (1991). *Concept, Image, and Symbol.* The Cognitive Basis of Grammar. Berlin: Mouton de Gruyter.
Littlemore, J. (2001a). An empirical study of the relationship between cognitive style and the use of communication strategy. *Applied Linguistics* 22/2: 241–265. Oxford University Press.
Littlemore, J. (2001b). Metaphoric Competence: A language learning strength of students with a holistic cognitive style? *TESOL Quarterly* 35/3: 459–491. TESOL, Inc.
Littlemore, J. and Low, G. (2006a). Metaphoric competence and communicative language

ability. *Applied Linguistics* 27/2: 268–294. Oxford University Press.
Littlemore, J. and Low, G. (2006b). *Figurative Thinking and Foreign Language Learning*. London: Palgrave Macmillan.
Low, G. (1988). On Teaching Metaphor. *Applied Linguistics* 9/2: 125–147. Oxford University Press.
町田健（編）籾山洋介（2005）．『認知意味論のしくみ』東京：研究社．
巻下吉夫・瀬戸賢一（1997）．『文化と発想とレトリック』東京：研究社．
増田綱（編）(1988)．『新和英大辞典』東京：研究社．
Malgady, R. G. and Johnson, M. G. (1980). Measurement of Figurative Language: Semantic Models of Comprehension and Appreciation. In: Honeck, R.P. and Hoffman, R.R. (Eds.). *Cognition and Figurative Language*: 239–258. New Jersey: Lawrence Erlbaum.
Mandler, J. M. (1984). *Stories, scripts, and scenes: Aspects of schema theory*. Hillsdale New Jersey: Erlbaum.
Matsuki, Keiko. (1995). Metaphors of Anger in Japanese. In: J.R. Taylor and R. Maclaury (Eds.). *Language and the Cognitive Construal of the World*. 137-151. Berlin: Mouton de Gruyter.
Matsuzaki, M., Honkura, N., Ellis-Davies, G. and Kasai, H. (2004). Structural basis of long-term potentiation in single dendritic spines. *Nature AOP*. http://www.nature.com/
McCarthy, M. and O'Dell, F. (1996). *English Vocabulary in Use*. Cambridge: Cambridge University Press.
McCarthy, M. (2001). *Vocabulary*. Oxford: Oxford University Press.
Mitchell, L. C. and Crow, T. J. (2005). Right hemisphere language functions and schizophrenia: the forgotten hemisphere? *Brain* 128: 963–978. Oxford University Press.
Miller, G. A. (1994). Images and models, similes and metaphors. In: Ortony, A. (Ed.). *Metaphor and Thought*: 357–400. Cambridge: Cambridge University Press.
Minsky, M. (1975). A framework for representing knowledge. In: Winston, P. H. (Ed.). *The Psychology of Computer Vision*: 211–277. New York: McGraw-Hill.
籾山洋介・深田智（2003）．「多義性」松本曜（編）『認知意味論』：135–186．東京：大修館書店．
文部科学省（1997/1999）．『学習指導要領』大蔵省印刷局．
Murray, J. A. H., Bradley, H. Craigie, W. A. and Onions, C. T. (Eds.). (1970). *The Oxford English Dictionary*, Volumes 1, V, XI. Oxford: The Clarendon Press.
鍋島弘治朗（2003）．「認知意味論」『英語青年』148/11：676–679．研究社．
Nation, I. S. P. (1990). *Teaching & Learning Vocabulary*. Boston: Heinle & Heinle Publishers.
Nation, I. S. P. (2001). *Learning Vocabulary in Another Language*. Cambridge: Cambridge University Press.
Newmark, P. (1985). The Translation of Metaphor. In: W. Paprotte & R. Dirven (Eds.) *The Ubiquity of Metaphor*. Amsterdam/Philadelphia: John Benjamins Publishing Company.

Newmark, P. (1991). *About Translation (Multilingual Matters, Series No.74)*. Clevedon: Multilingual Matters Ltd.

Nida, E. (1975). *Language Structure and Translation*. Stanford: Stanford University Press.

野村益寛（2001）．「認知言語学」『ことばの認知科学事典』132–146．大修館書店．

野村益寛（2002）．「隠喩／メタファー」『認知言語学キーワード事典』（辻編）16-17. 東京：研究社．

大堀壽夫（編）（2002）．『認知言語学 II: カテゴリー化』東京：東京大学出版会．

大喜多喜夫（2000）．『英語教員のための応用言語学：ことばはどのように学習されるか』東京：昭和堂．

大森文子（2003）．「概念メタファーを英文作成に生かす―発信型英語教育に向けて―」『言語文化研究』30号メタファー研究の方法と射程　大阪大学大学院言語文化研究科編．

大村彰道、馬場久志、秋田喜代美（訳）(1991)．『認知心理学の展望』（原著：Mandler, G. (1985). *Cognitive Psychology: An Essay in Cognitive Science*. Lawrence Erlbaum Associates）東京：紀伊国屋書店．

奥津文夫（2000）．『日英ことわざの比較文化』English and Japanese Proverbs: A Comparative Study. 東京：大修館書店．

Ortony, A. (1980). Some psycholinguistic aspects of metaphor. In: Honeck, R. P. and Hofman, R. R. (Eds.). *Cognition and Figurative Language*: 69–83. New Jersey: Lawrence Erlbaum.

Oxford, R. (1990). *Language Learning Strategies*. Boston: Heinle & Heinle Publishers.

尾崎行雄（1877）「公會演説法」『尾崎行雄全集第1巻』7–37. 東京：平凡社．

Pallant, J. (2002). *SPSS Survival Manual*. Buckingham: Open University Press.

Philips, J. L. (1988). *Statistics*. New York: W.H. Freeman and Company.

Quackenbos, G. P. (1855/1875). *Advanced Course of Composition and Rhetoric*. New York: D. Appleton & Co. http://www.worldcat.org/

Radden, G. (2000). How metonymic are metaphors? In: Barcelona, A. (Ed.). *Metaphor and Metonymy at the Crossroads*: 93–108. Berlin: Mouton de Gruyter.

Radden, G. and Kövecses, Z. (1999). Toward a Theory of Metonymy. In: Panther, K-U and Radden, G. (Eds.). *Metonymy in Language and Thought*: 17–59. Amsterdam: John Benjamins Publishing Company.

Reddy, M. J. (1979/1994). The Conduit Metaphor: A case of frame conflict in our language about language. In: Ortony, A. (Ed.). *Metaphor and Thought*: 164–201. Cambridge: Cambridge University Press.

Richards, I. A. (1936). *The Philosophy Of Rhetoric*. New York: Oxford University Press.

リチャーズ他（編）（1988）．『ロングマン応用言語学用語辞典』東京：南雲堂．

Rosano, T. and Johnson, J. (1993). Relation of cognitive style to metaphor interpretation and second language proficiency. *Applied Psycholinguistics* 14: 159–175. Cambridge University

Press.

Rumelhart, D. E. (1980). Schemata: The building blocks of cognition. In: Spiro, R. T., Bruce, B. C. and Brewer, W. F. (Eds.). *Theoretical Issues in Reading Comprehension*: 33–58. New Jersey: Lawrence Erlbaum Associates.

Rundell, M. (Eds.). (2002). *Macmillan English Dictionary*. Oxford: Macmillan.

坂原茂（2001）．「メンタル・スペース理論」『ことばの認知科学事典』316–332 東京：大修館書店．

坂本太郎（編）（1994）．『日本書紀』第 1 巻　東京：岩波書店．

Sakamoto, T., et al. (2003). An ERP study of sensory mismatch expressions in Japanese. *Brain and Language* 86(3): 384–394. Elsevier Science.

サピアー・E, 安藤貞雄訳（1998）．『言語』東京：岩波書店．

佐藤信夫（1992/1996）．『レトリック認識』東京：講談社．

佐藤信夫（1997）．『レトリック感覚』東京：講談社．

佐藤信夫（1998）．『レトリックの記号論』東京：講談社．

柴田みどり、阿部純一、寺尾敦、宮本環（2007）．「隠喩理解過程の神経基盤：fMRI による検討」『認知科学』14(3)：339–354. http://hdl.handle.net/2115/28747.

Schank, R. and Abelson, R. (1977). *Scripts, Plans, Goals and Understanding*. New Jersey: Lawrence Erlbaum.

Schmitt, N. (2000). *Vocabulary in Language Teaching*. Cambridge: Cambridge University Press.

Schmitt, N., Schmitt, D., & Clapham, C. (2001). Developing and exploring the behaviour of two new versions of the Vocabulary Levels Test. *Language Testing* 18/1: 55–88. SAGE.

Searle, J. (1979/1994). Metaphor. In: Ortony, A. (Ed.). *Metaphor and Thought*: 83–111. New York: Cambridge University Press.

Selinker, L. (1972). Interlanguage *IRAL* Vol x/2: 209–231. Mouton de Gruyter.

Selinker, L. (1992). *REDISCOVERING INTERLANGUAGE*. London: Longman.

瀬戸賢一（1986）．『レトリックの宇宙』東京：海鳴社．

瀬戸賢一（1997）．『認識のレトリック』東京：海鳴社（『レトリックの宇宙』1986 の改訂増補版）．

瀬戸賢一（1999）．Distinguishing metonymy from synecdoche: In Panther, K-U and Radden, G. (Eds.) *Metonymy in language and Thought*. Amsterdam/Philadelphia: John Benjamins Publishing Company.

瀬戸賢一（2000）．『メタファー思考』東京：講談社．

瀬戸賢一（2001）．『空間のレトリック』東京：海鳴社．

島村瀧太郎（1902）．『新美辭学』東京：東京専門学校出版部蔵版．

新村出（編）．（1987）．『広辞苑』第 3 版 東京：岩波書店．

新村出（編）．（2008）．『広辞苑』第 6 版 東京：岩波書店．

Spooner, A. (compiled) (1998). *The Oxford Colour Thesaurus*. Oxford: Oxford University

press.
Steen, G. (1999). Metaphor and discourse. In: Cameron, L. & Low, G. (Eds.). *Researching and Applying Metaphor*: 81–104. Cambridge: Cambridge University Press.
Steen, G. (2007/2009).*Finding Metaphor in Grammar and Usage*. Amsterdam: John Benjamins Publishing Company.
Summers, D. (Ed.). (1992). *Longman Dictionary of English Language and Culture*. Essex:Longman.
平知宏、楠見孝（2010）．「比喩理解における主題と喩辞の意味変化—無関連な意味の処理の観点から」『日本認知言語学会論文集』10：513–523. 東京：日本認知言語学会．
Takahashi, T. & Beebe, L. (1987). The development of pragmatic competence by Japanese learners of English. *JALT Journal* 8: 131–155
Takahashi, T. & Beebe, L. (1993) Cross-linguistic influence in the speech act of correction. In Kasper, G. & Blum-Klula, S. (Eds.). *Interlanguage pragmatics*: 138–157. New York: Oxford University Press.
高田早苗（1889）．*Bijigaku*,『美辭学』東京：金港堂．
高橋里美（1999）．「第二言語習得における母語転移研究」『言語文化論究』10: 51–75. 九州大学言語文化部．
高橋里美（2000）．Transfer in Interlanguage Pragmatics: New Research Agenda.『言語文化論究』11: 109–128. 九州大学言語文化部．
田中春美(編)(1988)．『現代言語学辞典』東京：成美堂．
田中茂範（2007）．「認知的スタンスと英語教育」『日本認知言語学会論文集』第 7 巻 552–564. 日本認知言語学会．
谷口一美（2003）．『認知意味論の新展開』東京：研究社．
時田昌瑞（2000）．『岩波ことわざ辞典』東京：岩波書店．
鳥飼玖美子（1998）．『ことばが招く国際摩擦』東京：ジャパンタイムズ．
Tourangeau, R. and Sternberg, R. J. (1981). Aptness in metaphor. *Cognitive Psychology* 13: 27-55. Academic Press.
Tourangeau, R. and R. J. Sternberg, R. J. (1982). Understanding and appreciating metaphors. *Cognition* 11: 203–244. Elsevier.
坪内逍遥（1927/1977）．「文のすがた」(初版 明治 26 年，1893)．逍遥協会（編）『逍遥選集』．Vol. 11: 527–34. 東京：春陽堂、第一書房．
坪井栄治郎（2002）．『認知言語学キーワード事典』(辻編)東京：研究社．
鶴岡正寛（2011）．「記者有論」『朝日新聞』(2011.11.19)．
辻幸夫（編）（2001）．『ことばの認知科学事典』*A Companion to the Cognitive Science of Language*. 東京：大修館書店．
辻幸夫（編）（2002）．『認知言語学キーワード事典』*An Encyclopedic Dictionary of Cognitive Linguistics*. 東京：研究社．
辻幸夫（編）(2003)．『認知言語学への招待』(シリーズ認知言語学入門第 1 巻）東京：

大修館書店.
Turner, M. (1991). *Reading Minds: The Study of English in the Age of Cognitive Science*. Princeton, New Jersey: Princeton University Press.
Turner, M. (1998). Figure. In: Katz, A., Cacciari, C., Gibbs, R. W. and Turner, M. (Eds.) *Figurative Language and Thought*: 44–87. Oxford: Oxford University Press.
ウォーフ・B・L, 池上嘉彦（訳）（2008）.『言語・思考・現実』東京：講談社.
Widdowson, H. G. (1990/1991). *Aspects of Language Teaching*. Oxford: Oxford University Press.
Winner, E. (1988). *The Point of Words*. Cambridge: Harvard University Press.
Winner, E., Rosenstiel, A. K. & Gardner, H. (1976). The Development of Metaphoric understanding. *Developmental psychology* 12/4: 289–297. American Psychological Association.
Winner, E. & Gardner, H. (1977). The comprehension of metaphor in brain-damaged patients. *Brain* 100: 717–729. Oxford University Press.
Winner, E., et al. (2006). Theory of mind and the right cerebral hemisphere: Refining the scope of impairment, *LATERALITY* 11/3: 195–225. Taylor & Francis.
Wright, J. (1999). *Idioms Organiser*. London: Language Teaching Publications.
渡邊敏郎他（編）（2003）.『新和英大辞典』東京：研究社.
山崎澄、桝井文人、河合敦夫、椎野努（2001）.「比喩モデルにおける単語親密度の有効性について」『信学技報』10: 85–90. 東京：社団法人電子情報通信学会.
山梨正明（1991）.「言語能力と言語運用を問いなおす」『言語』20/10：70–77. 大修館書店.
山梨正明（1995/1997）.『認知文法論』東京：ひつじ書房.
山梨正明（2000/2003）.『認知言語学原理』東京：くろしお出版.
横山悟（2010）.『脳からの言語研究入門―最新の知見から研究方法まで』東京：ひつじ書房.
吉村公宏（2002）.「構文スキーマ」（construction schema）『認知言語学キーワード事典』77–78. 東京：研究社.

索引

A

analogical reasoning　44
awareness　35
Azuma　23, 32, 35, 36, 45, 46, 64, 65, 68, 69, 71, 72, 73, 76, 99, 101, 105, 106, 107, 108, 110, 133

B

bear　113, 164
blue moon　117, 166, 167, 192
body　187
body blow　113, 161, 164
bolt　113, 164, 187
brainwave　113, 164, 187

C

carp　117, 119, 171, 181, 182, 189
cold feet　116, 165, 166, 189
come head　189
come to a head　109, 119, 177, 178, 190
crossroads　113, 163, 187
cry　174, 188, 189
cry of a crane　117, 118, 173, 179
Curiosity　116, 117, 165, 166, 189

D

double-tongued　114, 165, 166, 169, 189

E

electricity　113, 163, 187

F

feet turning　190
feet turning toward　115, 116, 173, 174, 181, 189
frog　117, 118, 172, 188, 189

G

Gass　40

H

hair　113, 163, 187
hand over fist　116, 165, 166, 188
horse　117, 118, 173, 181, 187, 189

I

ICM / ICMs　12, 14, 17, 18, 19, 75
image schema　44
iridescent　115, 116, 175, 188, 189, 195

J

Johnson　30, 57, 75, 82

K

keen　115, 165, 166, 189
kick　192
kick the bucket　109, 116, 117, 118, 136, 165, 167, 169

L

Lakoff   30, 57, 75, 82
Littlemore   v, 32, 70
loose tongue   114, 115, 166, 167

M

mapping   44
matching   29, 30
MC19   140, 141, 143, 147, 154, 156–160
MC33   156–159
MC40   140, 141, 144, 148, 153, 154, 157, 159, 160, 188
M-Cog Test   109, 156, 209
M-Cog Tests   111, 112, 126, 127, 131, 133, 135, 138–141, 143, 144, 148
mental lexicon   31
Metaphor Cognition Test   109
Metaphors We Live By   8, 15, 26

N

networking   35, 52

O

off   115, 166, 167, 194
off one's head   114

P

pick   115, 165, 188, 194
pull   119, 178, 189, 190, 194

R

red thread   115, 116, 170, 171, 185, 188–190
right   187

right arm   109, 113, 114, 162
run   113
runs   164, 187

S

schema   44
Selinker   38
set out on a journey   115, 170, 173, 175, 189
shrimp   115, 116, 170, 187, 189
sides   109, 114, 167
slip   113, 164, 187
soft   119, 189, 190
soft in the head   178
source domain   1
spill   108, 114, 115, 167, 168, 171, 188, 190, 194
strategy   39
strong   113, 163, 187

T

target domain   1
Time   113, 114, 162, 187, 192

W

weak   117, 187, 189
weak worm   170, 173, 175
wet   118, 170, 175, 188, 189, 195
wet eyebrows   117
white   113
white elephant   116, 117, 165–167, 169, 181
white lie   163, 187, 194
Winner   29, 53, 62

索引

あ

アナロジー（analogy） 6, 16, 17, 23, 34, 44, 48, 69, 73, 74, 81, 92, 107, 110, 116, 149, 166, 171, 184, 185, 191, 195
アナロジー推論（analogical reasoning） 74, 75

い

イディオム vii, viii, 43, 74, 79, 80–83, 88–91, 95–97, 117, 138, 199, 200, 206, 209, 211
イメージ 12, 13, 24, 25, 37, 43, 74, 80, 92, 97, 98, 103, 107, 116, 123, 171, 182, 184, 202
イメージスキーマ 11, 12, 13, 16, 25, 27, 44, 72, 73, 76, 89, 103, 107, 110, 196, 202, 211
隠喩（メタファー） 2, 4, 5, 7, 13, 15, 16, 19

う

ウィナー（Winner） 26, 28, 53, 62
運用 v, 16, 24, 30, 35, 37, 40, 44, 52, 62, 63–69, 72, 73, 85, 99, 105, 106, 108, 111, 199

え

英語教育（TEFL） v–vii, 24, 35, 106, 108, 177
エイチソン（Aitchison） 29–32

か

解釈 v, vi, viii, 24, 35, 41, 43, 47, 49, 50, 51, 55, 57, 59, 60, 62, 63, 69, 70, 74, 75, 79, 80, 82, 86, 88, 92, 94, 99, 102, 105–108, 110–112, 114, 118–120, 123, 133, 138–140, 148–150, 152, 159, 161–169, 171, 174–178, 180–182, 184, 185, 187, 189–192, 195–197, 199, 200, 206, 207, 210, 211
ガス（Gass） 38, 39
カテゴリー化（Idealized Cognitive Models (ICM)） 11, 12, 27, 28, 76, 85

き

気付き（awareness） 33, 35, 39
基底（ベース）（base domain） 75
起点ドメイン 30
起点領域（vehicle） 1, 19, 28, 44, 56, 57, 58, 60, 61, 209
基盤ドメイン 90
基盤領域 73, 74, 191, 192
ギブズ（Gibbs） 8, 14, 15, 26, 27, 28, 79, 80–83

け

言語（外国語）教育 54
言語教育 v, vii, 15, 20, 24–26, 33, 42, 62, 96, 105, 139, 196
言語理解 vii

こ

語彙 vi, 32, 34, 35, 44, 60, 61, 65, 68, 69, 73, 82, 86, 91, 99, 102, 105, 111, 123, 124, 134, 138, 156, 160, 163, 164, 166, 186, 187, 191, 195
語彙知識 106
広辞苑 47, 55
コンピテンス（competence） 51, 52, 63

さ

佐藤信夫　15

し

字義的　14, 68, 98, 99, 211
字義通り　1, 27–29, 35, 49, 50, 53, 57, 59, 65, 68, 100, 103, 149, 162, 181, 195
シミリー（simile）　1, 2, 5, 7, 24, 97, 98
写像　18, 19, 54
ジョンソン　8, 12, 15, 17, 19, 23, 25, 26, 29, 44, 75, 76, 82
心的辞書　32

す

推論　16, 50, 74, 191
スキーマ　12, 21, 24, 27, 44, 48–50, 57, 58, 69, 71–74, 77–79, 101, 103, 107, 110, 116, 117, 149, 166, 169, 172, 180, 182, 183, 189, 196
スキーマータ　78
ストラテジー　38, 43, 75, 92, 149, 150, 152, 180–183

せ

瀬戸賢一　15, 19, 23, 25, 87
セリンカー（Selinker）　38

た

対応づけ　17, 18, 44, 73, 75, 107, 110, 200

つ

辻幸夫　15, 16, 25, 77

に

認知言語学　8, 16, 23, 25, 26, 35, 86, 105, 107

ね

ネットワーク（network）　25, 30, 35, 52, 54, 71, 78, 87, 196
ネットワーク／ネットワーキング　16

の

脳内処理　29, 53

は

パーフォーマンス（performance）　51

ひ

比喩　1, 2, 7, 8, 14–16, 23–25, 27, 32, 33, 42, 44, 47, 54, 55, 57, 61, 69, 74, 79, 85, 87, 92–94, 96, 105, 106, 108, 116, 118, 139, 140, 148, 163, 168, 170, 174, 191, 192, 207, 211
比喩的表現（figurative expressions）　v, vi–viii, 1, 2, 3, 15, 20, 24, 28, 29, 33–37, 40–45, 53, 54, 56, 57, 62, 64, 65, 68–70, 72–75, 79, 80, 81, 89–92, 94–96, 99, 103, 105–110, 118, 138–140, 152, 154, 158, 184, 188, 189, 191, 196, 197, 199, 200, 206, 211
比喩理解力　vii

ふ

フレーム　12, 14, 19, 20, 21, 27, 77, 78
文のすがた　4, 7

へ

ベース領域（base domain）　17

ほ

母語　v–vii, 24, 28, 37–42, 44, 57–60, 69, 73, 74, 79, 81, 85, 88, 91, 92, 94, 99, 101, 103, 106–112, 116, 118–120, 126, 137–140, 149, 152–155, 160, 161, 170, 182–185, 189–191, 196, 207, 209, 211

母語知識　v–viii, 37, 60, 61, 69, 92, 94, 101, 102, 105–108, 110–112, 119, 120, 123, 138, 139, 149, 150, 160, 161, 163, 167, 172, 173, 176, 178, 180, 183, 184, 185, 187, 188, 190, 191, 196, 202, 203, 205

翻訳　vii, viii, 7, 20, 58, 85, 86, 91, 93, 95, 96, 97, 98, 102, 116, 167, 195

ま

マッチング　30

マッピング（mapping）　16–19, 21, 44, 57, 73–76, 78, 82, 83, 103, 107, 110, 171, 200

め

メタファー　29

メタファー（metaphor）　v, vii, viii, 1–3, 6, 8–12, 14–20, 23–26, 28, 30, 32–34, 36, 37, 43, 44, 46, 54, 57, 61–63, 69, 72–76, 80, 82, 83, 87–90, 92, 94, 96–98, 103, 105, 106, 108, 155, 156, 168, 177, 199, 211

メタファーと人生　8, 26

Metaphor　7

メタフォア　5

メタフォリカルコンピテンス（metaphorical competence）　v, vii, viii, 24, 32, 35, 44, 61–65, 68–71, 73, 74, 99, 105, 111, 155, 156, 158–160

メタフォル　7

象喩　6

メトニミー　4, 7, 12, 14, 23, 54, 56, 58, 62, 70, 88, 101, 103, 171, 177

メトニミー（metonymy、換喩）　1, 2, 15, 24

メンタルイメージ　92, 123, 180

メンタルスペース　12, 14, 20, 21, 27

メンタルレキシコン（mental lexicon）　29–32, 72, 73, 80, 105

も

目標ドメイン　30, 90

目標領域　1, 19, 28, 44, 58, 60, 61, 76, 191, 192, 209

目標領域（target domain）　17, 75

目標領域（topic）　56, 57

文字通り　49, 54, 181

や

山梨正明　15, 16, 23, 25

ら

ラネカー　8, 12, 16, 19, 27

り

理解　v–viii, 14, 15, 24, 27, 28, 30, 35, 37, 44, 45, 47–55, 57, 61–65, 67–70, 72–75, 78, 79, 83, 85, 92, 94, 99, 102, 105–108, 110–112, 124, 133, 138–140, 148, 149, 151, 152, 154–156, 158, 163, 166, 171, 174, 179, 180–182, 184, 186, 187, 190–192, 194–196, 199, 200, 203, 205–207, 211

理想化認知モデル　75
理想認知モデル（Idealized Cognitive Model (ICM)/ Idealized Cognitive Models (ICMs)）　3, 12, 14, 19, 26
リトルモア（Littlemore）　26, 62, 63, 65, 70

る

類似性　1, 3, 17, 28, 30, 54, 58, 60, 61, 74, 75, 85, 88, 98
類推　23, 44, 49, 202

れ

レイコフ（Lakoff）　8, 12, 15–17, 19, 23, 25, 26, 29, 44, 75, 76, 82, 83, 89

[著者] 東眞須美 (あずま・ますみ)

略歴

大阪府出身. 和歌山大学学芸学部教育学士(1959), 関西大学大学院文学部文学修士(1969), Columbia University Teachers College大学院MA in TESOL(1990). A.S. Hornby賞(1999). University of Nottingham大学院PhD. in Linguistics(2005). 高等学校教諭, 大学非常勤講師を経て神戸芸術工科大学助教授・教授(1989-2007). 神戸芸術工科大学名誉教授(2007).

主要著作・論文

『英語科教育法ハンドブック』(1992. 大修館書店),『世界の外国語教育政策』(2004. 共著, 東信堂), *Metaphorical Competence in an EFL Context*(2005. 東信堂. 科研学術図書), English native speakers' interpretations of culture bound Japanese figurative expressions (Chapter 9 in *Metaphor in Use: Context, culture and communication*. MacArthur 他編 2012. John Benjamins Publishing Company), Figurative interpretations demonstrated by three language groups: English, Chinese and Japanese(2014. *JACET Kansai Journal* 16).

シリーズ言語学と言語教育
【第32巻】
比喩の理解
Linguistics and Language Education Series 32
Understanding Figurative Expressions
Masumi Azuma

発行	2014年 9月12日　初版1刷
定価	3800円+税
著者	©東眞須美
発行者	松本功
装丁者	吉岡透 (ae) /明田結希 (okaka design)
組版所	株式会社 ディ・トランスポート
印刷製本所	株式会社 シナノ
発行所	株式会社 ひつじ書房

〒112-0011　東京都文京区千石2-1-2 大和ビル2F
Tel 03-5319-4916　Fax 03-5319-4917
郵便振替　00120-8-142852
toiawase@hituzi.co.jp
http://www.hituzi.co.jp/

造本には充分注意しておりますが, 落丁・乱丁などがございましたら, 小社かお買上げ書店にておとりかえいたします.
ご意見, ご感想など, 小社までお寄せ下されば幸いです.

ISBN978-4-89476-653-2　C3080
Printed in Japan

【刊行書籍のご案内】

ひつじ英語教育ブックレット　2
学校英語教育は何のため？
江利川春雄・斎藤兆史・鳥飼玖美子・大津由紀雄 著　対談　内田樹×鳥飼玖美子
定価1,000円＋税

政府や経済界は「グローバル人材」という1割ほどのエリート育成を学校英語教育の目的とし、小学校英語の低年齢化と教科化、中学校英語での英語による授業実施、TOEFL等の外部検定試験の導入などの無謀な政策を進めている。このままでは9割が切り捨てられる。本書では、公教育で英語を教える目的とは何かという根本問題に立ち返り、英語教育の目指すべき方向を提言する。内田樹、鳥飼玖美子による白熱した対談も収録。

ファンダメンタル認知言語学
野村益寛 著　定価1,600円＋税

言語とは、世界を〈意味〉として捉える認知の営みを可能にする記号の体系である。本書は、このような言語観に立つ認知言語学の基本的な考え方を、英語および日本語の語彙・文法に関するさまざまな現象を通して紹介する入門テキストである。各章末には理解を深めるための練習問題・レポート課題をつけ、教室でのディスカッションや宿題として利用できるようにした。認知言語学のテキストとしての他、言葉に「敏感」になることを目指した英語学入門のテキストとしても使える。